UNSERE OBERLAUSITZ

Ein Lesebuch

1955

Siegfried Schlegel
Gerhard Schlegel

UNSERE OBERLAUSITZ

Ein Lesebuch

Die Autoren und der Verlag danken allen Helfern, die in freundlicher
Weise zum Gelingen des Buches beigetragen haben,
und hier besonders den Herren Dr. phil. habil. Ernst H. Lemper,
Pfarrer Martin Salowski, Gerhard Rodig sowie Dr. Fritz Ahrendt.

Finanziell wurde die Herstellung des Buches vom Freistaat Sachsen
und dem Kulturraum Oberlausitz-Niederschlesien gefördert.

Mitarbeiter
E.-M. Bergmann, Niesky; L. Gärtner, Jeßnitz; G. Vogelsang, Kamenz;
U. Hanel, Ebersbach; B. Mälzer, Bertsdorf; I. Prothmann, Weißwasser;
I. Lachmann, Hoyerswerda; Prof. Dr. habil. K. H. Blaschke, Friedewald;
B. Ziesch, Lehndorf; M. Wuttke, Bischofswerda

Vorsatzkarte
Handkarte Freistaat Sachsen 1:500000, Klett-Perthes Verlag Gotha

Gestaltung Anne Kaiser, Dresden
Reproduktion, Satz und Druck Meissner Druckhaus GmbH
Buchbinderische Verarbeitung
Kunst- und Verlagsbuchbinderei GmbH, Leipzig

ISBN 3-933827-00-0

GRUSSWORT

für «Unsere Oberlausitz – Ein Lesebuch»

Es wird Zeit, daß wir in Sachsen wieder erkennen, was wir an der Oberlausitz haben und welch vielgestaltiges Kulturland sich zwischen Röder und Neiße erstreckt. Sachsen war gut beraten, dass es seine erste Landesausstellung in der Oberlausitz eröffnete, denn kein Gebiet Sachsens zeigt die Vielseitigkeit und die Toleranz, die aus dem jahrhundertelangen Zusammenleben zweier Völker erwuchs, besser als die Oberlausitz. Das unerwartete Interesse, das St.Marienstern bald aus den Nähten platzen lässt, zeigt ein Bedürfnis, sich mit der eigenen Geschichte zu befassen.

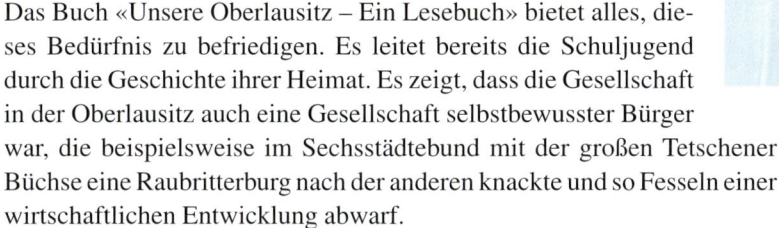

Das Buch «Unsere Oberlausitz – Ein Lesebuch» bietet alles, dieses Bedürfnis zu befriedigen. Es leitet bereits die Schuljugend durch die Geschichte ihrer Heimat. Es zeigt, dass die Gesellschaft in der Oberlausitz auch eine Gesellschaft selbstbewusster Bürger war, die beispielsweise im Sechsstädtebund mit der großen Tetschener Büchse eine Raubritterburg nach der anderen knackte und so Fesseln einer wirtschaftlichen Entwicklung abwarf.

Die Oberlausitz war auch im Kurfürstentum und späteren Königreich Sachsen eine recht unabhängige Ständerepublik, deren Zusammenhalt sich gegen Hussiten, Raubritter, Kaiserliche und sogar gegen Preußen bewährte. Sich auf die Bürgertugenden selbständiges Urteil, Nüchternheit, Toleranz und Gemeinsinn zu besinnen, dazu mag dieses Lesebuch beitragen. Diese Tugenden sind es, die eine Demokratie erst möglich machen. Sie nicht abstrakt zu vermitteln, sondern aus dem Heimaterleben heraus bewusst zu machen und zu entwickeln, ist Anliegen dieses Lesebuches. Seine Zusammenstellung garantiert, dass das Lesen Kurzweil bietet.

Lassen wir uns also von handfesten Burschen, wie Pumphut, Meister Krabat, von Biehms Koarle, den klugen Mönchen von Kamenz und Oybin, aber auch von Czornebohs Tochter und den Wasserfrauen führen. Wir entdecken ein Land. Wir entdecken, dass wir dazugehören und dass wir auch in heutigen Zeiten von früheren und heutigen Lausitzern lernen können, nüchtern und zielstrebig zusammenzuarbeiten mit allen unterschiedlichen Fähigkeiten und Erfahrungen.

Matthias Rößler

DR. MATTHIAS RÖSSLER
SÄCHSISCHER STAATSMINISTER FÜR KULTUS

Oberlausitz – Geliebtes Heimatland

Unsere Oberlausitz liegt am Rande des deutschen Vaterlandes, sogar ein bißchen abseits könnte man meinen. Aber sie braucht sich nicht zu verstecken. Freilich, sie hat nicht ein so gewaltiges Gebirge wie die Alpen und kein weites Meer mit umspülter Küste und auch keinen Strom wie den Rhein, aber ihre Berge im Zittauer Gebirge und im Lausitzer Bergland sind erhaben wie die im Schwarzwald und die im Hochsauerland, und ihre Wälder rauschen so heimisch wie die im Erzgebirge. Die grünen Hügelländer sind bunt und freundlich wie die in Hessen, in Rheinland-Pfalz und im fernen Westfalen. Die Oberlausitzer Heiden sind stimmungsvoll wie die Lüneburger Heide, und die großen Seen stehen denen Norddeutschlands nicht nach.

Die Oberlausitzer Städte sind reich an alten ehrwürdigen Bauwerken aus vielen Jahrhunderten, in denen sich die lange Geschichte widerspiegelt. Und dann gibt es die große Zahl einmaliger Orte wie die Kleinstadt Herrnhut, den berühmten Oybin, die großartigen Parks von Bad Muskau und Kromlau und die vielen Schlösser wie in Oberlichtenau, in Rammenau, in Gaußig, in Milkel, in Königswartha und in Neschwitz und all die anderen. Zur Oberlausitz gehören die beiden Zisterzienserinnenklöster Sankt Marienstern und Sankt Marienthal, in denen seit mehr als 750 Jahren Ordensschwestern leben. Aber auch die vielen Dorfkirchen sind ein Teil des freundlichen Landschaftsbildes. Die Dörfer selbst haben so manche Besonderheit, die ins Auge fällt, seien es die hübschen Umgebindehäuser im Süden der Oberlausitz oder die Heidehäuser im Norden, die oft aus roten Ziegeln gebaut sind. Sogar alte Schrotholzhäuser haben die Zeiten überdauert. Noch viele stattliche Bauerngehöfte mit schönem Fachwerk und dem fränkischen Torbogen sind zu finden.

An den sauberen und gepflegten Orten, wo es überall grünt und blüht, ist etwas von dem Wesen ihrer Bewohner zu erkennen. Der Oberlausitzer ist ein fleißiger und offenherziger Mensch, der emsig schafft, bis alles schmuck und traulich aussieht. Er ist mit der Heimat tief verbunden, macht aber nie ein Aufhebens daraus, denn das verstieße gegen sein innerstes Wesen.

Unsere Oberlausitz ist die Heimat zweier Völker. Deutsche und Sorben haben durch die Jahrhunderte ihr Schicksal gemeinsam getragen. Das sorbische Volk hat nicht nur seine Sprache und seine Sitten und Bräuche bewahrt, sondern auch seine Würde und seine Verbundenheit mit der Heimat der Vorfahren.

Tausend Jahre Mühe hat es gekostet, die Oberlausitz zu dem Land zu machen, wie es heute vor uns liegt. Von den Braunkohletagebauen und Großkraftwerken bis zum Maschinenbau und von der Steinbruchindustrie bis zu den Glaswerken fehlt kein Wirtschaftszweig. Dazu kommen die Forstwirtschaft, die Fischerei und die ertragreiche Landwirtschaft. Die Oberlausitz hat alle Stürme der Zeit überstanden. Sie ist ein gesegnetes Land.

Was alles zur Oberlausitz gehört

Wenn man erfahren möchte, was alles zur Oberlausitz gehört, muß man ein gutes Stück in der Geschichte zurückschauen. Am besten ist es, auf einer alten Landkarte das Markgraftum Oberlausitz zu betrachten, siehe Karte im Buch vorn. Dort sind alle Landesteile angegeben, die wirklich zur Oberlausitz gehören, auch wenn sich ihre Grenzen später geändert haben. Verfolgen wir einmal die alte Grenze! Im Westen verläuft sie vom Raupenberg im Hohwald zur Quelle der Pulsnitz und dann am Flüßchen abwärts bis zur Schwarzen Elster bei dem Städtchen Ruhland. Hier gab es schon seit alters her eine Brücke über den Fluß. Die Schwarze Elster ist mehrmals verlegt worden, so daß heute niemand mehr sagen kann, wo die Grenze ganz genau war. Am linken Ufer von Pulsnitz und Schwarzer Elster lag das Bistum Meißen, und am rechten Ufer gehörte das Land zur Oberlausitz. Alle Orte an den beiden Flüssen hatten deswegen eine Meißner und eine Lausitzer Seite. Das war durch Jahrhunderte so. Die Leute gaben das sogar auf ihren Briefen stets an. Sie schrieben Pulsnitz M oder

Pulsnitz L und meinten damit Meißner oder Lausitzer Seite. Zwischen dem Valtenberg und dem Ort Bretnig und um Bischofswerda und Göda herum lagen große Ländereien, die bischöflich-meißnisch waren. Ihre Grenzen verliefen oft sehr verschnörkelt, so daß auch hier die Dörfer halb zur Oberlausitz und halb zum Bistum Meißen gehörten. Das kleine Wiesenbächlein mit dem traulichen Namen Silberwasser bei dem Dorfe Wölkau war damals also Landesgrenze.

Im Jahre 1241 hatten der König von Böhmen und der Bischof von Meißen auf der Burg Königstein an der Elbe die Grenzen so bestimmt und die Lausitzer Grenzurkunde ausgefertigt. Mehr als dreihundert Jahre später, nämlich 1581, als das Bistum aufgelöst wurde, kamen alle Besitzungen des Bischofs von Meißen zum Kurfürstentum Sachsen. An der Grenze zur Oberlausitz änderte sich aber nichts.

Einstmals hatte es das Land Zittau gegeben mit den Grafschaften Zittau, Rohnau, Grafenstein und Ostritz, die alle böhmisch waren. Seine Grenzen verliefen von der Lausche zum Kottmar und dann nach Osten bis zu der Stelle, wo der Fluß Queiß den großen Knick macht, dann weiter zur Tafelfichte im Isergebirge. Der Queiß, die alte Ostgrenze der Oberlausitz, gehört jetzt zu Polen und die Tafelfichte zur Tschechischen Republik.

In den Jahren von 1305 bis 1319 hatte Heinrich von Leipa, Marschall von Böhmen, das Land Zittau als Lehen, wodurch es fast reichsunmittelbar war. Erst als Zittau 1346 dem Sechsstädtebund beigetreten war, kam es den anderen Städten, die ebenfalls alle böhmisch waren, allmählich näher.

Bedeutend war das Jahr 1412, in dem das Land Zittau und das Land Budissin (Bautzen) einen gemeinsamen Landvogt von der böhmischen Krone erhalten hatten, denn damit waren sie zwangsweise enger verbunden. Sein alter Name hielt sich aber noch lange, fast einhundert Jahre vergingen, bis es allgemein üblich geworden war, auch das Land Zittau als Oberlausitz zu bezeichnen.

Auch Lauban war eine Oberlausitzer Stadt, die seit 1945 polnisch ist und ihren alten Namen Luban wieder erhielt.

Im Nordosten, an der Neiße, liegt die kleine Stadt Bad Muskau. Sie war früher sehr bedeutsam, denn hier gab es schon vor über tausend Jahren eine Brücke. Der Name Muskau bedeutet in der altsorbischen Sprache Brückenort. Bei Muskau war die Grenze zwischen

Ober- und Niederlausitz. Sie lief fort über Schleife, zwischen Hoyerswerda und Spremberg hindurch weiter zur Schwarzen Elster südlich
von Senftenberg. Die Stadt Senftenberg selbst gehörte aber nicht zur
Oberlausitz, sondern zum Kurfürstentum Sachsen.

Ein herbes Schicksal hatten die Oberlausitzer zu ertragen, die um
Görlitz, Niesky, Weißwasser und Hoyerswerda lebten. Ihre Heimat war
1815 gewaltsam von Sachsen getrennt und Preußen angegliedert worden,
wo sie von dem niederschlesischen Liegnitz aus bis 1945 verwaltet wurde.

Nach dem Ende des zweiten Weltkrieges war nur noch der Teil deutsch,
der westlich der Neiße lag. Görlitz und Niesky kamen zum Land Sachsen,
Weißwasser und Hoyerswerda dagegen zum Land Brandenburg. Ab 1952
gehörten die einen zum Bezirk Dresden, die anderen zum Bezirk Cottbus.
Erst 1990, als das deutsche Vaterland wieder vereint war, kehrten die los-
getrennten Landesteile zum Freistaat Sachsen zurück. Damit ist auch
unsere Oberlausitz endlich wieder eins. Nur das Städtchen Ruhland mit
seiner Umgebung bildet hierbei eine Ausnahme.

Woher die Oberlausitz ihren Namen hat

Seit 500 Jahren gibt es den Namen Oberlausitz. Wie er zustande gekommen war, ist eine interessante und ziemlich lange Geschichte.

Die ersten schriftlichen Nachrichten stammen aus dem 11. Jahrhundert,
in denen es heißt, daß die slawischen Stämme, die hier wohnen, die
«Lunsici» seien. Etwas später schrieb man dann «Lusici» oder «Lusica».
Die Ähnlichkeit mit dem Wort Lausitz ist dabei schon zu merken. Lusici
kommt von dem alten sorbischen Wort «ług», das Sumpf bedeutet. Es war
also ein sumpfiges Land gemeint. In vielen Ortsnamen ist heute noch dieses «ług» enthalten, wie wir es bei Luckau, Luga, Loga, Luckow und Lu-
gau sehen. Die deutschen Siedler, die später ins Land gekommen waren,
hatten das sorbische Wort «ług» übernommen und «Luch» oder «Lauch»
daraus gemacht. Wir finden sie heute in den Ortsnamen Lauchhammer,
Laucha, aber auch in Laußnitz und Lauschütz wieder, und es gibt noch
viele andere davon. Das alles trifft für die heutige Niederlausitz zu, denn
nur sie hieß Lausitz.

Wo unsere jetzige Oberlausitz ist, gab es den großen slawischen Gau
Milska mit Budissin, dem späteren Bautzen, als Hauptort und den kleine-
ren Gau Besunzane bei Görlitz. Im Jahre 932 begann von Meißen aus die
Eroberung der Slawengaue, die sich bis zum Frieden von Bautzen 1031
hinzog. Danach begann die wechselvolle Geschichte des «Landes Budis-
sin» unter verschiedenen Herrschern. Im Jahr 1253 gab der König von
Böhmen das Land Budussin als Pfand für die Aussteuer der Prinzessin
Beatrix an den Markgrafen von Brandenburg. Dieser teilte 1268 das Land
Budissin in die Lande «Budissin» und «Görlitz». Das Löbauer Wasser war
die Grenze, die von seiner Mündung weiter die Spree abwärts verlief, um

dann abbiegend Muskau zu erreichen. Das Land Görlitz verblieb weiterhin ein Teil des Landes Budissin, war aber zugleich auch Reichslehen. Es hatte einen eigenen Landvogt als Vertreter des Landesherrn. Ein halbes Jahrhundert später, 1319, kehrte das Land Budussin an das Königreich Böhmen zurück, und 1329 folgte ihm das Land Görlitz. Seit dieser Zeit sprach man auch von der «marchia» (Mark) oder von der «terra» (Land) Budissin. Etwa um 1410 taucht der Name «obere Lusatz» auf. Dabei war auch das Land Zittau bereits mit gemeint, welches stets als «provincia Sitavia»(Gebiet Zittau) genannt wurde. Weiterhin verstand man aber nur die Niederlausitz unter der Mark Lausitz. Als Kaiser Karl IV. 1367 die Mark Lausitz mit dem Königreich verband, unterschied man deutlicher zwischen oberer und niederer Lausitz und sprach von zwei Markgraftümern.

Nachdem 1346 der Sechsstädtebund gegründet worden war, wurde es auch üblich, «Sechsstädteland» oder die «Sechslande» zu sagen.

In der Zeit von 1469 bis 1490, als der Ungarnkönig Matthias Corvinus Landesherr war, nannten seine Beamten die Lausitz «Lusatia inferior» und die «Lande Budissin» und «Görlitz» «Lusatia superior». Diese beiden Wörter bedeuten Niederlausitz und Oberlausitz.

Doch es dauerte noch an die einhundert Jahre, bis man überall von der Oberlausitz sprach.

Fast ist es ein wenig verwunderlich, daß die böhmische Krone für Jahrhunderte an dieser Einteilung festhielt. Und ebenso taten das die sächsischen Kurfürsten, nachdem 1635 die Oberlausitz sächsisch geworden war. Sie nannten sich fortan Markgrafen beider Lausitzen.

Der vertraute Name unserer Oberlausitz ist uns geblieben. Er macht mit der schönen Landschaft und den rechtschaffenen Menschen darin die Seele der Heimat aus.

Wie man bei uns in der Oberlausitz spricht

In unserem deutschen Vaterland spricht man überall anders. Die Menschen in den bayerischen Bergen reden anders als die an der Nordseeküste, und die vom Rhein sprechen ganz anders als die Berliner. Auch die Erzgebirger haben ihre eigene Heimatsprache, ebenso die Mecklenburger, die Schwaben und die Pfälzer. Mitunter sind die Unterschiede so groß, daß sich die Leute kaum verstehen. Dann müssen sie hochdeutsch sprechen, um sich schließlich verständigen zu können.

Bei uns in der Oberlausitz ist das ähnlich, denn, wer aus der Königsbrücker Gegend stammt, spricht anders als die Oberlausitzer um Zittau. Und die Hoyerswerdaer reden wiederum anders als die Oberländer im Lausitzer Bergland, obwohl es doch gar nicht weit bis dorthin ist. Selbst zwischen Nachbarorten gibt es Unterschiede. Wer gut zuhört, merkt das bald.

Als vor etwa 500 Jahren Martin Luther die Bibel ins Deutsche übersetzte, brauchte er eine Sprache, die alle Deutschen verstehen sollten. Er meinte, man müsse den Leuten «aufs Maul schauen», um eine Sprache für alle zu finden. Und wie jeder weiß, ist das gut gelungen. Wir können nun heute den Oberlausitzern «aufs Maul schauen», um herauszuhören, woher sie wohl stammen. Und man hört es sogar ziemlich genau; denn viele kleine Besonderheiten verraten es. Selbst in der Fremde oder gar in anderen Ländern verliert der Oberlausitzer seine Heimatsprache nicht ganz. Nicht einmal, wenn er sich tüchtig Mühe gibt, verschwindet ihr Klang völlig. Immer wieder rutschen ihm die heimatlichen Laute heraus. Da spielen auch Jahrzehnte keine Rolle.

Aber auch wer aus einer anderen Gegend unseres Vaterlandes stammt und in die Oberlausitz kommt, versteht nach einer Weile durchaus die Oberlausitzer Sprache. Nur so ganz richtig sprechen wird er sie kaum können. Jedenfalls hören das die Oberlausitzer gleich heraus und fragen: «Woher kommen denn Sie?». Und so sehen wir, daß dem Menschen seine Heimatsprache sein Leben lang anhaftet. Sie ist etwas Schönes und Liebenswertes, und jeder kann nur glücklich sein, daß er sie nicht verlernt.

Die deutlichen Unterschiede in der Sprache einer jeden Landschaft, die vom Hochdeutschen sehr abweichen, heißen Mundarten. Es fragt sich nun, wie sie wohl entstanden sind?

Der Mensch lernt seine Mundart als kleines Kind. Ganz ohne Lehrbuch und ohne Unterricht geht das. Schon bevor die Kinder in die Schule kommen, sprechen sie richtig und haben gar nicht gemerkt, wie das gekommen ist. Sie haben einfach die Sprache den Erwachsenen oder den älteren Kindern abgelauscht und nachgesprochen. Aber am meisten haben sie bei der Mutter gelernt, denn sie hat sich viel Mühe gegeben, den Kleinen das Sprechen beizubringen. Und nun sprechen sie wie die Mutter und haben also ihre Muttersprache. Sie reden, wie ihnen der Schnabel gewachsen ist, sagt man. So kommt zuerst die Mundart aus der Familie zu Hause und aus der nahen Umgebung des Kindes. Später ist es die Mundart des Heimatortes, die von allen Leuten dort gesprochen wird. Mit der Schule beginnt dann später die Mühe, ein gutes Hochdeutsch mit seiner Grammatik und der verzwickten Rechtschreibung zu erlernen. Aber die Mundart war eher da und ist sehr beständig.

Als es noch keinen Rundfunk und kein Fernsehen gab und der einfache Mensch auch kaum einmal eine Reise machen konnte, blieb fast jeder in seinem Heimatort. Und dadurch hörte er stets die Sprache seiner eigenen Umgebung, die sich eigentlich nur unmerklich änderte. Es gab gar keinen Grund dazu. Da ist es nun nicht verwunderlich, daß sich die Mundart über Hunderte von Jahren erhalten hat. Freilich sind auch ein paar Wörter verlorengegangen oder verschiedene neue hinzugekommen, denn das Leben und die Welt verändern sich doch immerzu. Aber das dauerte lange, und niemand hat das so recht gemerkt oder etwas dabei gefunden.

So, wie man die Volkskunst, die Sitten und Bräuche erforscht, so gibt es auch die Mundartforschung. Die Oberlausitz konnte in verschiedene Sprachgebiete eingeteilt werden, die sich auf einer Landkarte abbilden lassen. Darauf läßt sich folgendes erkennen: In der gesamten Oberlausitz spricht man Oberlausitzisch, das sich weiter unterteilen läßt in Neu-, West- und Ostlausitzisch, in Südlausitzisch, wo es das Oberländische gibt und die eigenen Mundarten von Schirgiswalde und Seifhennersdorf. Aber das ist noch nicht alles. Es gibt Besonderheiten, bei denen die Mundarten voneinander abweichen und sich geändert haben. Die Mundartforschung ist eine wichtige Wissenschaft geworden.

Mitunter ist die Mundart vom Hochdeutschen so verschieden, daß Fremde so gut wie gar nichts, und Einheimische, wenn sie aus einem anderen Teil der Oberlausitz stammen, sehr genau hinhören müssen, um wenigstens das Wichtigste zu verstehen. Da heißt der Ort Rosenthal Ruhstl, der Eichelhäher Nußhaikl, eine Besprechung Berädche, der Nachbar Nubbr, das Bett scherzhaft Faderkraatschn, rückwärts ärschlch und der Sonnabend Simmd. Das soll nun einer verstehen! Schon einzelne Wörter sind oft nicht herauszubekommen. Wie wird das erst bei ganzen Sätzen oder beim Erzählen sein?

Huich oack, wie da Seega bimbat
un da Voata schnacht.
Un de Mutta sitzt ban Ufm,
frißt'n ganzn Quak.

Wie lautet die Übersetzung? Nur die Seifhennersdorfer haben es hierbei leicht, denn von dort stammt dieser alte Spruch.

Ganz schwer wird es, wenn die Mundart aufgeschrieben werden soll. Dazu braucht man eine eigene Rechtschreibung und allerhand Regeln, sonst geht es einfach nicht. Was man liest, soll doch genau so klingen, wie es gesprochen wird. Für Hering wird Haarch geschrieben, für Weg Waajg und für Schälchen Schaajlchl. Wer die Mundart selbst nicht von klein auf gelernt hat, kann sie niemals richtig schreiben. Wer es aber kann, hat seine Freude an den vielen schönen Geschichten, an den Sprüchen, Liedern und Gedichten. Überall in der Oberlausitz haben Erzähler und Dichter in ihrer Mundart geschrieben und gereimt und wertvolle Werke geschaffen. Sie haben einen Platz im Herzen des Volkes gefunden. Von den vielen seien hier nur genannt: August Matthes (1854–1937), der sich Bihms Koarle nannte; Hermann Klippel (1896–1960), Gustav Wolf (1896–1942), Martha Schütze (1888–1958) und Herbert Andert (geb. 1910).

Die Mundart war immer die Sprache der einfachen Menschen, die in ihr die Liebe zur Heimat, ihre Kümmernisse oder ihre Not, aber auch ihre Freuden und schönen Erlebnisse ausdrückten. Die Oberlausitzer sind mit ihr durch die Jahrhunderte gekommen.

In der Oberlausitz leben schon seit tausend Jahren deutsche und sorbische Menschen in ihrer gemeinsamen Heimat zusammen. Vielleicht gibt es dadurch auch Wörter, die beide ohne weiteres verstehen. Manche sorbischen Wörter sind ins Deutsche gekommen. Und man weiß gar nicht mehr, wie das in der langen Zeit zugegangen ist. Ein paar davon wollen wir einmal näher ansehen. Da wäre zuerst die Peitsche, deren Name von dem sorbischen Wort «bić» kommt, das «schlagen» bedeutet. Es ist also ganz verständlich, sobald man es weiß. Auch «Quark» ist ein sorbisches Wort gewesen, es heißt dort «twarok». Und in der Mundart, wenn man «auskreechn» sagt und «ausbraten» gemeint ist, haben wir ebenfalls ein sorbisches Wort verwendet, es heißt «wuškřeč». Wenn die Bäuerin auf dem Hof nach den Gänsen ruft, daß sie zum Fressen kommen sollen, ruft sie: «Husche, husche, husche!». Bei den kleinen Entlein aber ruft sie: «Biele, biele, biele!». Und «huso» heißt auf deutsch «Gans», und die kleinen Entchen heißen sorbisch «bila». Die deutsche Dorfbevölkerung hatte also diese sorbischen Wörter übernommen.

In vielen Oberlausitzer Orten gibt es Gaststätten, die «Kretscham» heißen. Manchmal gibt es einen «Oberkretscham» und einen «Niederkretscham» oder sogar noch einen «Mittelkretscham». Somit hatte der Ort drei Gaststätten. Es gibt sogar ein Dorf, das «Dreikretscham» heißt. Die Erklärung findet sich schnell, denn «Kretscham» bedeutet in der sorbischen Sprache «Dorfschenke».

Noch ein weiteres Wort, das sehr bekannt ist, soll erwähnt werden. Es ist die «Mauke». Die meisten werden sicher wissen, daß die «Mauke» so etwas wie das Oberlausitzer Nationalgericht ist. Von der «Abernmauke» gibt es deswegen Gedichte und humorvolle Lieder. Ins Hochdeutsche könnte man die «Mauke» als «Kartoffelmus» übersetzen. Aber nicht jedes gewöhnliche Kartoffelmus ist mit einer Oberlausitzer «Abernmauke» gleichzusetzen. Auch das Wort «Mauke» kommt aus dem Sorbischen, nämlich von «muka», was «Mehlbrei» heißt oder ganz einfach nur «dicker Brei».

Und so könnte man noch viele Wörter finden, die vor sehr langer Zeit sorbisch waren, nur haben das die Leute seit langem vergessen.

Wenn man es recht bedenkt, so ist doch für die Bewohner der Oberlausitz ihre Mundart etwas sehr Schönes. Sie zeigt ihnen, daß sie in der Oberlausitzer Heimat alle zusammengehören. Wenn man seine Mundart behält, dann behält man auch seine Heimat auf der Zunge und im Herzen. Und vielleicht ist man ein bißchen stolz darauf, ein Oberlausitzer zu sein.

DIE LANDSCHAFTEN DER OBERLAUSITZ

*Die Ruhland-
Königsbrücker
Heiden*

In der Vorstellung der Menschen war die Oberlausitz immer in drei große Landschaften geteilt: die Gebirge im Süden, das Tiefland im Norden und das Hügelland zwischen beiden. Auf den ersten Blick ist das richtig. Doch die heimatliche Natur ist weitaus reicher gegliedert und viel bunter zusammengesetzt. Wir unterscheiden acht Landschaften in der Oberlausitz mit folgenden Namen:

Die Ruhland-Königsbrücker Heiden, die Muskauer Heide, das Oberlausitzer Heide- und Teichgebiet, das Nordwestlausitzer Hügelland, das Ostlausitzer Hügelland und Neißegebiet, das Lausitzer Gefilde, das Lausitzer Bergland und das Zittauer Gebirge.

Von ihrer Größe her nehmen die Heidelandschaften zusammen etwa die Hälfte der Oberlausitz ein.

Inmitten der großen Landschaften liegen noch zahlreiche kleinere eingebettet, deren Grenzen nicht immer leicht zu erkennen sind. Solche Landschaften sind zum Beispiel das Zittauer Becken, das Bergland von Herrnhut, die Königshainer Berge, die Hohe Dubrau und die Cunewalde-Wilthen-Neukircher Talwanne.

Jede Landschaft hat ihr eigenes Gesicht und unterscheidet sich recht deutlich von den anderen. Wir müssen auch bedenken, daß die Menschen seit mehreren tausend Jahren die Landschaften sehr verändert haben.

Um die heimatlichen Landschaften näher kennenzulernen, werden sie im folgenden einzeln beschrieben.

Das Zittauer Gebirge

Im Zittauer Gebirge ist die Lausche mit ihren 793 Metern der höchste Berg der Oberlausitz. Sie erhebt sich wie eine große Glocke über das Land. Von ihrem Gipfel aus kann man bis zum Osterzgebirge schauen, zum Elbsandsteingebirge, über die ganze Oberlausitz hinweg bis in das Land Brandenburg und auch weit nach Böhmen hinein. Im Südosten, schon jenseits der deutschen Grenze, stehen hohe Mittelgebirge am Himmel. Jeschkengebirge, Isergebirge und Riesengebirge sind bei klarer Sicht gut zu erkennen. Alle zusammen heißen sie Sudeten, und unser Zittauer Gebirge gehört auch dazu.

In der Felsenwelt des Zittauer Gebirges

Das Zittauer Gebirge ist ein recht kleines Gebirge, denn es ist nur etwa 20 Kilometer lang. Im Westen beginnt es am tiefen Tal der Lausur, und im Osten reicht es bis zu den Bergen bei dem böhmischen Dörfchen Pankrac. Von Norden aus gesehen ist das Gebirge ein steiler Wall, der hoch über dem Zittauer Becken steht.

Die höchsten Berge wie die Lausche, der Hochwald, der Jonsberg und der Buchberg bestehen aus Klingstein (Phonolith), der über dem Sandstein liegt. Nur der 712 m hohe Weberberg ist ein Granitberg. Der Klingstein heißt so, weil dünne Platten, wenn man sie anschlägt, hell erklingen wie eine Glocke. Der Klingstein ist ein vulkanisches Gestein wie der Basalt, das glühend aus dem Erdinneren emporgequollen ist.

Weil im Zittauer Gebirge die vulkanischen Restberge und die Sandsteinberge eng beieinander stehen, ist daraus eine ganz eigenartige Landschaft entstanden, die es nur hier gibt und sonst nirgends in Deutschland. Die Sandsteine im Zittauer Gebirge sind über 500 Meter dick. Manche Sandsteinschichten enthalten viele Muscheln, und es wurden sogar schon Haifischzähne gefunden. Daran erkennt man ganz sicher, daß der Sandstein aus den Sandschichten eines großen Meeres entstanden ist. Dieses bedeckte vor vielen Millionen Jahren die südliche Oberlausitz.

Im Zittauer Gebirge gibt es gewaltig große Felsmassen, wie im Elbsandsteingebirge. Dazu gehören Felstürme, Felsmauern, Felsentore und unendlich viele kleine Felsgebilde, die mitunter recht sonderbar anmuten. Oft haben die Felswände hunderte Löcher, die wie Bienenwaben aussehen. An anderen Stellen ziehen sich verschnörkelte rostbraune Bänder durch die Steine. Auf manchen Felsen sieht man große «Waagsteine», die nur auf wenigen Punkten aufliegen und gerade noch das Gleichgewicht halten. In engen Felsklüften sind häufig Felsblöcke in der Höhe eingeklemmt, die deswegen «Klemmsteine» heißen.

Alle diese Formen sind entstanden, weil der Sandstein nicht einheitlich beschaffen ist. Manche Sandsteine sind stark verkieselt und dadurch sehr hart geworden, andere enthalten ein kalkiges Bindemittel und verwittern deshalb leichter. Als zahlreiche Vulkane tätig waren, durchströmten heiße Gase die Sandsteinschichten, oder eisenhaltiges Wasser durchtränkte die Gesteine und färbte sie rostbraun. Aus dieser Zeit stammen die harten und porösen Sandsteine, aus denen man lange Jahre Mühlsteine gewann. Aber auch die merkwürdigen Sandsteinsäulen der «Großen» und «Kleinen Orgel» bei Jonsdorf haben sich gebildet, als sich glutheißer Basalt mit dem Sandstein verschweißte und ihm seine Säulenform aufzwang.

Nicht selten sind dabei richtige Figuren entstanden, denen man Namen gegeben hat, sogar recht humorvolle wie zum Beispiel Onkel und Tante, Semperhexe, Küken, Schildkröte, Bernhardiner, Papagei, Brütende Henne, Zuckerkrone oder Drei Tische. Der bekannteste Berg, der nur aus Felsen besteht, ist der Oybin. Er sieht aus wie ein großer Bienenkorb.

Das Zittauer Gebirge ist schneereich und lange schon ein bekanntes Wintersportgebiet. Die steilen Hänge an der Lausche sind deswegen geradezu berühmt geworden. Dort gibt es interessante Wettererscheinungen. Oftmals ist es im Zittauer Becken sehr kalt, weil sich dort kalte Luft angesammelt hat, und alles ist grau und trübe. Aber oben auf den Bergen scheint golden die Sonne, und man kann sehr weit über das Nebelmeer hinwegsehen. Manchmal ist es gerade umgekehrt. Da liegt noch Schnee auf der Lausche, so daß sie ganz weiß aussieht, aber unten in den Tälern ist schon Frühling, und es blüht bereits.

Vom Zittauer Gebirge kommen viele kleine eiskalte Rinnsale und Bächlein herunter, die eilig den Flüssen zustreben. Das Gebirge ist die Wasserscheide zwischen Nord- und Ostsee, weil die Bäche auf seiner Südseite durch Böhmen zur Elbe fließen und die von der Nordseite zur Oder.

Fast das gesamte Zittauer Gebirge ist mit großen Wäldern bedeckt, die weit nach Böhmen hineinreichen. Meistens sind es Fichtenwälder, die von der Forstwirtschaft angelegt worden sind. Aber stellenweise gibt es auch noch schönen Laub- und Mischwald mit vielen Pflanzenarten. In den Bergwäldern leben Tiere wie Rothirsch und Reh, und sogar einzelne Gemsen kommen manchmal von Nordböhmen herüber. Unter den vielen Vogelarten des Gebirges gibt es eine erstaunliche Besonderheit. Es ist der Uhu, der in den versteckten Felswänden brütet und nur nachts geräuschlos ausfliegt.

In den vergangenen Jahren haben leider giftige Gase aus der Industrie viel Schaden am Wald angerichtet. Tausende Bäume sind abgestorben. Nun wird versucht, andere Baumarten anzupflanzen, damit wieder ein gesunder Wald heranwächst.

Das Zittauer Gebirge ist ein Landschaftsschutzgebiet, in dem mehrere Naturschutzgebiete liegen. Obwohl das Gebirge nur klein ist, steht es den größeren deutschen Mittelgebirgen an Schönheit nicht nach. Es gehört zu den schönsten Flecken unserer Oberlausitz.

Das Lausitzer Bergland

Das Lausitzer Bergland ist ein kleines Mittelgebirge, wenn man es mit dem Harz, dem Erzgebirge oder mit dem Schwarzwald vergleicht. Sein höchster Gipfel ist der 586 Meter hohe Valtenberg.

Das Lausitzer Bergland besteht hauptsächlich aus Graniten. Die Granite beginnen schon in der Gegend von Meißen und reichen bis zum Zittauer Gebirge und zum Neißetal. Es ist das größte Granitgebiet in Deutschland. Die Granite sind körnige Tiefengesteine, deren Bestandteile gut zu erkennen sind. Vor allem sind es Quarz, Feldspat und Glimmer. Die einzelnen Granitarten erhielten ihre wissenschaftlichen Namen danach, welche Teilchen und wieviel davon vorhanden sind. So unterscheiden sich der Westlausitzer Granodiorit, der in den großen Steinbrüchen bei Demitz-Thumitz gebrochen wird, der Königshainer Stockgranit in den Königshainer Bergen, der Rumburger Granit, der besonders im Neißetal ansteht, der Seidenberger Granodiorit im Zittauer Gebirge und der Zweiglimmergranodiorit im Nordwestlausitzer Hügelland.

Auf vielen Gipfeln des Lausitzer Berglandes gibt es hohe Felsenklippen, die wie künstlich aufgetürmt aussehen und deswegen «Felsburgen» genannt werden. Auf dem Czorneboh ziehen sie sich als lange Felsmauern hin. Die steilen Berghänge sind oft mit Granitblöcken wie übersät. Manche Blöcke sind gewaltig groß, und alle liegen sie wirr durcheinander. Manchmal sind es so viele, daß man von einem Blockmeer spricht.

Der Valtenberg

Da fragt man sich, wie das wohl entstanden ist. Als nach langen geologischen Zeiträumen die Gesteinsschichten, die den Granit einst bedeckten, abgetragen waren, wich der Druck, und Klüfte und Spalten taten sich auf, und große Quader bildeten sich. Der Granit verwitterte tiefgründig.

Im späteren Eiszeitalter, das über eine Million Jahre angedauert hat, zersprengte der Frost die Felsen und Blöcke, der Schutt wanderte die Berghänge abwärts, wenn der Boden sommers auftaute.

Die Felsburgen und Blockmeere, die uns heute so großartig erscheinen, sind also nur Überreste aus der Erdgeschichte.

Das Lausitzer Bergland wird von drei langen Bergketten gebildet, zwischen denen zwei weite Talwannen liegen. Die nördlich Bergkette mit dem 561 m hohen Czorneboh zieht sich hoch über dem Land hin bis zum Hohen Hahn bei dem Dorf Tröbigau und zum Klosterberg. Die zweite Bergkette erstreckt sich vom Valtenberg (586 m) ostwärts bis zum 500 Meter hohen Bieleboh. Zwischen den beiden Bergketten liegt die Talwanne von Cunewalde, Wilthen und Neukirch. Der dritte Höhenzug beginnt am Unger (538 m) und geht bis zum Mannsberg und zum Taubenberg, wo dann das Spreetal erreicht wird. In der Talwanne davor liegen die Orte Wehrsdorf und Taubenheim. Nach Süden zu schließen sich die Bergländer Nordböhmens an.

Nach Südosten zu erheben sich hohe vulkanische Restberge wie der Löbauer Berg mit 449 Metern, der Kottmar mit 583 Metern, der Oderwit-

Das
Cunnewalder Tal
mit dem
Czorneboh

zer Spitzberg mit 510 Metern oder der Breiteberg mit ebenfalls 510 Metern und viele andere. Die Gipfel liegen weit auseinander, so daß das Bergland den Charakter einer Berggruppe annimmt. Es sind Basalt- oder Phonolithberge, die als Kuppen und Kegel das Land überragen. Der Kottmar ist die größte Phonolithmasse (Klingstein) der Oberlausitz. Durch seine freie Lage bildet er eine deutliche Wasserscheide, von der zahlreiche Quellflüsse kommen wie die Spree, das Landwasser und die Pließnitz.

Um Eibau breitet sich die viele Quadratkilometer große Eibauer Basaltdecke als eine Hochfläche aus, auf der die einzelnen Berge steil aufsitzen.

Die Spree, die im Lausitzer Bergland noch ein bescheidenes Flüßchen ist, hat das Bergland durchschnitten, wo heute die Orte Schirgiswalde und Großpostwitz liegen. Dadurch unterscheiden sich ganz deutlich eine westliche und eine östliche Hälfte.

Weil sich das Bergland weit über seine Umgebung hinaushebt und sich den westlichen Winden entgegenstellt, regnet es hier viel. Im Hohwald, zu dem auch der Valtenberg gehört, fallen die meisten Niederschläge der ganzen Oberlausitz, und im Winter liegt meist hoher Schnee. Im Lausitzer Bergland entspringen viele Bäche und Flüsse. Die Spree, das Schwarzwasser und die Wesenitz sind die bekanntesten. Sie streben alle der Elbe zu, wenn auch oft auf sehr weiten Umwegen.

In früheren Zeiten war das Lausitzer Bergland ganz mit Laubwald bewachsen. Erst vor etwa 200 Jahren begann die planmäßige Forstwirtschaft, und es wurden Fichtenwälder angelegt, wo die Bäume in Reih und Glied stehen. So kommt es, daß der abwechslungsreiche Laubwald heute nur noch vereinzelt zu finden ist. In den Wäldern des Berglandes leben viele Tiere wie Rothirsch, Reh, Fuchs, Dachs, Marder, Haselmaus und Siebenschläfer, Specht, Eule und viele Singvögel.

Vielerorts reichen die Bergwiesen bis zum Gebirgskamm hinauf. Dort blühen Wiesenblumen und Kräuter in allen Farben. Wo frisches Quellwasser in sumpfigen Wiesen zutage tritt, sind sogar die seltenen einheimischen Orchideen zu finden.

In den großen Tälern liegen die Städte und Dörfer dicht aneinandergereiht, und die Straßen und Eisenbahnen ziehen sich kurvenreich durchs Bergland, das uns allerorts ein anderes Gesicht zeigt.

Das Ostlausitzer Hügelland und Neißegebiet

Wenn man vom Löbauer Berg ostwärts blickt, sieht man kein geschlossenes Gebirge, sondern viele einzelne Berge, die das Land überragen. Diese bilden das Ostlausitzer Hügelland. Da mag vielleicht der Name Hügel etwas verwundern, denn die Gipfel sind beachtlich hoch, wie der Rotstein bei Sohland (455 m) oder der Sonnenhübel bei Niederoderwitz (469 m).

Aber niemand weiß zu sagen, wo ein Hügel aufhört und ein Berg anfängt. Zwischen den vielen Hügeln und Bergen haben die Flüsse weite Täler angelegt, die aber auch ganz plötzlich eingeengt sind, so daß Flüsse und Bäche eilig hindurchströmen. Das Löbauer Wasser, die Pließnitz, der Schwarze und der Weiße Schöps sind die bekanntesten.

Im Ostlausitzer Hügelland haben die Hügel und Berge eine Besonderheit, es sind vulkanische Restberge. In der Braunkohlenzeit, die 60 Millionen Jahre zurückliegt, waren Gebirge und Täler anders verteilt als heute. In unserer Oberlausitz gab es viele Vulkane, die heiße Asche auswarfen, und glühender Gesteinsbrei, die Lava, quoll aus der Erde und erstarrte dann. So entstanden die schweren schwarzen Ergußgesteine, die ganz verschieden zusammengesetzt sind und danach eigene Namen erhielten. Alle zusammen bilden sie die Gesteinsgruppe der Basalte. Der Basalt ist oft in dicken Säulen angeordnet, so daß er stellenweise wie Orgelpfeifen aussieht. Das ist zum Beispiel am Steinberg von Wittgendorf bei Zittau schön zu sehen. Im Laufe von Jahrmillionen hat sich die Erde verändert, die Gesteine verwitterten und zerfielen. Und was uns heute so gewaltig erscheint, sind in Wirklichkeit nur wenige Reste.

Die Neiße beim Kloster St. Marienthal

Die Königshainer Berge sind ein kleines Granitbergland für sich, das weithin zu sehen ist. Die Kämpferberge mit 411 Metern und der Hochstein mit 406 Metern sind am höchsten. Auch die Königshainer Berge haben ihre Eigenheiten. Auf den Gipfeln stehen Felsburgen, bei denen die Steine wie hoch übereinandergestapelt aussehen. Solche Felsen werden auch Wollsäcke genannt. Sie muten an wie ein Riesenbauwerk, doch auch sie sind nur Überbleibsel. Von den vielen Felsblöcken, die auf den Berghängen liegen, sind einige sogar berühmt geworden, weil es alte Geschichten und Sagen über sie gibt.

Die Königshainer Berge tragen einen Mischwald aus vielen Baumarten, in dem seltene Pflanzen vorkommen und viele Tiere leben. Dazu gehören auch die Mufflons, eine Wildschafart, die von der Insel Korsika im Mittelmeer stammt.

Wegen dieser schönen und interessanten Landschaft sind die Königshainer Berge ein Landschaftsschutzgebiet.

Ganz im Osten, an der Grenze zu Polen, wo die Neiße fließt, liegt das Neißegebiet. Es beginnt bei Zittau im weiten Zittauer Becken und zieht sich am Fluß bis über Görlitz hinaus. Das Zittauer Becken hat sich während der Braunkohlenzeit eingesenkt. Es gab dort Sümpfe, Seen und große warmfeuchte Urwälder. Aus diesen sind die Braunkohlen entstanden, die in mächtigen Schichten unter der gesamten Stadt Zittau und ihrer Umgebung liegen.

Die Neiße fließt hier ganz träge dahin, weil alles eben ist. Doch bei dem Ort Hirschfelde beginnt das tief eingeschnittene Neißetal, und der Fluß hat es nun eiliger. Steile Hänge mit schroffen Felsen steigen auf, und alles ist dicht bewaldet. Es ist der Klosterwald, der zum Kloster St. Marienthal gehört. Dem Fluß folgt der breite Uferweg. Dort, wo kleine Bächlein in steilen Kerben von der Höhe herunterkommen, führen die Wege als gepflasterte Furten hindurch. Das ist eine Besonderheit des Neißetales. Das tiefe Tal der Neiße mit seinen steilen felsigen Hängen mutet wie ein großes Gebirgstal an, obwohl seine Sohle doch nur 200 Meter hoch liegt.

Am Ende des Engtales befindet sich seit dem Jahre 1234 das Kloster Sankt Marienthal mit seinen prächtigen Gebäuden, dem Klosterhof und dem Stationsberg. Hochwassermarken an den Häusern zeigen, wie gefährlich die Neiße werden kann.

Weiter flußabwärts liegt das Städtchen Ostritz und dort, wo die Pließnitz in die Neiße mündet, die Gemeinde Hagenwerder. Hier ist die Landschaft stark verändert, da schon seit 1830 Braunkohlenbergbau erfolgte und ab 1922 der Tagebau förderte. Ihm fiel der Ort Berzdorf gänzlich zum Opfer. Von 1958 bis 1997 arbeitete hier das Großkraftwerk Hagenwerder. Westlich davon auf der Höhe befindet sich der Eigensche Kreis. Er zeichnet sich durch gute Lößlehmböden aus, die eine umfangreiche Landwirtschaft ermöglichen. Deswegen gibt es hier seit alters her ausgedehnte Feld- und Ackerfluren.

Weiter nördlich breitet sich das altehrwürdige Görlitz, die größte Stadt der Oberlausitz, am Neißeufer aus. In ihrer Nähe erhebt sich die 420 Meter hohe Landeskrone frei über das Land. Sie ist ein vulkanischer Restberg in ebenmäßiger Kegelform. Vom Gipfel aus sieht man wieder die Königshainer Berge und die Neißeniederung um Ludwigsdorf. In der Ferne sind die dunklen Wälder des Oberlausitzer Heide- und Teichgebietes zu erkennen.

Das Lausitzer Gefilde

Die Landschaft zwischen Kamenz im Westen und den Königshainer Bergen im Osten ist das Lausitzer Gefilde. Der Name Gefilde kommt von dem Wort Feld. Es ist also eine Landschaft, in der es viele Felder gibt.

Der Teil des Lausitzer Gefildes um dem Ort Panschwitz-Kuckau mit dem Kloster Sankt Marienstern wird die Klosterpflege genannt. Als Pflege werden solche Gegenden bezeichnet, die sehr fruchtbare Böden haben. Als gleichartige Namen seien die Großenhainer Pflege und die Lommatzscher Pflege genannt.

Auwald
bei Diehmen

In der letzten Eiszeit, die vor ungefähr 20 000 Jahren zu Ende gegangen ist, lag das Eis im heutigen Brandenburg in der Gegend um Berlin. In der Oberlausitz war es kalt und trocken, und kein Baum und kein Strauch konnten wachsen. Nur wenige Flechten und dürftige Gräser erhielten sich am Leben. Alles war tief gefroren und zu Eis erstarrt. Über dieses trostlose und unwirtliche Land fegte eisiger Wind, der trockenen Gesteinsstaub verwehte und an anderer Stelle absetzte. Mitunter ist solcher Staub bis über 10 m dick angeweht worden.

Nach vielen tausend Jahren sind aus dem Gesteinsstaub die verschiedenen Lößböden entstanden. Der reine Löß, der immer etwas Kalk enthält, ist jedoch nur selten anzutreffen. Der Löß verlehmte, weil ihn das «Bodenfließen» umlagerte und Grund- und Sickerwasser ihn stark veränderten.

Am häufigsten sind deshalb die staunassen Böden wie die Fahlerde, der Staugley und die Parabraunerde.

So ist es auch kein Wunder, daß sich hier im Lausitzer Gefilde die Menschen ansiedelten, seit es überhaupt Ackerbau gibt. Es ist ein Altsiedelland, und an vielen Stellen gibt es Überreste aus dieser vorgeschichtlichen Zeit.

Das Lausitzer Gefilde ist das Land der Skalentäler. Da gibt es die Gröditzer, die Georgewitzer, die Nedaschützer Skala, die Skala des Langen Wassers und noch andere mehr. Es gibt sogar einen Ortsteil von Spittwitz bei Bautzen, der Skala heißt. In der alten sorbischen Sprache bedeutet das Wort skala Felsen. Und so sind die Skalentäler Felsentäler.

Es ist recht sonderbar, daß die Flüsse des Gefildes erst durch weite Senken fließen, wo es mächtige Sand- und Kiesschichten gibt, dann aber plötzlich in eine Skala eintreten, wo sie die harten Gesteinsschichten durchsägt haben. Man müßte doch annehmen, sie gingen solchen Hindernissen aus dem Wege!

Im Eiszeitalter, als die Oberlausitz mehrmals vom Eis bedeckt war, füllten Schutt, Kies- und Sandmassen die Täler völlig aus, und später, als das Eis abgetaut war, flossen die Bäche und Flüsse oben auf der Hochfläche und begannen nun allmählich, sich neu einzuschneiden. Dabei kam es oft vor, daß der Fluß sein altes Tal nicht wiederfand, sondern schon in geringer Tiefe auf festes Gestein traf, in das er sich nun energisch einschneiden mußte. Noch heute sind die Oberlausitzer Flüsse damit beschäftigt.

Natürliche Landschaften der Oberlausitz

Kartographie: Institut
für Länderkunde 1996

Lausitzer Becken- und Heideland
(Niederlausitz)

P O L E N

Bad Muskau

Weißwasser

Schwarze Elster

Ruhland

Ruhland -

Hoyerswerda

M u s k a u e r H e i d e

Spree

Neiße

Königsbrücker

O b e r l a u s i t z e r H e i d e - u n d T e i c h g e b i e t

Heiden

Niesky

Kamenz

Pulsnitz

Königsbrück

Nordwest-
lausitzer
Hügel-
land

Bautzen

L a u s i t z e r G e f i l d e

Görlitz

Bischofs-
werda

Spree

Löbau

W
e
s
t
l
a
u
s
i
t
z
e
r

L a u s i t z e r B e r g l a n d

O
s
t
l
a
u
s
i
t
z
e
r H
ü
g
e
l
l
a
n
d

u
n
d

N
e
i
ß
e
g
e
b
i
e
t

P l a t t e

DRESDEN

Tschechische

Elbe

Elbsandsteingebirge

Zittau

Republik

Zittauer Gebirge

— · — Staatsgrenze
——— Grenze einer naturräum-
lichen Einheit
*(nach NEEF und HAASE,
verändert)*

0   10   20 km

Maßstab 1 : 750 000

In einer Skala fließt der Fluß tief unten im engen Tal, und über den Ufern türmen sich die Felsmassen mit steilen Wänden auf. Das Tal ist meist so eng, daß am Ufer kaum ein Weg genug Platz hat. Weil an den schroffen Hängen keine Landwirtschaft möglich ist, blieb hier ein bunter Mischwald erhalten. Unten am Wasser wachsen die Pflanzen, die Feuchtigkeit brauchen. Dagegen gedeihen oben zwischen den Felsen solche, die auch Trockenheit vertragen. An den Südhängen wachsen andere Pflanzen als an den schattigen Nordhängen. Und so ergibt es sich, daß es in einer Skala vom zeitigen Frühjahr bis in den späten Herbst hinein immerzu blüht.

Die engen Skalentäler sind vor Stürmen geschützt. Wenn in der Höhe der Sturm braust, ist es in der Tiefe fast windstill. Im Sommer ist es im

Schatten am Wasser angenehm kühl. In den Skalen leben viele Tiere, vor allem Singvögel. Meist sind die Skalentäler Naturschutzgebiete, die als Besonderheiten der Oberlausitz bewahrt und geschützt werden müssen.

Das Lausitzer Gefilde ist ein welliges Hügelland, von dessen Höhen aus das Land weit zu überschauen ist. Wer sich aufmerksam umsieht, wird bald eine Merkwürdigkeit erkennen: Die Getreidefelder sind auf den Hochflächen, und in den Tälern zieht sich der Wald in langen Streifen hin. In anderen Landschaften ist das gerade umgekehrt.

Das Nordwestlausitzer Hügelland

Nicht weit von Bischofswerda beginnen die Höhen des Nordwestlausitzer Hügellandes, die sich bis Kamenz hinziehen und das Städtchen Pulsnitz umrahmen.

Der höchste Gipfel von allen hier ist der Hochstein bei dem Dorfe Kindisch. Er ist 449 Meter hoch. Dort oben bildet die Felsburg des Sibyllensteins den höchsten Punkt. Einige andere Berge des Nordwestlausitzer Hügellandes sind sehr bekannt geworden. Das mag auch daher kommen, daß Aussichtstürme und Gaststätten auf ihnen sind und schon immer viele Besucher anzogen. Es sind der Butterberg bei Bischofswerda, der Schwedenstein bei Steina, der Kamenzer Hutberg und der Keulenberg, der am Rande des Hügellandes liegt. Wenn man von Dresden aus in die Oberlausitz fährt und die ersten Berge auftauchen, sieht man ihn bald. Er ist der Vorbote der Oberlausitzer Bergwelt, der schon von weitem herüber grüßt.

Die Berge des Nordwestlausitzer Hügellandes bestehen aus einer besonderen Granitart, dem Zweiglimmergranodiorit. Bereits der Name verrät, daß im Gestein zwei Glimmerarten enthalten sind, die man auch ganz

Die Pulsnitz in Oberlichtenau

deutlich sehen kann. Die einen sind schwarz, und die anderen sind hell und glitzern golden. In großen Steinbrüchen kann man dieses Gestein gut sehen, aber auch an vielen Bauwerken, die hier allerorts stehen. Mehr auf Kamenz zu ist wiederum ein anderes Gestein verbreitet. Es ist die Grauwacke. Für uns Menschen ist sie schier unvorstellbar alt. Sie zählt mit zu den ältesten Gesteinen, die es auf der Erde überhaupt gibt.

Die Höhen des Nordwestlausitzer Hügellandes sind mit großen Wäldern bedeckt, in denen viele Pflanzenarten gedeihen. Manche von ihnen stehen unter Naturschutz, damit sie erhalten bleiben. Bei dem kleinen Ort Rehnsdorf sind sogar Kastanienbäume im Wald zu finden, deren Früchte eßbar sind. Auch viele Tiere leben in Wald und Feld, von denen nur die Mufflons, die Wildschafe, genannt sein sollen.

Auf den Berghängen und in den weiten Tälern ist der Lößlehm verbreitet, so daß die Landwirtschaft sehr ertragreich ist.

Im Nordwestlausitzer Hügelland regnet es mehr, als man erwarten sollte. Die Berge und Höhenzüge sind nicht allzu hoch, aber sie stehen den feuchten Westwinden entgegen, die die Wolken herantreiben und so regnen sich diese ab. So erklärt es sich auch, daß hier viele Flüsse entspringen, die erst kleine Quellbächlein sind, sich dann aber bald vereinen und schließlich als Fluß durchs Land strömen. Die bekanntesten sind die Schwarze Elster, die Pulsnitz, die Röder und das Klosterwasser.

Wenn auch seine Höhen im Vergleich zu den Oberlausitzer Gebirgen bescheiden sind, so ist doch das Nordwestlausitzer Hügelland eine abwechslungsreiche, interessante und liebenswerte Landschaft in unserer Heimat.

Das Oberlausitzer Heide- und Teichgebiet

Die nördliche Hälfte der Oberlausitz wird von weiten Heidelandschaften bedeckt. Eine davon ist das Oberlausitzer Heide- und Teichgebiet, das sich aus der Gegend um Kamenz ostwärts über Niesky hinaus bis an die Neiße erstreckt. Es ist eine Landschaft von ganz besonderem Liebreiz, wo es noch viel unberührte Natur in stiller Abgeschiedenheit gibt, aber auch betriebsame Orte mit regem Leben.

Bei der Heide denkt man zuerst an das schöne rotblühende Heidekraut, das allerorts leuchtet. Doch in der Heide gibt es weit mehr andere Pflanzen: Sandkiefern, Birken, Wacholdersträucher, Besenginster, Heidel- und Preiselbeeren, Heckenrosen, Sandstrohblumen, Stiefmütterchen, Schafgarbe, Johanniskraut, bläuliche Gräser und sehr viele Pilze.

Meist geht es sehr trocken in der Heide zu, es fehlen Wasser und Nährstoffe, und der Boden ist sauer. Die Heide ist eine Pflanzengemeinschaft aus vielen säureliebenden Pflanzen.

Fast überall sind reine Sandböden, die Kieselsäure enthalten und so den Boden sauer machen. Die Sandmassen sind ein Überbleibsel aus der Eiszeit, in der unsere Heimat von zwei- bis dreihundert Meter dickem Eis bedeckt war. Das Eis hatte Steine, Kiese und Sande aus Nordeuropa mitgebracht, und als es abtaute, schwemmten die Schmelzwasser die Kiese und Sande breit und lagerten sie ab. In trockenen Zeiten hatte der Wind mancherorts feinen Sand zu hohen Hügeln zusammenge- weht, so daß Dünen

*Wasservögel am
Rande der
Ruhland-Königs-
brücker Heiden*

*Oberlausitzer
Heide- und Teich-
gebiet bei
Biehla-Weißig*

entstanden sind. Nicht weit von Hoyerswerda, bei dem Dorf Weißkollm und bei Uhyst an der Spree, auf Weißwasser zu, gibt es viele solcher Dünen. Sie sind sogar größer als die an der Ostsee.

Durch die Heidelandschaften zieht sich das Lausitzer Urstromtal als weite Niederung hin, in der das Grundwasser sehr hoch steht.

Diesen Wasserreichtum haben sich die Menschen schon früh zunutze gemacht und große Fischteiche angelegt. Die Teiche sind alle nicht sehr tief, oft nur einen Meter. Meist sind sie durch Gräben miteinander verbunden, so daß man sie ablassen oder füllen kann, ganz wie man es bei der Fischerei braucht. Seit alters her züchten die Fischer hier den Lausitzer Karpfen, einen vorzüglichen Speisefisch.

Die Teiche sind beachtlich groß und muten wie natürliche Seen an. Der größte von allen ist der Großteich von Deutschbaselitz bei Kamenz. Er ist einen Quadratkilometer groß, und sein Damm ist einen Kilometer lang. Die Teiche sind von hohem Schilf umwachsen, das die Fischer nützlich finden, denn es schützt die Ufer, wenn der Wind starke Wellen an das Land treibt.

Wo die zahlreichen Teiche sind, leben viele Tiere. Vor allem Wasservögel sind anzutreffen – Wildenten, Bleßhühner, Taucher, Schwäne, Reiher, Störche, im Röhricht der Kleine Teichrohrsänger und vereinzelt auch die Große Rohrdommel. In abgelegenen Teilen der Landschaft brütet der Fischadler. Im Frühling und im Herbst, wenn die Zugvögel auf ihrer weiten Reise sind, machen sie Rast an den Oberlausitzer Teichen.

Dann sind die stolzen grauen Kraniche zu sehen und viele Gänse, die ihr Heimatgebiet oben in Nordeuropa haben.

Vielerlei Kleintiere leben im Wasser oder an den feuchten Rändern – Frösche, Kröten, Eidechsen, Käfer, Schnecken, Schmetterlinge und noch viele mehr.

Draußen in der Heide, wo es trockener ist und wo große Wälder rauschen, leben Rehe, Hirsche, Hasen, Kaninchen, Füchse, Schlangen und Wiesel, und in der Luft kreisen Bussarde und der Milan.

Die Ruhland-Königsbrücker Heiden

Die Schwarze Elster bildet bei Hoyerswerda die Ostgrenze der Ruhland-Königsbrücker Heiden. Die weiten Heidegebiete reichen westwärts bis Ruhland und Königsbrück, wo sie allmählich in andere Landschaften übergehen. Die Heiden haben an vielen Orten eigene Namen bekommen wie Kienheide, Laußnitzer Heide oder Radeburger Heide. Überblickt man von einer Anhöhe aus die Heide, so ist ein riesiges Waldmeer zu sehen, denn fast die gesamte Heide besteht aus Wäldern. Am häufigsten sind die trockenen Kiefernwälder, wo die Bäume oft verkrüppelt sind und in denen viele graue Flechten wachsen. Mehr im Süden, auf die Großenhainer Pflege zu, hat der Mensch große Teile der ehemaligen Heide in Kiefernforste umgewandelt.

In den Heiden ist es oft sehr trocken, da die Niederschläge nicht hoch sind und das Wasser leicht im Sandboden versickert. Auch sind die sommerlichen Temperaturen recht hoch, so daß häufig große Waldbrandgefahr herrscht.

Die Heiden haben meist nährstoffarme Sandböden, die vielerorts oben ausgebleicht sind und tiefer unten rostbraun aussehen. Solche Böden heißen Podsolböden. Die Sande der Heide sind mitunter über dreißig Meter dick. Darunter liegen die Erdschichten aus der Braunkohlenzeit. Es sind wiederum Sande, aber auch Tone und mächtige Braunkohlenflöze.

Frühling in den Ruhland-Königsbrücker Heiden

Dort, wo das Eis während des Eiszeitalters die Braunkohlenflöze gestaucht und zur Erdoberfläche gepreßt hatte, gerieten sie mit dem Sauerstoff der Luft zusammen, oxydierten und schrumpften dabei. So bildeten sich Senken, in denen sich das Grundwasser sammelte und die dann bald vermoorten. Solche Moore heißen Gieser oder Jesor, was aus der niedersorbischen Sprache kommt, wo jazor See bedeutet.

Bei den Orten Hohenbocka und Hosena gibt es schneeweiße Quarzsande, die als die besten Glassande gelten und schon seit über einhundert Jahren abgebaut und in den Glashütten verarbeitet werden. Sie gehören zu den Ablagerungen der Braunkohlenzeit, denn sie liegen unter den Braunkohlenflözen.

Vereinzelt ragen die Gesteine des tiefen Untergrundes bis an die Erdoberfläche und sind als Hügel in der Landschaft zu erkennen. Der Buchberg und der Waldberg in der Laußnitzer Heide sowie die Oßlinger Berge sind so entstanden.

Wo einst die Schmelzwässer aus der Eiszeit abflossen, haben sie das Lausitzer Urstromtal hinterlassen. Es besteht aus kilometerweiten tischebenen Niederungen, in denen heute die Flüsse träge dahinziehen. Hier war das Land versumpft, und es gab große Moore. Seit mehr als eintausend

Die Ruhland-Königs-brücker Heiden

Jahren haben die Menschen sich bemüht, die Sümpfe und Moore trocken-zulegen, um Acker- und Wiesenland zu gewinnen. Trotzdem gibt es noch viele versumpfte Niederungen an den Flüssen und stellenweise auch noch kleinere Moore. Nur bei Wittichenau ist ein großes erhalten geblieben, es ist das Dubringer Moor. In alten Zeiten wurde dort Torf gestochen, um da-mit zu heizen. Die Torfschichten waren mitunter mehrere Meter dick. Heute stehen die Moore unter Naturschutz wegen ihrer vielen seltenen Pflanzen und der zahlreichen Tierarten, die dort leben.

Der Torf hat sich in der Wärmezeit nach der letzten Eiszeit gebildet, in der es wärmer und feuchter war als heute. In den Mooren zersetzten sich die Pflanzen so stark, daß ein sehr dunkler Torf daraus entstand. In der Nachwärmezeit war es bedeutend kühler, und so wuchsen besonders die Torfmoose kräftig. Da sie weniger zersetzt wurden entstand ein hellerer Torf. Der gesamte Ablauf, in dem sich die einzelnen Torfschichten aus Pflanzenresten bildeten, dauerte etwa 9000 Jahre.

Die Ruhland-Königsbrücker Heiden sind eine vielgestaltige Land-schaft, in der große Wälder vorherrschen, aus denen ferne Fabrikschorn-steine und Kirchtürme herauslugen. Die Ortschaften sind darin wie Inseln eingebettet.

Die Muskauer Heide

Von der Neiße im Osten bis zur Schwarzen Elster im Westen erstreckt sich die Muskauer Heide. Auch hier hat die Heide vielerorts eigene Namen erhalten wie die Trattendorfer Heide oder die Kühnichter Heide.

Die Muskauer Heide ist eines der größten Waldgebiete in Sachsen, wo vor allem trockene Kiefernwälder gedeihen. Der Kiefernwald ist keineswegs überall gleich, denn es gibt den Heidelbeerkiefernwald, den Preiselbeerkiefernwald, den Heidekrautkiefernwald und teilweise auch noch den Kiefernmischwald. Überall wachsen die Heidepflanzen, die Trockenheit vertragen und mit wenig Nährstoffen auskommen. Weite Flächen nimmt das rotblühende Heidekraut ein; dazu kommen die Sandginsterbüsche, die Wacholdersträucher, das Silbergras und die vielen anderen bescheidenen Heidepflanzen, die den Erdboden bedecken.

Im Lausitzer Urstromtal, das von der Spree und der Neiße mit ihren Nebenflüssen durchquert wird, gibt es ausgedehnte versumpfte und vermoorte Flächen, da das Grundwasser sehr hoch steht. Einige Moore stehen unter Naturschutz, weil hier seltene Pflanzen vorkommen wie das Moorveilchen oder der insektenfressende Sonnentau. Von den vielen Mooren sind besonders die «Großen Jeseritzen» bekannt geworden. Ihr Name leitet sich von dem niedersorbischen Wort «jazor" her, wie es auch bei den Giesern oder Jezoren in den Ruhland-Königsbrücker Heiden ist.

In den feuchten Niederungen gibt es teilweise noch den Erlenwald, in dem auch häufig Eschen wachsen.

Die Muskauer Heide besteht fast überall aus mächtigen Sand- und Kiesschichten, die aus dem Eiszeitalter stammen. Die Sande und Kiese wurden vom Schmelzwasser breitgeschwemmt und von den Flüssen später umgelagert. Bei Bad Muskau zieht sich eine hufeisenförmige Hügelkette hin, in welcher der Drachenberg mit 116 Metern der höchste Punkt ist. Diese Hügelkette wird der Muskauer Faltenbogen genannt. Er entstand, als die Gletscher des zweiten großen Eisvorstoßes der Elster-Eiszeit den Untergrund stauchten und dabei selbst Braunkohlenflöze falteten und hochpreßten. Da das Eis lange Zeit in der Gegend von Bad Muskau lag, sammelten sich dort gewaltige Sand- und Kiesmassen an. Als das Eis abtaute, blieben sie liegen und bildeten so die hohe Hügelkette.

Als es kalt und trocken war, bliesen die Winde feinen Sand zu hohen Dünen zusammen. Besonders bei Nochten und Rietschen gibt es ganze Dünenreihen, die mitunter bis 25 Meter hoch sind.

Die Muskauer Heide hat noch eine weitere Besonderheit: Sie gehört zu den wärmsten Gegenden in Sachsen. Sehr warme Sommer stehen kalten Wintern gegenüber.

Unter den eiszeitlichen Sanden der Heide liegen die Schichten der Braunkohlenzeit mit mächtigen, oft kilometerweiten Braunkohlenflözen. Schon seit 150 Jahren wird die Braunkohle abgebaut (bei Bad Muskau seit 1843).

Der Stausee
Quitzdorf

Das ist der Grund dafür, daß die Heiden von allen Oberlausitzer Landschaften am stärksten verändert worden sind. Die Wälder wurden gerodet und riesige Tagebaue angelegt. Dabei fielen auch viele Heidedörfer den Baggern zum Opfer. Die Menschen verloren ihre angestammte Heimat. Selbst die Flüsse mußten umgeleitet werden wie zum Beispiel die Spree bei dem Dorfe Uhyst. Zugleich wuchsen große Brikettfabriken und Kraftwerke empor. Das größte ist das Kraftwerk Boxberg bei Weißwasser, dessen 300 Meter hohe Schornsteine in der Oberlausitz weit zu sehen sind.

Obwohl große Heidegebiete durch den Braunkohlenbergbau verlorengegangen sind, ist noch viel von der stillen Schönheit der Muskauer Heide erhalten geblieben. In dem «Biosphärenreservat Heide- und Teichlandschaft» mit Landschaftsschutz- und Naturschutzgebieten soll sie uns erhalten bleiben.

Das Oberland

Der Teil des Lausitzer Berglandes, der südwestlich von Bautzen liegt, wird seit alters her als das Oberland bezeichnet. Diese Gegend war aber nie eine politische Einheit oder eine begrenzte Landschaft, ihr Name lebte immer nur im Empfinden des Volkes und hat sich mit ihm erhalten.

Wer nun das dazu gehörige Niederland sucht, muß weit in die Vergangenheit hinabtauchen. Im Jahre 1833 erschien das erste Mal der Name Niederland in einem Buch über Nordböhmen. Dort wird der nördlichste Abschnitt des Kreises Leitmeritz als «Das Niedere Gebirge» oder das «Niederland» bezeichnet. Vor allem die Orte um Schluckenau, Rumburg und Hainsbach waren gemeint, die gegen 1560 insgesamt etwa 20 000 Einwohner hatten.

Ihre Geschichte ist alt. Alle waren sie als deutsche Waldhufendörfer im 12. und 13. Jahrhundert angelegt worden, und das ist noch heute deutlich zu erkennen. Der Kurfürst von Sachsen hatte 1471 Schloß und Herrschaft Tollenstein samt Land und Stadt Schluckenau erworben und 1481 an den Obermarschall von Schleinitz verkauft. Nun bürgerte sich der Name «Schleinitzer Ländchen» ein. Ein Teil des Schleinitzer Ländchens lag aber auch auf der Oberlausitzer Seite und reichte bis zur Spree bei Ebersbach und bis Oderwitz. Im 16. Jahrhundert kaufte die Stadt Zittau große Ländereien des Schleinitzer Ländchens auf.

Da es bis jetzt keine klareren Quellen gibt, müssen wir annehmen, daß die Leute damals den benachbarten Teil des Lausitzer Berglandes «Oberland» nannten, um es vom «Niederland» zu unterscheiden. Der schöne alte volkstümliche Name ist uns erhalten geblieben.

Es gibt noch ein Niederland in der Oberlausitz, das mit dem Oberland jedoch nichts zu tun hat. Es liegt östlich von Kamenz, wo das Klosterwasser fließt. Sein sorbischer Name ist «Delany», was «Niederland» bedeutet.

Von Uhyst am Taucher führt der «Niederländische Weg», sorbisch «Delansky puć», eine uralte Straße, nordwärts zu den sorbischen Dörfern Crostwitz, Naußlitz, Ralbitz und Cunnewitz und weiter auf Wittichenau zu.

Der Mensch verändert
die heimatlichen Landschaften

Alles, was der Mensch für sein Leben braucht, entnimmt er der Natur. Es sind die Rohstoffe, die er durch seine Arbeit veredelt und dienstbar macht. Die Natur befindet sich in einem Gleichgewicht, in dem alles seinen Platz und seinen Zweck hat. Die ungestörten Landschaften sind die äußerliche Form dieses Gleichgewichtes. Seit Jahrhunderten wirtschaftet der Mensch in der Oberlausitz und hat dabei die natürlichen Landschaften erheblich umgestaltet.

Man könnte meinen, an der geologischen Beschaffenheit eines Landstriches wäre wenig zu ändern, doch das ist falsch. Wir brauchen nur an die Braunkohle zu denken. Hier wird eine ganze geologische Schicht herausgenommen, die durch nichts ersetzt werden kann und für immer verloren ist. Um 1800 begann vielerorts der Braunkohlenbergbau, besonders in den großen Tertiärbecken von Zittau, Großschönau-Varnsdorf-Seifhennersdorf und Berzdorf. Bei Hartau, Olbersdorf, Zittau, Niederoder-

Das Kraftwerk
Boxberg

witz, Leutersdorf, Großschönau, Seifhennersdorf, Herrnhut, Radibor und in vielen anderen Orten gab es den Bergbau unter Tage. Nur einige Senkungsfelder und nicht allzu große Halden sind übriggeblieben. Sie fallen in der Landschaft heute kaum auf.

Anders war es jedoch geworden, als die kilometerweiten Tagebaue zu fördern anfingen. Ohne Rücksicht fielen ihnen die natürlichen Landschaften zum Opfer. Wälder, Wiesen und Felder und ganze Dörfer verschwanden, und selbst die Flüsse mußten verlegt werden.

Tagebaurestloch

Dazu kamen noch die Schneisen für Hochspannungsleitungen, die Strecken der Grubenbahnen und sämtliche technische Bauwerke, die alle Platz beanspruchten. Tatsächlich konnte man oft von «Mondlandschaften» sprechen. Wenn die Braunkohle abgebaut war, blieben die «Restlöcher», die sich rasch mit Wasser füllten und zu Seen anwuchsen. Am bekanntesten sind der Knappensee bei Großsärchen, der Silbersee bei Lohsa und das Restloch Mortka. Bei Lohsa wird in Zukunft noch ein zweiter großer See entstehen. Die neuen Seen sind bereits zum Lebensraum vieler Tiere geworden, und in der Zeit des Vogelfluges im Frühling und im Herbst sind sie Rastplätze für die Zugvögel. Nach Jahren entstanden Schilfgürtel, und viele andere Uferpflanzen siedelten sich an.

Auf den Hochhalden sind neue Bodenschichten aufgebracht und mit Wald bepflanzt worden. Hierher sind die wildlebenden Tiere zurückgekehrt.

Es ist beinahe verwunderlich, daß solche neuen Landschaftsformen aus Menschenhand hervorgegangen sind.

Auch andere Eingriffe des Menschen veränderten die Oberflächen des Landes. Große Steinbrüche oder Sand-, Lehm-, Ton- und Kiesgruben hinterließen tiefe Narben, die kaum mehr zu beseitigen sind. Nicht selten kam es vor, daß ganze Berggipfel verschwanden oder solche markanten Naturgebilde wie manche Felsburgen in den Königshainer Bergen. Am Scheibeberg bei Hörnitz sind die Felsterrassen, von Mandau und Landwasser in Hunderttausenden von Jahren geschaffen, von Menschenhand beseitigt worden. Im Schülertal bei Pethau dagegen verdecken Schuttmassen das einstige liebliche Seitental der Mandau ein großes Stück.

Immer dort, wo der Mensch Rohstoffe abgebaut oder Verkehrswege angelegt hat, ist die Erdoberfläche am meisten verändert. Mitunter aber haben sich verlassene Steinbrüche und Gruben zu völlig neuen Lebensräumen umgewandelt, bei denen sich ein eigenes natürliches Gleichgewicht eingestellt hat. Sie sind deswegen oft Naturschutzgebiete geworden.

In ähnlicher Weise sind die heimischen Gewässer stark verändert worden. Um der Hochwassergefahr vorzubeugen, hat man Flüsse begradigt und kanalisiert und Dämme aufgeworfen. Diese Arbeiten waren leider nicht in jedem Falle von Erfolg gekrönt, denn nicht alle Seiten des landschaftlichen Gefüges waren genügend berücksichtigt worden.

Recht zweifelhaft waren größere Meliorationsarbeiten. Sie brachten zum einen Teil den erwünschten Nutzen, verursachten woanders aber zugleich spürbare Schäden. Genaugenommen waren sie also überflüssig. Hier ist auch an die Teiche zu denken, die man zu Hunderten trockenlegte, einstige Bauern-, Bleich- oder Fischteiche. Dasselbe traf für sehr viele Moore zu, die einst wertvolle Wasserspeicher waren. Das trug lediglich dazu bei, den Grundwasserspiegel tieferzulegen und den Trinkwassermangel zu fördern.

Neu in den Oberlausitzer Landschaften sind die großen Stauanlagen wie die Talsperren von Bautzen und Quitzdorf, die zu kilometergroßen Seen geworden sind. Ihre Wasserqualität ist aus gesundheitlichen Gründen oft bedenklich. Andererseits aber sind die neuen Seen zum Lebensraum vieler Tiere geworden. Daneben gibt es zahlreiche kleinere Speicheranlagen, die kaum nachteilige Folgen hervorriefen. Ein übriges tat die Industrie, die fast sämtliche Gewässer so verschmutzte, daß alles Leben in ihnen erlosch und sie zu Abwasserkanälen machte.

Als die Landwirtschaft noch in der alten überkommenen Art und Weise arbeitete, gab es kaum schädigende Eingriffe in die Landschaften. Vielmehr hatte sie neue kleine natürliche Kreisläufe geschaffen, indem sie pflügte, säte, erntete und dem Boden Naturdünger als Humus zurückgab. Auch die alten Fluren mit Hecken, Lesesteinstreifen, Baum- und Gebüschgruppen trugen dazu bei, sie zu erhalten. In jüngster Vergangenheit wirkte sich die moderne Großflächenwirtschaft schädigend aus.

Chemische Dünger vernichteten die wichtigen Ackerunkräuter; durch die Großflächen verschwanden die artenreichen Feldraine und mit ihnen eine ganze Welt für zahlreiche Kleinlebewesen. Die tonnenschwere Feldtechnik lockerte zwar den obersten Bodenhorizont wieder mechanisch auf, doch der tiefere Teil der Böden verdichtete sich immer mehr, und seine Qualität ließ merklich nach. Vielerorts vergifteten übermäßige Güllemengen die Ackerkrume.

Pflanzen und Tiere sind die empfindlichsten Glieder der Landschaft. Das bedeutet, sie leiden zuerst darunter, wenn der Mensch das Gleichgewicht stört. Am besten ist das wohl an den Wäldern zu sehen. Natürliche Wälder gibt es kaum noch, nur an schwer zugänglichen Stellen, wie auf sehr steilen Bergkuppen, an felsigen Hängen oder in engen Tälern wie den Skalentälern sind artenreiche naturnahe Restwälder erhalten geblieben.

Noch zu Beginn des Mittelalters bedeckten geschlossene Buchen-Tannen-Wälder unsere Mittelgebirge, Fichten dagegen waren sehr spärlich zu finden. In den niedrigeren Bergländern wuchs ein Buchen-Eichen-Mischwald mit vereinzelten Kiefern.

In unseren Heidegebieten aber dehnten sich die Kiefern-Eichen-Wälder aus. Als die Siedler neue Orte anlegten, rodeten sie die Wälder, so daß im Laufe der Geschichte kaum ein Drittel übrig blieb. Da damals das Holz der wichtigste Brennstoff war, mußte viel eingeschlagen werden. In der Landwirtschaft war die Waldweide üblich, bei der Rinder, Ziegen und Schafe in den Wäldern weideten. Die Bauern holten die Nadelstreu aus dem Wald, weil das Stroh sonst nicht gereicht hätte. Das alles trug dazu bei, dem Waldboden erheblich zu schaden.

Weidevieh in Spitzkunnersdorf

Besonders nach 1800, als die Industrie stark aufgekommen war, begann die planmäßige Forstwirtschaft, wobei die eintönigen Wälder aus Fichten oder Kiefern entstanden und ve/ödeten. Wir erleben heute mit dem Waldsterben, wie sich das alles rächt.

Vom einstigen Tierreichtum ist nur ein bescheidener Teil geblieben, und viele unserer heutigen Tierarten drohen auszusterben. Rebhühner, Fasane und Hasen, die noch vor wenigen Jahren sehr häufig waren, sind nun selten geworden. Nur strenge gesetzliche Schutzregeln können solche Tiere wie den Uhu, den Eisvogel, den Kranich, den Storch oder die Lurche erhalten.

Eine Landschaft kann mit einem lebenden Körper verglichen werden, nur wenn alle Organe funktionieren, ist er gesund. Künstliche Eingriffe können verheerende Folgen haben, auch wenn sich das erst viel später zeigt. Habgier und Gewinnsucht sowie Gleichgültigkeit und Nichtwissen sind die ärgsten Feinde der heimatlichen Landschaften.

Aus der Geschichte unserer Oberlausitz

Kleine Landesgeschichte im Überblick

In der Oberlausitz bewegten sich schon in ur- und frühgeschichtlicher Zeit verschiedene Völker und Kulturen. Im 3. und 4. Jahrhundert waren es germanische Stämme, die während der Völkerwanderung nach Westen abzogen und das Land leer zurückließen.

Seit etwa 600 nach Chr. wurde die Oberlausitz neu besiedelt, was Jahrhunderte andauerte. Damit begann ihre eigentliche Landesgeschichte. Den Anfang machte der slawische Stamm der Milzener, der aus dem polnisch-schlesischen Raum nach Westen zog und die fruchtbaren, vom Klima begünstigten Gebiete um Bautzen besiedelte. Die Gefildelandschaft zwischen Kamenz und Löbau lag wie eine Insel eingebettet zwischen dem Gebirgswald im Süden und dem lichten Heidewald im Norden. Auch um Zittau und um Görlitz gab es kleine Siedlungsinseln mit den Namen «Zagost», das zu deutsch «hinter dem Walde» heißt, und «Besunzane».

Die Milzener lebten als Stamm des sorbischen Volkes in einer altertümlichen Gesellschaftsordnung, deren Grundlage die Großfamilie war. Herrschaftliche Formen des Zusammenlebens mit Adel oder Fürsten gab es anfangs noch nicht, sie scheinen sich erst in den letzten Jahrzehnten des freien sorbischen Volkes ausgebildet zu haben. Eine Großfamilie bewohnte ein Dorf, das aus einigen wenigen Bauernstellen bestand und seinen Namen vom «Groß-Vater» der Familie erhielt. Wenn der Großvater den Namen Malot trug, nannte man die im Dorf wohnenden Angehörigen die «Malotici», das bedeutet die zum Malot gehörenden Leute. Daraus entstand später der Ortsname Maltitz.

Es ergab sich ein eigenartiges Siedlungsbild im Lande mit kleinen weilerartigen Dörfern, die heute noch als Ortskerne gut zu erkennen sind. Die Fluren waren so aufgeteilt, wie es der damalige Ackerbau mit dem hölzernen Hakenpflug zuließ. Es gab viele klcinc Feldstücke, die zusammen als Blockfluren bezeichnet werden.

Im Mittelpunkt mehrerer Weiler und Siedlungen waren Volksburgen errichtet worden, die sowohl in kriegerischen Zeiten wie auch im Frieden genutzt wurden. Ein um die Mitte des 9. Jahrhunderts in Regensburg aufgeschriebenes Verzeichnis vermerkt im Gau Milzane, dem Milzenerland, dreißig und in Besunzane zwei Burgen. Als sich allmählich herrschaftliche Schichten gebildet hatten, wurden manche Volksburgen nunmehr

Herrenburgen. Damit entstand die Adelsschicht. Bevor sich aber eine feste Herrschaftsordnung entwickelte, gerieten die slawischen Bewohner der Oberlausitz unter den Druck der Herrschergewalten, die in den Nachbarländern Deutschland, Polen und Böhmen bereits bestanden.

Im Jahre 932 wurde über den Gau Milska, wie das Land um Bautzen damals hieß, die Botmäßigkeit des deutschen Königs errichtet. Und in den folgenden Jahrzehnten drangen von Osten die polnischen Herzöge bis in diese Gegend vor. Erst der Friede von Bautzen 1031 zwischen dem deutschen Reich und Polen beendete einen längeren kriegerischen Zeitabschnitt. Seitdem gehört die spätere Oberlausitz dauerhaft und unangefochten zum deutschen Reich, dessen Ostgrenze nun der Queis war. Wie alles eroberte Land stand sie unter der Herrschaft des deutschen Königs, der schon im Jahre 1006 drei Burgwarde an den Bischof von Meißen schenkte. Nur einer davon ist einwandfrei zu bestimmen, nämlich Göda. 1071 gab ihm König Heinrich IV. noch das Dorf Görlitz dazu, das im Gau Milska lag und unter die gräfliche Gewalt des Markgrafen Ekbert von Meißen gehörte. So bestanden schon im 11. Jahrhundert die deutschen Burgwarde in dem Lande, das von der Reichsburg Meißen aus verwaltet und vom Bischof in Meißen geistlich betreut wurde.

Zweifellos gab es damals für die sorbische Bevölkerung schon die ersten Pfarrkirchen, wobei an Bautzen, Göda und Jauernick zu denken ist. Die Sorben wurden somit in das deutsche Reichskirchensystem eingegliedert, so daß sich hier kein eigenes Kirchenwesen wie bei den Polen und Tschechen herausbilden konnte. Im Mittelalter war es bedeutsam, daß ein Volk eine selbständige Kirche mit einem Bischof oder Erzbischof an der Spitze hatte, um eine Nation zu werden. Dem sorbischen Volk blieb dieser Weg verwehrt.

Da die Bevölkerung stark zugenommen hatte, wurden im 12. Jahrhundert große Teile Europas von einem Aufbruch erfaßt. Das führte dazu, daß bisher unbewohnte Gebiete besiedelt wurden. Bäuerliche Siedler drangen in die Gebirgswälder vor, Sümpfe wurden trockengelegt, um sie landwirtschaftlich nutzen zu können, und an der Nordsee wurde durch den Deichbau neues Ackerland gewonnen. Da es in den Teilen des deutschen Reiches, die erst im 10. Jahrhundert erobert worden waren, ebenso wie im weiten Osten Europas noch viele unbesiedelte und durch Kriege im 11. und 12. Jahrhundert entvölkerte Räume gab, zogen Hunderttausende deutscher Bauern aus den dicht bevölkerten alten Stammesgebieten westlich von Elbe und Saale nach dem Osten, um sich hier eine neue Heimat zu schaffen. Die Könige von Böhmen, besonders Ottokar I., förderten den Zuzug in die Oberlausitz um 1200. Diese Besiedlungswelle setzte sich nach Schlesien und Polen fort, wo sie schließlich im späten Mittelalter endete.

Die Sorben blieben in ihren Wohngebieten unbehelligt, sie konnten sich im Norden der Oberlausitz sogar in neugegründeten Dörfern ansiedeln. So entstand neben dem Dorf Deutschbaselitz bei Kamenz das von den Sorben gegründete Dorf Wendischbaselitz, neben Deutschpaulsdorf bei Löbau das sorbische Wendischpaulsdorf. Beide Völker lebten friedlich miteinander.

Altes Bauernhaus in Saalau

Nach den Dörfern wurden die Städte gegründet, die von der landwirtschaftlichen Produktion des Umlandes abhängig waren. Die Städte gingen zum Teil aus den im 12. Jahrhundert entstandenen Kaufmannssiedlungen hervor.

Vor allem entlang der großen, vom Westen nach Osten führenden Fernstraße, der via regia oder «königlichen Straße», hatten sich Kamenz, Bautzen, Görlitz und Lauban aus solchen Kaufmannssiedlungen entwickelt. Auch die Anfänge der Städte Löbau, Zittau und Bischofswerda dürften in diese Zeit zurückreichen. Im frühen 13. Jahrhundert kamen die kleineren Städte Hoyerswerda, Wittichenau, Elstra, Pulsnitz, Königsbrück, Ruhland, Weißenberg, Reichenbach und Muskau hinzu. Als die Städte angelegt wurden, waren Sorben beteiligt,

wie auch der Straßenname «Wendische Gasse» in Bautzen zeigt. In den kleineren Städten im Norden der Oberlausitz lebten aller Wahrscheinlichkeit nach viele Sorben, mitunter sogar mehr als Deutsche.

Mit den deutschen Bauern und Bürgern kamen auch deutsche Adelsgeschlechter in die Oberlausitz und gründeten hier ihre Herrensitze als Mittelpunkte kleinerer oder größerer Herrschaften. Außer den vielen kleinen Rittersitzen überall im Lande bildeten sich im nördlichen Heideland die großen Herrschaften Baruth, Hoyerswerda, Kamenz, Königsbrück, Kittlitz, Muskau, Neschwitz und Ruhland. Da große neue Herrschaftsgebiete entstanden waren, war es notwendig geworden, die Grenzen zwischen dem unter königlich böhmischer Hoheit stehenden Land und dem zum Bistum Meißen gehörenden Teil der Oberlausitz festzulegen. Das geschah in der bekannten Oberlausitzer Grenzurkunde vom Jahre 1241, die auf der damals böhmischen Burg Königstein an der Elbe abgefaßt wurde.

In den allgemeinen Aufschwung des hohen Mittelalters mit seiner starken Bevölkerungszunahme war auch die Kirche einbezogen, die viele neue Kirchgemeinden in Stadt und Land gründete. Um die Bewohner geistlich besser betreuen zu können, wurden innerhalb des Bistums Meißen Archidiakonate, das sind Kirchenämter, eingerichtet. An ihrer Spitze stand ein höherer Geistlicher, der Archidiakon. So bildete das Land

Zisterzienser-Kloster
St. Marienthal

Bautzen einen eigenen Archidiakonat, der die ganze spätere Oberlausitz einschließlich der Gegenden um Stolpen, Hohnstein und dem böhmischen Schluckenau umfaßte, jedoch ohne das Land um Zittau, das damals noch zum Bistum Prag und somit kirchenpolitisch zu Böhmen gehörte.

Als der Zuzug deutscher Siedler um 1250 nachließ, gab es in der Oberlausitz einen rein sorbischen Teil im alten Gau Milska, einen rein deutschen Teil in den Gebirgen und einen mit deutsch-sorbischer Mischbevölkerung in der Oberlausitzer Heide, wo es nun deutsche und sorbische Dörfer gab. Siedler aus Thüringen legten das Dorf Dörgenhausen bei Hoyerswerda an, das von den Sorben «Nemcy» genannt wird, also «Dorf der Deutschen». In späteren Jahren war es rein sorbisch besiedelt, was nur darauf zurückgeführt werden kann, daß die ursprünglich deutschen Bewohner im Laufe des späten Mittelalters in der mehrheitlich sorbischen Bevölkerung der nördlichen Oberlausitz aufgegangen sind. Auch Buchwalde bei Weißenberg, Buchwalde bei Wittichenau, Hermsdorf an der Spree, Dürrbach bei Niesky, Reichwalde bei Weißwasser und Weigersdorf bei Weißenberg tragen deutsche Ortsnamen, die erst später an die sorbische Sprache angepaßt wurden. Im 19. Jahrhundert waren sie ebenso wie Dörgenhausen/Nemcy rein sorbisch besiedelt. Das läßt den Schluß zu, daß die Heiden im Norden der Oberlausitz zuerst deutsch und sorbisch bewohnt waren, wobei die Deutschen die Minderheit darstellten. Erst im Laufe der Zeit glichen sie sich der sorbischen Mehrheit an.

Das Land Bautzen, das seit dem 12. Jahrhundert bedeutend erweitert worden war, hatte eine auffallende Besonderheit: Es gab zu keiner Zeit eine Herrscherfamilie oder einen im Lande ansässigen Landesherrn, vielmehr war das Land immer an benachbarte Landesfürsten angeschlossen. Die Zugehörigkeit zur Markgrafschaft Meißen im Jahre 1071 ist bereits erwähnt worden. Bald darauf gelangte das Land Bautzen an den böhmischen Herzog Wratislaw, der es 1084 seinem Schwiegersohn Wiprecht von Groitzsch übergab. Als aber die Familie Groitzsch 1135 ausstarb, fiel das Land wieder an Böhmen, befand sich jedoch von 1143 bis 1156 in der Hand des Markgrafen von Meißen und wurde 1158 als Reichslehen wieder an Böhmen übergeben. Von 1253 bis 1318 befand es sich unter der Herrschaft der Markgrafen von Brandenburg. Seitdem war wieder der König von Böhmen Herr über das Land, der für kürzere Zeit Teile davon an andere Fürsten übertrug. Dieser vielfache Wechsel in der herrschaftlichen Zugehörigkeit bedeutete aber nicht, daß das Land jedesmal einem anderen Lande einverleibt worden wäre, sondern drückt lediglich aus, daß ein anderer Herrscher die Macht über das Land ausübte. Dabei hatte sich weder an der Einheit des Landes noch sonst etwas geändert. Im Gegenteil, es läßt sich denken, daß gerade der mehrfache Wechsel der Herrscher die einheimischen Gewalten stärker und geschlossener machte. Jedenfalls hat sich nur so die besondere Eigenart der Oberlausitzer Landesverfassung herausgebildet.

Die Ordnung des Landes beruhte auf zwei Säulen: dem Adel und dem Bürgertum der großen Städte. Eben weil es keine Landesherren im Lande gab, übten die adligen Besitzer der Standesherrschaften und der Rittergüter durch ihren Zusammenschluß selbst die Landesherrschaft aus. Darin wurden sie jedoch seit dem 14. Jahrhundert vom Bürgertum der großen Städte behindert, das wegen des ungehinderten Handelsverkehrs auf den Landstraßen zu einem Bunde zusammentrat, um mit vereinter Kraft und mit der Macht seines Geldes den gefährlichen, nicht selten räuberischen Adel in die Schranken zu weisen.

Im Jahre 1346 bildeten die unmittelbar dem böhmischen König unterstehenden Städte Bautzen, Görlitz, Kamenz, Lauban und Löbau zusammen mit der Stadt Zittau den Oberlausitzer Sechsstädtebund, der ganz wesentlich für die Einheit der Oberlausitz werden sollte. Das Land Zittau wurde dadurch ein Teil des Markgraftums Oberlausitz. Die Sechsstädte sorgten auf diese Weise im ausdrücklichen Einvernehmen mit dem König von Böhmen als ihrem Landesherrn für den Landfrieden. In den anderen Ländern des späten Mittelalters wachten die fürstlichen Landesherren über den Landfrieden. Den Frieden zu bewahren war eine hervorragende Aufgabe des damals entstehenden Staates. Die Städte haben somit für den nicht vorhandenen Landesherrn ersatzweise staatliche Aufgaben wahrgenommen. Neben dem Adel und den Städten waren die mit Grundherrschaft versehenen Zisterzienser-Nonnenklöster Sankt Marienstern, Sankt Marienthal und das Magdaleneritinnen Nonnenkloster Lauban sowie das Domstift Bautzen eine dritte Kraft in der ständischen Regierung des Landes.

Diese drei Stände gewährleisteten die Einheit des Landes, das seit dem 15. Jahrhundert als Oberlausitz bezeichnet wird und das von der alten Lausitz, der Niederlausitz, abgeleitet war. Sie bildeten eine Art Ständerepublik, denn sie regierten das Land gemeinsam. Der ferne Landesherr schickte lediglich einen adligen Landvogt als seinen Vertreter in die Oberlausitz, der aber für die Regierungstätigkeit fast nebensächlich war.

Wie stark die Oberlausitzer Landstände waren, zeigt die Tatsache, daß sie sich 1469 von der damaligen schwachen böhmischen Herrschaft abwandten und dem ungarischen König Matthias Corvinus die Landesherrschaft übertrugen. 1490 wurde König Wladislaw von Polen und Böhmen Herr über die Oberlausitz, die schließlich 1526 im Verband mit Böhmen dem Hause Habsburg zufiel. Aber alle diese fremden Landesherren änderten nichts an der eigenständigen Verfassung des Landes. So stand die Oberlausitz zu verschiedenen Zeiten der Krone von Böhmen, dem König von Ungarn oder dem König von Polen zu, gehörte aber niemals direkt zu deren Staaten. Daneben spielte während des ganzen Mittelalters ihre Zugehörigkeit zum Bistum Meißen eine nennenswerte Rolle, denn damit war sie in das große von der Mulde bis zur Oder reichende Bistum einbezogen, dessen geistlicher Mittelpunkt die Markgrafschaft Meißen war.

Die Reformation löste den Zusammenhang der Oberlausitz mit dem meißnischen Bistum auf, machte aber andererseits die Eigenständigkeit des
Markgraftums Oberlausitz deutlich. Während in benachbarten Ländern
wie den Kurfürstentümern Sachsen und Brandenburg und auch im Königreich Böhmen die Landesherren darüber entschieden, ob die Reformation
eingeführt wurde oder nicht, taten das in der Oberlausitz die Landstände.
Von ihnen hing es ab, ob die Kirchen sich dem neuen Glauben
zuwandten oder beim alten Glauben blieben. So wurden
alle die Kirchen evangelisch, die einer Standesherrschaft,
einem Rittergut oder einem Stadtrat unterstanden, und das war der weitaus überwiegende
Teil. Nur diejenigen blieben römisch-katholisch oder wurden es durch die Gegenreformation wieder, über die ein Kloster
oder das Domstift Bautzen das Patronat
innehatte.

WAPPEN DER OBERLAUSITZ.

Die selbständigen Klöster blieben
in ihrem Besitzstand unangetastet, so
daß sie bis heute katholisch geblieben
und nicht wie die Klöster in Sachsen
aufgelöst worden sind. Die eigenartige
Landesverfassung der Oberlausitz ermöglichte ihnen ihr Weiterbestehen.
Beide Glaubensbekenntnisse duldeten
einander. Ein schönes Beispiel dafür ist die
Petri-Kirche in Bautzen, die sowohl von evangelischen wie auch von katholischen Gläubigen genutzt wird.

Daran änderte sich auch nichts, als die Oberlausitz im Jahre 1635
durch den Prager Frieden an den Kurfürsten von Sachsen überging. Dieser wurde jetzt Markgraf der Oberlausitz, er mußte aber weiterhin die
Lehenshoheit der Krone Böhmens anerkennen und die kirchlichen Einrichtungen in ihrem Bestand erhalten. Der Übergang an Sachsen, der sich
durch einen Staatsvertrag vollzog, bedeutete aber nicht, daß die Oberlausitz in den kursächsischen Staat einfach einverleibt wurde. Die in den
sächsischen Erblanden erlassenen Gesetze galten in der Oberlausitz so
lange nicht, bis sie von den hiesigen Ständen ausdrücklich übernommen
wurden.

Deshalb konnte auch im frühen 18. Jahrhundert Nikolaus Ludwig Graf
von Zinzendorf auf der Flur seines Rittergutes Berthelsdorf die Brüdergemeine gründen, die mit dem Aufbau der Siedlung Herrnhut als Mittelpunkt seit 1722 weltweit wirkte und in Niesky und Kleinwelka weitere
Stützpunkte schuf. Es gab in der Oberlausitz keine Landeskirche, die eine
solche geistliche Gemeinschaft mit abweichender Glaubenslehre nicht geduldet hätte. Die Oberlausitzer Verfassung wurde stets geachtet.

Diese Verfassung erscheint im 18. Jahrhundert im Rahmen des kursächsischen Staates in ihrer vollen Gültigkeit. Ein Landvogt wurde jetzt nur noch selten vom Landesherrn eingesetzt. Das Land wurde von seinen eigenen Ständen regiert und verwaltet. An der Spitze stand ein Landeshauptmann, der vom auswärtigen Landesherrn aus mehreren von den Oberlausitzer Ständen vorgeschlagenen Bewerbern ausgesucht wurde. Er gehörte stets dem einheimischen Adel an. Er vertrat die Ständeherrschaft, die auf den jährlich dreimal stattfindenden Landtagen in der Bautzener Ortenburg ausgeübt wurde. Ihnen gehörten die Besitzer der vier Standesherrschaften Hoyerwerda, Königsbrück, Muskau und Reibersdorf, die Vertreter der Klöster St. Marienstern und St. Marienthal und das Domstift zu Bautzen, die Besitzer der 406 Rittergüter und die Abgesandten der Sechsstädte an.

Auf diesen Landtagen wurde über die Regierung und Verwaltung des Landes entschieden. Es ging also nicht um den Willen eines Fürsten, sondern eine Gemeinschaft von mehreren hundert Mitgliedern beriet und stimmte über alle wichtigen Fragen ab. Wie die Oberlausitz verwaltet wurde, unterschied sich sehr von der Art und Weise, wie das in den fürstlich regierten Ländern geschah. Es gab hier nicht die landesherrlichen Amtsbezirke mit den Amtleuten, sondern jeder Inhaber einer Grundherrschaft setzte in eigener Zuständigkeit die Beschlüsse der Landtage bei sich um. Dadurch wurde hier niemals alles so streng durch Ämter geregelt wie in Sachsen. Vielmehr hielt man an den schon sehr alten Ansichten aus dem Mittelalter fest, und es wurden kaum neue Formen angewandt. Da jedoch der Schriftverkehr sehr zunahm, wurde in Bautzen ein Oberamt eingerichtet. Das war die einzige Stelle, die wie ein Regierungsbüro arbeitete, jedoch nichts entscheiden durfte.

Um bestimmte Aufgaben lösen zu können, die nicht das ganze Land betrafen, waren ein Bautzener Kreis mit den Städten Bautzen, Kamenz und Löbau und ein Görlitzer Kreis mit den Städten Görlitz, Lauban und Zittau eingerichtet worden. An ihrer Spitze stand je ein adliger Kreishauptmann mit Sitz auf der Ortenburg in Bautzen und im Vogtshof in Görlitz. So hatte sich die Oberlausitz bis zum Anfang des 19. Jahrhunderts ihre eigentümliche Verfassung bewahrt. Sie stellte sich damals als eine sinnvolle, wirksame Einheit dar, als ein gewachsener Organismus, wie er sonst nirgends im deutschen Reich zu finden war. Die Oberlausitz war selbst kein Staat, sondern war auf der Entwicklungsstufe eines Hoheitsgebietes stehengeblieben. Sie war aber in den kursächsischen Staat eingegliedert, der ihre Eigenart voll anerkannte und nicht in ihre Verfassung eingriff. Der sächsische Staat nahm im 18. und 19. Jahrhundert stets Rücksicht auf altes Recht.

Es kann kein Zweifel daran bestehen, daß sich diese Besonderheit der Oberlausitz auf das Leben des sorbischen Volkes günstig ausgewirkt hat. In den benachbarten Ländern Sachsen und Brandenburg, besonders auch in der Niederlausitz, wurde durch vielerlei staatliche Maßnahmen die sorbische Sprache zurückgedrängt. In der Oberlausitz hingegen wurde sie nicht angefochten, eher sogar von den Ständen gefördert. Diese in Jahrhunderten gewachsene Einheit des Landes mit ihrer altüberlieferten Verfassung ermöglichte ein gleichberechtigtes Nebeneinander deutscher und sorbischer Menschen.

Die alten Rechte wurden jedoch von einer fremden Macht jäh abgebrochen. Der preußische Staat dehnte sich seit Beginn des 18. Jahrhunderts durch Kriege ständig aus, wodurch seine Nachbarn beunruhigt und gefährdet wurden. Schlesien war im Jahre 1740 das erste Opfer der militärischen Gewalt. Die Oberlausitz war somit an ihrer Ostgrenze am Fluß Queis ein Nachbar Preußens geworden.

Die preußische Eroberungspolitik war unersättlich. König Friedrich II. von Preußen stellte schon 1752 die Aufgabe, bei nächster Gelegenheit das Kurfürstentum Sachsen dem preußischen Staat einzuverleiben. Diese Gelegenheit bot sich während der Befreiungskriege gegen Napoleon. Als im Frühjahr 1813 die verbündeten Russen und Preußen bis an die mittlere Elbe vorrückten, stand die französische Armee in Sachsen. Der sächsische König Friedrich August I. konnte sich deshalb nicht so schnell wie die übrigen Rheinbundstaaten vom Bündnis mit Frankreich lösen, weil in diesem Falle Napoleon Sachsen als Feindesland behandelt hätte. Um seinen Untertanen dieses schwere Schicksal zu ersparen, blieb Sachsens König mit Napoleon im Bündnis und wurde deshalb am Tage nach der Völkerschlacht bei Leipzig am 19. Oktober 1813 von den siegreichen Verbündeten als Feind in Gefangenschaft geführt. Damit hatte Preußen den Vorwand gefunden, um das längst verfolgte Ziel zu erreichen und Sachsen als Staat auszulöschen. Auf dem Kamm des Erzgebirges wollte es sich in seiner rein militärisch ausgerichteten Politik eine günstige Grenze gegen seinen Hauptgegner Österreich schaffen. Sachsen völlig zu beseitigen, wurde zwar von den europäischen Mächten auf dem Wiener Kongreß 1815 verhindert, aber es mußte mehr als die Hälfte seines Landes an Preußen abtreten. Davon wurde auch die Oberlausitz betroffen.

Preußen legte eine neue Grenze fest, die mitten durch die Oberlausitz hindurchging, so wie es seinen militärischen Interessen entsprach. Dabei wurde keinerlei Rücksicht auf die gewachsenen Lebenszusammenhänge genommen. In elf Fällen lief die Staatsgrenze jetzt mitten durch Kirchspiele, so daß die eingepfarrten Dörfer nicht mehr zum gleichen Staat gehörten wie ihre Pfarrkirche. Die umfangreichen Grundherrschaften der Klöster Sankt Marienstern und Sankt Marienthal wurden zerschnitten, so daß deren Besitzungen jetzt in zwei Staaten gelegen waren. Das gleiche traf für die sächsisch gebliebenen Rittergüter Königswartha, Maltitz, Skassa und das Stift Joachimstein zu, die von ihren preußisch gewordenen Beidörfern getrennt wurden.

Das sorbische Siedelgebiet wurde in zwei Teile auseinandergerissen, die Sorben in der nunmehr preußischen Oberlausitz waren einem starken Druck unterworfen, der sie eindeutschen sollte. Dort konnte sich auch im weiteren Verlauf des 19. Jahrhunderts die erwachende sorbische Nationalbewegung nicht in dem gleichen Maße entfalten wie in der sächsischen Oberlausitz, wo Bautzen der Mittelpunkt des Sorbentums war, der bis Preußen ausstrahlte. Der preußisch gewordene Teil der Oberlausitz war zu klein, um eine selbständige höhere Verwaltungseinheit zu bilden. Er wurde deshalb dem Regierungsbezirk Liegnitz in der Provinz Schlesien angeschlossen und in den straff regierten preußischen Staat eingegliedert. Dabei wurden die Oberlausitzer Landesverfassung und seine Eigenständigkeit beseitigt. Die Bevölkerung hatte dieses Schicksal abzuwenden versucht und auf einen Verbleib bei Sachsen gehofft. Aus Görlitz ging im März 1815 eine Abordnung zum Wiener Kongreß, um dort in diesem Sinne vorstellig zu werden. Aber die Gesandten wurden nicht einmal angehört. Der Übergang an Preußen wurde vollzogen. Lediglich der Adel in dem abgetretenen Gebiet nahm für sich die Freiheit in Anspruch, sich dem Adel des Herzogtums Schlesien nicht anzuschließen, sondern sich als selbständige Gemeinschaft innerhalb der preußischen Oberlausitz zu organisieren. Sie bestand bis 1945 weiter, wobei sie unter anderem die Landesständische Sparkasse des preußischen Markgraftums Oberlausitz unterhielt. Auch die 1779 in Görlitz gegründete Oberlausitzische Gesellschaft der Wissenschaften wirkte weiterhin für die gesamte Oberlausitz, ebenso wie das von ihr herausgegebene Neue Lausitzische Magazin, das für die ungeteilte Oberlausitzer Geschichte eintrat. Sein über viele Jahrzehnte tätig gewesener Herausgeber Prof. Dr. Richard Jecht hatte als Ratsarchivar zu Görlitz stets die geschichtliche Einheit des Landes im Auge. Das wurde auch dadurch unterstrichen, daß im 19. und 20. Jahrhundert 17 Orte in der preußischen und zehn Orte in der sächsischen Oberlausitz mit ihren post- und bahnamtlichen Angaben ausdrücklich auf ihre Lage in der Oberlausitz hinwiesen.

In dem sächsisch gebliebenen Teil der Oberlausitz änderte sich die Landesverfassung nach 1815 nicht. Erst nach der Staatsreform von 1831, die im Anschluß an eine Volksbewegung zustande kam, verzichteten die Stände der sächsischen Oberlausitz nach langem Verhandeln auf die alten Sonderrechte des Landes, das dann im Jahre 1835 durch Vertrag voll in den sächsischen Staat eingegliedert wurde. Die Stände übten seitdem keine staatlichen Aufgaben mehr aus, sie beschränkten sich, ebenso wie ihre Standesgenossen in der preußischen Oberlausitz, auf wirtschaftliche und soziale Ziele.
Die Kirchen der Oberlausitz wurden gar erst 1926 ganz und gar in das Gefüge der sächsischen Landeskirche einbezogen. Als nach dem Zusammenbruch Deutschlands im Jahre 1945 die deutsche Ostgrenze entlang der Oder und Neiße gezogen wurde, löste man auch den preußischen Staat

in aller Form auf. Dadurch kehrte der westlich der Neiße gelegene Teil der preußisch verwalteten Oberlausitz wieder in den sächsischen Staatsverband zurück. Die preußische Provinz Schlesien wurde zu Polen geschlagen. So war der größte Teil des alten Markgraftums im Lande Sachsen wieder vereinigt. Die Verwaltungsreform, die 1952 von der damals herrschenden SED bestimmt wurde, löste die Länder auf und schuf daraus sogenannte Bezirke, wobei die Oberlausitz erneut geteilt wurde: Ein breiter nördlicher Landstreifen mit den Kreisen Senftenberg, Hoyerswerda und Weißwasser wurde dem Bezirk Cottbus zugewiesen. Hierdurch sollte der gesamte Braunkohlenbergbau zusammengefaßt werden.

Die Bewohner dieses Landstriches blieben ihrer Oberlausitz verbunden, obwohl sie fast 40 Jahre vom Hauptteil der Oberlausitz getrennt waren. Als nach 1990 die Bürger zum ersten Mal in der Geschichte über ihre künftige Zugehörigkeit zu einem Lande abstimmen durften, erklärten sich im Kreis Weißwasser 82% und im Kreis Hoyerswerda 88% für die Rückkehr zu Sachsen und damit für die Einheit der Oberlausitz. In den Oberlausitzer Gemeinden des Kreises Senftenberg lagen die Ergebnisse zwischen 72% und 99% für Sachsen. Trotzdem wurden sie durch einen Beschluß des Kreistages mit einer Stimme Mehrheit daran gehindert, in die Oberlausitz zurückzukehren. Sie wurden dem Lande Brandenburg zugeschlagen. Der größte Teil des alten Markgraftums Oberlausitz, soweit das Land heute zur Bundesrepublik Deutschland gehört, ist innerhalb des Freistaates Sachsen wieder vereint.

Die vielhundertjährige Geschichte hat das Gesicht und den Charakter der Oberlausitz geprägt. Sie sind uns lieb und wert.

Die ersten Siedlungen
vor mehreren tausend Jahren

Die Oberlausitz war schon vor mehreren tausend Jahren von Menschen bewohnt. An vielen Stellen haben sie ihre Spuren hinterlassen. Es gibt eine erstaunlich große Zahl von Fundstellen, die über das Land verstreut sind. Bei Erdarbeiten für den Straßen- und Eisenbahnbau kamen Krüge, Schüsseln, Töpfe und Urnen aus Ton sowie Waffen, Arbeitsgeräte und Bronzeschmuck ans Tageslicht, aber auch Gräber und ganze Gräberfelder.

Auf den Hügeln bei Burk nicht weit von Bautzen fand man die Reste einer Wildpferdejägerstation aus der Jüngeren Altsteinzeit (50 000−8 000 vor unserer Zeit). In Niederkaina auf dem Schafberg gibt es ein riesiges Gräberfeld mit über 1000 Gräbern. Die meisten sind zwischen 2300 und 3400 Jahre alt und gehören somit zur Mittleren Bronzezeit (Beginn 1500 vor unserer Zeit).

Auf dem Berg Oybin gab es einen befestigten Wohnsitz und an seinem Fuß eine Bronzegießerei, bei der man Gußformen und in deren Nähe Bronzebeile fand.

Der Nebengipfel des Löbauer Berges, der Schafberg, trägt noch Spuren eines 1600 m langen Steinwalles, der eine Wohnsiedlung umschloß. Tor und Brunnen sowie die Hausgrundrisse konnten erkannt werden, und vielerlei Tonscherben und Bronzegegenstände kamen zutage.

Vereinzelt stieß man auch auf «Flintplätze», an denen die steinzeitlichen Menschen die Feuersteine zurechtschlugen, um Messer, Speer- und Pfeilspitzen daraus zu machen. Auch bei den Orten Lehndorf und Siebitz, die dort liegen, wo die heutige Straße von Bautzen nach Kamenz die uralte «Niederländische Straße» kreuzt, die nach Crostwitz führt, gab es interessante Funde. Darunter sogar Bronzenadeln und zarte Fingerringe.

Am häufigsten jedoch sind immer die Tongefäße. Sie zeugen von der Kunstfertigkeit ihrer Schöpfer, und sie lassen uns staunen über ihre feinen Formen in großer Vielfalt. An ihnen ist auffallend, daß sie immer Riefen und Buckel haben, die zu Mustern angeordnet sind. So spricht man von der «Buckelkeramik».

Alle diese schönen Gegenstände entstammen der Späten Bronzezeit zwischen dem 13. und dem 8. Jahrhundert vor unserer Zeit. Sie werden der Lausitzer Kultur zugeordnet.

Zu den großartigsten Zeugen der alten Kulturen in der Oberlausitz gehören einige der großen Ringwälle, die bereits um 800 vor unserer Zeit entstanden sind. Am bekanntesten ist die «Ostroer Schanze» am Klosterwasser, die einst ein wichtiges Zentrum der Lausitzer Kultur war. Viele der Fundstücke, die hier zutage gefördert worden sind, werden im Museum der Westlausitz, in Kamenz, ausgestellt.

In späteren Jahrhunderten baute der Stamm der Milzener die «Ostroer Schanze» zur großen Volksburg aus, und nach dem Jahre 1000 errichteten die deutschen Eroberer im Ringwall ihre Burg.

An vielen Plätzen der Oberlausitz ist ihre lange Geschichte zu verspüren, wenn man den rechten Sinn dafür hat.

Als die Oberlausitz noch das Milzenerland war

Über die Zeit, als die Oberlausitz noch das Milzenerland war, gibt es nur wenige schriftliche Nachrichten, denn die Milzener haben nichts aufgeschrieben. Erst aus dem 8. und 9. Jahrhundert gibt es Berichte von arabischen Händlern, die den Gau Milsca bereist hatten. Später dann hielten Geschichtsschreiber aus dem benachbarten Frankenreich vieles fest, was meist mit den lange währenden Kriegszeiten zusammenhing.

So sind wir mehr auf die zahlreichen Bodenfunde angewiesen, wenn wir uns heute vorstellen wollen, wie das einstige Milzenerland aussah und wie seine Bewohner lebten. Aus Hunderten solcher Steinchen läßt sich schließlich ein brauchbares Bild fügen.

Das ganze Land war damals mit Wald bedeckt, und es gab viele große Moore. Die Dörfer lagen wie Inseln darin eingebettet. Immer dort, wo es Weideland und Ackerboden und klares Wasser gab, hatten die Milzener gesiedelt. Pfade und einfache Landwege verbanden die Orte miteinander. Die Häuser waren aus Holz gebaut und mit Schilf oder Stroh gedeckt. Sie hatten innen nicht einmal Trennwände, und es gab nur ein offenes Herdfeuer. Der Fußboden bestand aus gestampftem Lehm.

Hier wohnte die Großfamilie. Urgroßeltern, Großeltern, Eltern, Kinder, Enkel und Urenkel bewirtschafteten den Hof gemeinsam. Sie hielten Kühe, Ochsen, Schafe, Ziegen, Schweine, Gänse und Hühner; auch Hütehunde gab es schon. Nur wenige besaßen Pferde. Ein Pferd war so viel wert wie drei Kühe. Es gab viele kleine Felder, die so angeordnet lagen, daß sie sich gut mit dem Hakenpflug bearbeiten ließen. Zu den Arbeitsgeräten gehörten hölzerne Eggen, Spaten und Rechen, die alle selbst hergestellt werden mußten. Auf den Feldern wuchsen Weizen, Hirse, Gerste, Roggen und Lein. Um die Ernte aufbewahren zu können, besaßen die Bauern große Tongefäße und Körbe. Vom Getreide wurde immer so viel mit der Handdrehmühle gemahlen, wie man zum Backen der Fladenbrote benötigte. Aus dem Lein fertigten die Frauen in mühsamer Arbeit mit der Handspindel und dem Webrahmen die Leinwand, um schließlich die Kleidung nähen zu können.

Das Vieh blieb, auf dem Dorfplatz zusammengetrieben, auch winters im Freien.

Neben der Landwirtschaft gab es an den fischreichen Flüssen und Seen eine lebhafte Fischerei mit Netzen, Reusen und Angelhaken.

In den Wäldern betrieben die Menschen die Zeidlerei, die Waldbienenzucht, bei der sie die Bienen in hohlen Bäumen hielten. Aus dem Honig brauten sie den Met, ein Getränk, das man als Honigbier bezeichnen könnte. Aber auch das Wachs wurde gesammelt und in der Wirtschaft verwendet.

Aus Kiefernholz gewann man Pech und Kienöl und aus Buchenholz Pottasche.

Die Wälder waren sehr wildreich. Mit Pfeil und Bogen, Speeren, Schlingen, Netzen und Fallen stellten die Jäger dem Wild nach. Sie erlegten Hirsche, Elche, Wisente, Rehe und Wildschweine, aber auch Bären, Wölfe, Luchse und Wildkatzen. Besonders das Raubzeug mußte gejagt werden, um die Viehherden zu schützen. Aus den Pelzen der Tiere fertigten die Frauen warme Winterkleidung an, und aus den Geweihen entstanden vielerlei Gebrauchsgegenstände wie Messergriffe, Haken und schöner Schmuck.

Bald gab es die ersten Handwerker. Böttcher stellten Eimer, Wannen, Zuber, Näpfe und Fässer aus Holzdauben her. Andere machten Leder und daraus allerlei Riemen, Zaumzeug, Gürtel und Stiefel. Die Töpfer arbeiteten mit der handgetriebenen Töpferscheibe und konnten so die verschiedensten Gefäße formen.

Die Milzener beherrschten schon früh die Schmiedekunst. In moorigen Niederungen gruben sie das Raseneisenerz aus und schmolzen es mit Holzkohlefeuer zu Schmiedeeisen. Daraus fertigten sie Pflugspitzen, Äxte, Messer, Sicheln, Hufeisen, Angelhaken und Waffen.

Sehr begehrt war die Bronze, die von Händlern aus anderen Ländern mitgebracht wurde, weil man sie zu feinem Schmuck und Zierrat verarbeiten konnte. Perlen, Edelsteine und Halbedelsteine waren geschätzt, sie galten als überaus kostbar. Manche davon stammten aus dem Kaukasus, was doch wohl recht erstaunlich ist.

Die Milzener boten Pferde, Ochsen, Getreide, Fische, Honig, Wachs und Roheisen als Handelswaren an. Anstatt mit Geld bezahlten sie mit Leinwand oder Hacksilber. Das Hacksilber waren einfache unregelmäßige Silberstücke, aus Silberschmuck oder mitunter aus orientalischen Münzen gewonnen, die als sehr wertvoll galten. Aber auch mit schüsselförmigen Roheisenstücken konnte bezahlt werden.

Es kam sogar vor, daß man Sklaven verkaufte, die nun in fremde Länder fortgeführt wurden.

Mehrere Dörfer und Siedlungen hatten sich gemeinsam Volksburgen errichtet, in denen sie bei Gefahr mit all ihrem Hab und Gut Zuflucht fanden. Es sind die Ring- oder Burgwälle, die auch Schanzen genannt werden. Mehr als einhundert sind uns heute bekannt. Sie befinden sich stets an Orten, die schon von der Natur aus gut geschützt sind. Entweder sind es Höhenburgen auf den Bergen, Skalenburgen über den steilen Hängen der Engtäler oder Sumpfburgen inmitten schwer zugänglicher Moore und Sümpfe. Viele waren so groß, daß mehr als 1000 Menschen dort Platz fanden. So ein gewaltiges Bauwerk aufzurichten, hat mühevolle Arbeit erfordert.

Etwa 200 Leute mußten mit einfachen Werkzeugen ein Jahr lang die Wälle aufschütten und die Palisadenzäune einrammen. Neben den vielen Fluchtburgen gab es noch die Stammeshauptburg und die Burgen der Vornehmen. Wo die Ortenburg in Bautzen hoch über der Spree steht, lag einst die Stammesfeste der Milzener.

Die Ringwälle fallen heute in der Landschaft nur wenig auf, denn sie sind fast immer mit dichtem Wald und Buschwerk bewachsen und scheinen nur ein bescheidener Hügel zu sein.

Im 9. Jahrhundert gab es bereits deutliche Unterschiede zwischen den einzelnen Volksschichten. Am größten war die Schicht der freien Bauern. Dazu kamen die Unfreien, die kaum Eigentum besaßen und die Sklaven. An der Spitze des Stammes standen die Vornehmen, die oftmals gewählte

Fürsten waren oder sogar als König bezeichnet wurden. Sie waren reich und übten die Macht aus. Zwischen den Vornehmen und den freien Bauern standen die Reiterkrieger, die als Gefolgsleute der Burgherren eine starke Kraft darstellten. Die Schicht der Handwerker und Händler war dagegen sehr klein.

Die Milzener lebten seit Urzeiten mit einer heidnischen Religion. An heiligen Gewässern und in heiligen Hainen verehrten sie die Gottheiten. Wir kennen heute noch den Abgottfelsen an der Spree unterhalb von Bautzen und die Kultstätte am Totenstein in den Königshainer Bergen. Dagegen gehören aber die meisten der zahlreichen «Opfersteine» in den Oberlausitzer Bergen ins Reich der Fabel. Als das Christentum eingeführt wurde, beseitigten die Missionare auf Geheiß der Bischöfe die alten Kultstätten und ließen christliche Kirchen errichten.

Die Dorfbewohner glaubten an Hausgeister und Dämonen in der Natur wie den Windgeist, den Wassermann und die Mittagsfrau, die uns jetzt in Sagen und Märchen begegnen. Besonders Vögel spielten im Aberglauben der Milzener eine Rolle. Um sie wohlgesinnt zu machen, feierte man ihnen zu Ehren Feste. Vogeleier waren das Sinnbild für Fruchtbarkeit. Und so könnte es also sein, daß der Brauch der Vogelhochzeit hier seine Wurzeln hat.

Die Milzener verbrannten ihre Toten, sammelten die Überreste ein und begruben sie dann in Urnen. Mancherorts aber schütteten die Menschen an der Stelle des Scheiterhaufens Erdhügel auf, die wir heute als Hügelgräber finden. Bei den Totenfeiern erklangen Klagelieder.

Die Milzener pflegten Musik und Tanz. Von ihren Instrumenten sind viele Knochenflöten und einzelne Hörner, Bronzeglöckchen und Tonklappern gefunden worden, jedoch kaum andere, denn sie haben die lange Zeit nicht überdauern können.

An zahlreichen Orten ist heute noch die überkommene Dorfform zu erkennen, denn die Milzener hatten ihre Dörfer anders angelegt als die Deutschen, die später ins Land gekommen sind. Es sind die sogenannten Rundlinge, wo die Häuser alle mit dem Giebel zum Dorfplatz stehen und nur ein Weg zur Dorfmitte führt.

Nach dem Jahre 932 hatte es etwa einhundert Jahre immer wieder Kriege gegeben, in denen das Volk der Milzener schließlich unterlag.

Seine Geschichte lebt im Herzen der Sorben fort.

Verkehrswege früher
und heute

Auf einer Landkarte von Mitteleuropa ist zu erkennen, daß die Oberlausitz dort liegt, wo das Norddeutsche Tiefland die gebirgigen Ränder Böhmens erreicht. Um sowohl die sumpfigen Niederungen des Flachlandes als auch die Gebirgskämme meiden zu können, führten deshalb die uralten Handelswege zwischen West und Ost durch die hügelige und feste Oberlausitz. Genauso ermöglichte dieser Landstrich zwischen Erzgebirge und Sudeten für den Handel von Nord nach Süd den Zugang nach Böhmen und damit in das südliche Europa.

Böhmen war im Mittelalter eines der bedeutendsten Länder Europas, und seine Könige waren bestrebt, ihre Macht nach Norden auszudehnen. Vor allem Karl IV. ließ deshalb die Handelswege durch Wachen oder Geleitburgen sichern, was wir heute noch an den Namen Königswartha («Die Warte des Königs»), Königsbrück oder Burg Karlsfried erkennen können.

Die Oberlausitz ist seit alten Zeiten bis heute ein Durchgangsland für Reisende aller Herren Länder geblieben und weist noch alle überkommenen Verkehrswege vom Saumpfad bis zur Autobahn auf.

Burg Karlsfried
Rekonstruktions-
versuch
von J. Scholze

Die alten Handelswege

Anfangs gab es zwischen den einzelnen Ansiedlungen nur wenig zu handeln. Um gelegentlich etwa auszutauschen, benutzten die Menschen oft die Tierpfade durch die Wälder. Solche Pfade änderten häufig ihre Lage und wurden dabei immer breiter ausgetreten.

Die großen Handelswege, die entfernte Länder miteinander verbanden, waren vor Jahrhunderten auch nur breite Pfade, die sich durch die verschiedenen Landschaften zogen. Auf ihnen kamen Menschen aus fernen Gegenden zueinander, selbst fremde Händler wie die Araber. Die Händler benutzten die gleichen Wege immer wieder, um verschiedene Waren durch das Land zu schaffen. Sie packten die Handelsgüter auf Esel oder Pferde, und die Leute gingen nebenher.

Später beförderten sie die Handelswaren auf Karren und Wagen. Dazu waren feste Wege nötig, auf denen die Räder nicht einsinken konnten. Deshalb wurden nasse und schlammige Böden mit Stämmen, Ästen und Reisig befestigt und in sumpfigem Gelände oft sehr lange Moorbrücken oder Holzwege gebaut. An brüchigen Hängen errichtete man sogar Stützmauern aus Steinen. Immer wieder mußten unterwegs heruntergestürzte Steinbrocken aus dem Wege geräumt, umgebrochene Bäume beiseite gezerrt und sumpfige Strecken erneut mit Knüppeln ausgelegt werden.

Durch Bäche gingen oder fuhren die Menschen einfach hindurch. An größeren Flüssen suchten sie nach geeigneten Übergängen. Hatten sie in den Flußbetten seichte Stellen gefunden, räumten sie große Steine weg und legten mitunter sogar flache Steinplatten im Flußbett aus, um gut hindurchfahren zu können. So ein Flußdurchgang hieß «Furt».

Pferde oder Ochsen zogen die Planenwagen mit den Waren. Dort, wo der Erdboden einigermaßen fest und trocken war, konnten die Fuhrleute aufsitzen. Sobald es aber über weichen Wald- und Wiesenboden ging, faßten die Leute oft mit in die Räder, um die Wagen mühsam fortzubewegen. Auf diese Weise waren die Wegstrecken an einem Tage nur kurz. Nur mit Mühe erreichte man den nächsten Fluß, wo wieder eine Furt den Übergang ermöglichte.

An den Furten hatten sich geschickte Leute angesiedelt, die es verstanden, Wagenräder auszubessern, das Schirrzeug der Zugtiere zu flicken und nasse Kleidung zu trocknen. Sie sorgten für Essen und Trinken und boten Nachtherberge für Mensch und Tier an. Dafür wurden sie mit Handelswaren oder Geld bezahlt. Da an den Furten viele Händler zusammentrafen, tauschten sie gleich hier verschiedene Waren aus oder lagerten sie so lange ein, bis sich passende Tauschpartner einfanden.

Die schweren Handelsfrachten karrte man im Sommer durch das Land, wenn sich das Schneeschmelzwasser verlaufen hatte und die Flüsse leichter zu durchqueren waren. Zu diesen Gütern zählten vor allem Salz aus der

Gegend um Halle, der Waid aus Thüringen, eine Farbstoffpflanze, die von den Oberlausitzer Tuchmachern benötigt wurde, Heringe von der Ostsee, Wolle aus der Niederlausitz, Getreide und Baukalk, der zum Teil bis aus Teplitz in Nordböhmen kam. Von den Fertigwaren der Städte waren die Tuche am bedeutendsten, welche mit den «Gewandwagen» transportiert wurden, die Töpferwaren, aber auch das Bier, das zum Beispiel die Zittauer bis Prag und in die Städte der Niederlausitz lieferten.

Dazu war es zweckmäßig, vielspännige Kaufmannszüge auszurüsten. Vor die großen Planenwagen waren meist sechs Pferde gespannt. Ein solcher Wagen konnte bis einhundert Zentner Last tragen. An starken Steigungen und an den Gebirgspässen mußte vorgespannt werden, so daß manchmal vierzehn Pferde einen Wagen zogen. Viele Orte lebten von solchen Vorspanndiensten, wie das Dörfchen Rosenthal bei Hirschfelde, wo die Wagen mühsam aus dem Neißetal gezogen wurden. Der Pferdeberg im Zittauer Gebirge erhielt seinen Namen, weil hier einst ein «Pferdeplan» war, wo die Vorspannpferde für die Alte Leipaer Straße bereitgehalten wurden.

An den Handelswegen gab es aber nicht nur hilfreiche Menschen. Gerade dort, wo die Wege am schwierigsten waren, lauerten den Handelsleuten oft schlimme Gesellen auf. Sie überfielen die Kaufleute, raubten alle Waren und verprügelten oder erschlugen die Reisenden sogar. Aber nicht nur gewöhnliches Diebsgesindel trieb sich herum, sondern so manche kleine Adlige waren zu Raubrittern geworden, die Wegegeld erpreßten und die Kaufmannsleute selbst ausplünderten.

Deshalb ließen die Landesherren an den Handelswegen Burgen errichten und beauftragten Ritter, die Wege zu überwachen und die Reisenden und Händler zu schützen. Die Händler ließen sich von bewaffneten Knechten begleiten, und die Städte überwachten mit Landjägern die Straßen. In den abgelegenen Wäldern der Gebirge ritten die Mannschaften der Geleitburgen mit. Für solchen Schutz bezahlten die Kaufleute mit Waren. Als aber deren Klagen immer häufiger geworden waren, schickte der Sechsstädtebund seine Streitmacht aus und ließ die Raubnester kurzerhand niederreißen und die Übeltäter richten. Dabei wurden über 30 Burgen geschleift.

Von den einstigen langen Handelsstraßen, die seit mehr als tausend Jahren die Oberlausitz durchzogen, sind einige ganz berühmt geworden. Die Hohe Straße, die auch via regia oder Königsstraße hieß, war dcr wichtigste Handelsweg zwischen dem Rheinland, Schlesien und Polen. Sie erreichte bei Königsbrück die Oberlausitz und führte dann über Kamenz, Bautzen, Weißenberg und Reichenbach nach Görlitz und weiter nach Schlesien. Schon 1222 war ein neuer Abschnitt von Bautzen nach Löbau gebaut worden, der die «Neue Straße» hieß.

Die Niedere Straße erreichte von Leipzig aus östlich von Spremberg die Oberlausitz und überquerte bei Muskau die Neiße.

Die Böhmische Straße kam von der Ostsee und führte über Berlin, Peitz, Cottbus, Spremberg, Hoyerswerda, Wittichenau, Königswartha, Bautzen, Zittau bis nach Prag. Ein Zweig davon verlief von Frankfurt (Oder) über Guben, Sorau, Priebus, Rothenburg, Görlitz, Ostritz, Hirschfelde und Zittau ebenfalls nach Prag.

Die Frankenstraße schließlich war in den Jahren 1150 bis 1230 der Hauptweg der deutschen Siedler in die Oberlausitz. Sie führte aus dem Schwaben- und Frankenland über Nürnberg bis nach Bautzen.

Der Fernhandel vermehrte den Reichtum der Oberlausitzer Städte, die somit zur starken Stütze der böhmischen Könige geworden waren. Solange der Handel blühte, gedieh das Land. Kriegerische Zeiten wie die Hussitenzeit oder der Dreißigjährige Krieg unterbrachen den Fernhandel und verminderten damit den Wohlstand der Oberlausitzer Städte. Natürlich zogen nicht allein die Kaufleute Nutzen aus dem Handel, sondern auch der Landesherr und die Städte selbst forderten ihre Anteile. An den Landesgrenzen war die «Landabgabe» zu zahlen, ferner verlangte man den Warenzoll, das Wegegeld und das Brückengeld. Ziemlich groß war die Anzahl der Schlagbäume, wo die Scherflein einkassiert wurden. In vielen Oberlausitzer Orten kennt man noch heute die Häuser, wo die «Einnahmen» gewesen waren.

Bis in die moderne Zeit hinein, etwa bis 1770, gab es in den deutschen Ländern und in der Oberlausitz nur solche Pfade oder Handelswege.

Die Postkutschenzeit

Postmeilensäule in Elstra

In manchen Städten der Oberlausitz stehen wahre Schmuckstücke, die kursächsischen Postdistanzsäulen. Sie erinnern an die Postkutschenzeit. Aber auch frühere Posthaltereien oder Postgüter sind den Menschen noch bekannt. Es gibt zahlreiche Bilder von damals, auf denen die gelben Postkutschen mit dem Postillion in bunter Uniform, der gerade das Posthorn bläst, zu sehen sind. Und jeder kennt wohl das schöne Lied: «Hoch auf dem gelben Wagen».

Die Anfänge dieser romantischen Postkutschenzeit sind aber gar nicht romantisch.

Beamte hatten von Ihrem Herrn gelegentlich den Auftrag, durch das Herrschaftsgebiet zu reisen, um Regierungsgeschäfte auszuführen. Oftmals reichte es, Befehle, Akten, Briefe oder sogar Geld durch Beauftragte zu schicken. Da so etwas aber eine beachtliche Vertrauenssache war, und nicht jedermann solches Vertrauen besaß, legte bereits im Jahre 1489 Kaiser Maximilian I. das «Postregal», ein Hoheitsrecht, fest. Dieses alleinige Recht der Postbeförderung machte er für das ganze deutsche Reich gültig und übertrug es dem Adelsgeschlecht «von Thurn». In den einzelnen Ländern des Reiches wie Sachsen, Böhmen und anderen waren eigene Landesposten zugelassen.

Es erwies sich als sehr zweckmäßig, die Post regelmäßig zu gleichen Zeiten und immer auf den gleichen Wegen zu befördern. 1678 wurde in Bautzen die erste Post eingerichtet. Während anfangs nur uniformierte Postreiter ritten, so zum Beispiel jeden Tag von Zittau nach Dresden und zurück, fuhren alsbald Pferdewagen, die Handelswaren und Fahrgäste mitnahmen, alles natürlich gegen gute Bezahlung. Regelmäßige Druckschriften mit den neuesten Nachrichten vom höfischen Leben, die Hofjournale, und Berichte aus allen Lebensgebieten, also Zeitungen, nahmen bald ihren Weg mit der Post. Zwischen Leipzig und Breslau verkehrten seit 1694 regelmäßig reitende und fahrende Posten.

Die Land- und Sandwege, auf denen die Postkutschen fuhren, hießen damals Poststraßen. An diesen langen Poststraßen wurden in großen Abständen Poststationen eingerichtet. Hier standen ausgeruhte Pferde bereit, welche gegen die erschöpften Pferde ausgewechselt wurden, und für die Reisenden gab es Essen, Trinken und Nachtquartiere.

An der Leipzig-Breslauer Poststraße, in der Oberlausitz, wurden die Stationen Königsbrück, Kamenz und Budissin eingerichtet. Die Station Kamenz wurde 1713 nach Schweinerden verlegt und 1774 wieder nach Kamenz, aber 1804 wegen des besseren Weges wieder nach Schweinerden.

Schweinerden war der wichtigste Postort in der Oberlausitz.

Als 1697 Kurfürst Friedrich August I. von Sachsen durch den polnischen Adel zum König von Polen gewählt worden war, waren plötzlich ganz neue Postlinien nötig. Die königlich-polnischen und kursächsischen Postreiter ritten zwischen Dresden und Warschau und Dresden und Krakau hin und her, und die reisenden Adligen wechselten unterwegs die Pferde in den neu eingerichteten Poststationen.

Kurfürst «August der Starke» hat seinerzeit das Handwerk durch Steuererlaß unterstützt und große Handwerksbetriebe, die Manufakturen, gefördert. Dadurch konnten viel mehr Waren hergestellt werden, die nun gehandelt werden sollten. Dazu war es nötig, die Handelswege zu verbessern. 1721 beauftragte er seinen «Land- und Grenzkommissarius» Adam Friedrich Zürner, die Poststraßen des gesamten Kurfürstentums Sachsen zu vermessen. Um den Auftrag des Kurfürsten zu erfüllen, baute Zürner einen Meßwagen, mit dem er jahrelang auf allen Poststraßen durch das Land fuhr und die Straßen genau maß.

Außerdem hatte auf Befehl August des Starken jede Stadt an den Stadttoren oder ausnahmsweise auf dem Markt steinerne «kursächsische Postdistanzsäulen» zu errichten, die das kursächsische und das polnisch-litauische Wappen mit Königskrone und die Buchstaben AR, das bedeutet Augustus Rex oder König August, trugen. Auf dem Schriftblock darunter hatten der Name der Stadt und alle Orte zu stehen, die in der angezeigten Richtung auf der Poststraße erreicht wurden.
Vor den Ortsnamen stand manchmal eine Zahl.

Das war die Nummer der Poststation. Hinter den Ortsnamen war in «Stunden» zu lesen, wie weit diese entfernt sind.

Damals war eine Stunde, abgekürzt «St.», ein Längenmaß und eine halbe sächsische Meile lang. Das sind in unserem heutigen Maß 4531 Meter. Die Stunde wurde in Halbe, Viertel oder Achtel geteilt, was an den Säulen zu lesen ist, etwa «5 St. 3/8». Diese Entfernungsangabe bedeutet heute 24354 Meter oder 24,354 Kilometer. An den Poststraßen mußten nach jeder ganzen Meile, also nach jeweils 9062 m, hohe schlanke Ganzmeilensäulen aufgestellt werden. Immer zwischen zwei Ganzmeilensäulen standen die niedrigeren Halbmeilensäulen und zwischen diesen die gedrungenen Viertelmeilensteine.

So wurden die Vermessungsergebnisse im ganzen Lande markiert. Viele solcher Säulen sind bis heute erhalten geblieben und zeugen von der Vermessungskunst in Sachsen und vom Beginn der modernen Zeit. Aber der Siebenjährige Krieg ließ das Land verarmen, und am baulichen Zustand der Straßen und Wege änderte sich trotz der großartigen Vermessung erst einmal nichts.

*Schmalspurbahn
im
Zittauer Gebirge*

Die gelben Postkutschen wurden in der Regel von wohlhabenden Leuten benutzt, von Händlern, Advokaten und selten von einfachen Leuten, die einen ganz wichtigen Besuch irgendwo zu machen hatten. In die Nachbarorte oder in die Amtsstadt ging man zu Fuß, schon um das Fahrgeld zu sparen. Aber für die Reisenden war die Fahrt mit der Postkutsche keineswegs ein Vergnügen. Die Kutschen waren nicht gefedert und die Sitze nicht gepolstert. Deshalb übertrug sich jeder Stoß der eisenbereiften Kutschenräder von Steinen oder Löchern direkt auf die Rücken der Reisenden. Für die kalten Wintertage gab es keine Heizung in den Kutschen. Dadurch kroch den Reisenden allmählich die Kälte unter die Pelze und Hülldecken, und sie froren jämmerlich. Im Sommer aber stöhnte man unter der sengenden Sonnenhitze. Nicht selten brach ein Rad, und es dauerte oft sehr lange, bis ein neues beschafft werden konnte. Bei Wind und Wetter erwies sich manche lange Postkutschenreise als rechtes Abenteuer. Jeder atmete auf, wenn wieder eine sichere Poststation erreicht war.

Um die Wege endlich zu verbessern, gab der Kurfürst 1781 ein «Mandat mit ausführlicher technischer Anweisung zum Straßenbau in Sachsen» heraus, welche der sächsische «Straßenkommissarius» Abraham Günther bereits 1770 als eine neue Bauweise für Straßen empfohlen hatte. Aber wegen der Napoleonischen Kriege konnte wiederum nicht viel gebaut werden. Erst in den Jahren zwischen 1830 und 1860 begann der «Kunststraßenbau», wobei der Straßenkörper aus Schotter aufgeschüttet und mit schweren eisernen Walzen befestigt wurde.

Die meisten Straßen, die wir heute auf der Landkarte sehen, stammen aus dieser Zeit. Sie wurden in den folgenden Jahrzehnten an manchen Stellen verbreitert und viel später dem modernen Autoverkehr angepaßt.

Die Postkutschen fuhren noch lange durch das Land. Aber als das Schienennetz der Eisenbahnen dicht genug ausgebaut war und bald auch Lastkraftwagen und Autobusse verkehrten, ging die Postkutschenzeit zu Ende.

Die Postkutsche machte ihre letzte Fahrt 1920 nach Weißenberg. Damit hatte sich ein Stück Verkehrsgeschichte der Oberlausitz vollendet.

Die Eisenbahnen

Nach 1800 wurden in den sächsischen Manufakturen und den neuen Fabriken die großen Wasserräder, die alten Kraftmaschinen, durch die neuen Dampfmaschinen ersetzt. Bald war es auch gelungen, die Dampfmaschinen auf Fahrgestelle zu bauen und auf Schienen fahren zu lassen. Damit waren die Lokomotiven erfunden.

Weitblickende Wirtschaftler und kluge Techniker empfahlen, Eisenbahnen in Sachsen und ganz Europa zu bauen. Wagemutige Kaufleute, hauptsächlich aus Leipzig und Görlitz, beschafften das Geld für den Bau der ersten deutschen Ferneisenbahn, welche im Jahre 1839 fertig war und von Leipzig nach Dresden fuhr. Bereits wenige Jahre später, 1844 begonnen, dampfte die Eisenbahn durch die Oberlausitz. Die Sächsisch-Schlesische Eisenbahn sollte von Dresden aus über Bischofswerda, Bautzen und Löbau nach Görlitz und weiter bis Breslau führen. Das war für die damalige Zeit ein gewaltiges Unternehmen und eine technische Meisterleistung. Mehrere Tausend Arbeiter waren mit dem Streckenbau beschäftigt, es mußten die Talauen durch große Viadukte überbrückt werden, und es gab dabei viele Schwierigkeiten zu überwinden. Der erste Zug, der im Dezember 1846 Löbau erreichen sollte, blieb kurz hinter Bautzen in den Schneewehen stecken, und die Reisenden mußten bei Schneesturm und Frost zurückgehen. Eine Woche später erreichte der Zug schließlich doch noch Löbau. Hier endete die Strecke vorläufig, denn der Viadukt war noch nicht fertig. Es wurde in Abschnitten weitergebaut, zunächst bis Reichenbach, und nach dreijähriger Bauzeit endlich kam der erste Zug in Görlitz an. Das hatte jedoch nicht an den Bauleuten gelegen, sondern die preußische Staatsverwaltung hatte immer wieder dafür gesorgt, daß sich die Arbeiten verzögerten. Der Grund war, daß die Märkisch-Niederschlesische Bahn, die ebenfalls nach Görlitz führte, früher fertig sein sollte.

Die Züge konnten viel Last aufnehmen und mit großer Geschwindigkeit fahren. In den ersten Jahren wurden ganze Pferdegeschirre, also Planenwagen samt Handelsgut und Pferden auf die Eisenbahnwagen geladen.

Ab 1852 war die Eisenbahn staatlich und hieß nun «Königlich Sächsische Staatseisenbahn». Die Eisenbahner waren jetzt Staatsbeamte, und es gab respekteinflößende Titel und Uniformen. Die höchsten Eisenbahnbeamten trugen steife Admiralshüte. Den Königlich Sächsischen Lokomotivführern war vorgeschrieben, während der Fahrt Krawatten und weiße Kragen zu tragen.

In den folgenden Jahren wurden Nebenbahnen von der Hauptstrecke weg in entferntere Landesteile gebaut, und es entstand ein dichtes Eisenbahnnetz. Die Bevölkerung nahm großen Anteil, wenn wieder eine neue Strecke einzuweihen war. Die Bahnhöfe und die Züge wurden mit Girlanden und Fahnen geschmückt, und es wurde sogar Salut mit Kanonen geschossen. Alle Lokomotiven erhielten Namen wie «Lusatia», «Großschönau» oder «Zittau».

Dort, wo in den Tälern wenig Platz und die Kurven gar zu eng waren, legten die Eisenbahnbauer Schmalspurbahnen an. Vielerorts gab es nun Rangierbahnhöfe, Lokomotivschuppen, Kohlenplätze und Eisenbahnwerkstätten.

Unglücke und Unfälle blieben leider nicht aus. Am Neujahrstag 1855 war der Löbauer Viadukt eingestürzt, und der Wiederaufbau dauerte anderthalb Jahre. Inzwischen hatten Pferdegespanne die Lücke im Eisenbahnverkehr ersetzt. In Olbersdorf war eines Tages die Lokomotive der Schmalspurbahn umgestürzt. Und so gab es noch manch andere interessante Eisenbahngeschichte.

An den zahlreichen Eisenbahnstrecken entstanden bald viele Fabriken mit eigenem Bahnanschluß. Besonders nach 1871, in den sogenannten Gründerjahren, wurde das Eisenbahnnetz so dicht ausgebaut, daß fast jede deutsche Stadt einen Bahnhof hatte.

Nichts währt ewig, das gilt auch für die Eisenbahn. Nach Kriegsende 1945 mußten zahlreiche Strecken abgebaut werden, weil die Schienen an die Sowjetunion als Reparationen zu liefern waren.

Bald konnte die Eisenbahn nicht mehr schaffen, was die Wirtschaft verlangte. Viele Arbeitskräfte und vor allem viel Zeit waren erforderlich, stets alles auf- oder umzuladen. Heutzutage werden Waren auf vielfältige Art erzeugt und meist bestimmte Dinge nur an bestimmten Orten. Für einen schnellen Transport der meisten Güter, der fertigen Handelswaren oder Ersatzteile sind auch schnellere Fahrzeuge nötig. Das ist mit Autos viel besser möglich als mit der Bahn. Deshalb wurde die Eisenbahnstrecke von Kamenz nach Bischofswerda stillgelegt, und der Eisenbahnverkehr auf mancher anderen vertrauten und beliebten Bahnstrecke wurde eingestellt. Statt dessen kommen die Busse für die Reisenden bis fast vor die Haustüren gefahren, und für den Gütertransport werden die Lastwagen immer größer gebaut. Das ist für die Wirtschaft gut, aber nicht für die Natur. Heute können wir Eisenbahndämme und Brücken in der Landschaft sehen, über die schon lange kein Zug mehr fährt, und nur ehemalige Bahnhofsgebäude und Eisenbahnwärterhäuschen sind noch zu finden.

In der Gegenwart verändert sich die Eisenbahn wiederum beträchtlich, indem die Fernstrecken mit modernster Technik betrieben, die Nebenstrecken jedoch stillgelegt werden.

Kraftverkehr und neue Straßen

Im Jahre 1887 hatte Nikolaus Otto den Verbrennungsmotor erfunden. Damit begann das Zeitalter der Autos und Lastautos. Nun konnten die vielen Waren an jeden beliebigen Ort gebracht werden, sobald eine brauchbare Straße dorthin führte. Für die neuen Fahrzeuge mußte man neue Straßen bauen, und alle wichtigen sächsischen Landstraßen wurden ab 1885 mit Kleinpflaster aus würfelig gespaltenem Granit belegt. Die anderen Straßen blieben besandet. Die jetzige Bundesstraße 6 wurde damals zwischen Görlitz und Leipzig durchgehend gepflastert.

Da die Gummireifen der Autoräder viel Staub oder Schlamm aus der Fahrbahn rissen, empfahl 1901 der Schweizer Arzt Dr. Cuglielminetti, den losen Straßensand mit Teer zu binden. Seitdem gibt es die glatten «Asphaltstraßen». Ab 1925 verwandte man für die Fahrbahndecke auch Beton.

Im Jahre 1905 baute das Phänomenfahrradwerk in Zittau die ersten dreirädrigen «Phänomobile», die es bereits schafften, auf den 1010 m hohen Jeschken in Böhmen zu fahren. In den zwanziger und dreißiger Jahren des 20. Jahrhunderts waren die Autobusse aufgekommen, die nun bald jeden Ort der Oberlausitz erreichten. Sie gehörten anfänglich der Deutschen Reichspost. An schönen Sommerwochenenden fuhren allein über zweihundert Sonderbusse in die Kurorte Oybin und Jonsdorf im Zittauer Gebirge.

Auf den Straßen bewegten sich zwischen den vielen neuen Kraftfahrzeugen nach wie vor die Pferde- und Ochsengespanne, die Radfahrer und die Fußgänger. Die neuen Straßen waren bald unübersichtlich und zu eng geworden. Deshalb wurde überlegt, wie und wo man Autobahnen bauen könnte, die nur von Kraftfahrzeugen benutzt werden durften. Bereits 1924 gab es Straßen solcher Art in Oberitalien. 1930 baute man die erste deutsche «Autobahn» von Bonn nach Köln. Nach 1933 entstanden überall in Deutschland die «Reichsautobahnen», die nach dem Zweiten Weltkrieg zu einem großen Netz von «Bundesautobahnen» erweitert wurden.

Die heutige Bundesautobahn A4 kommt von Aachen über Dresden in die Oberlausitz und verläuft nördlich von Bautzen, an Weißenberg und Görlitz vorbei weiter nach Polen. Sie war bei Kriegsbeginn 1939 noch nicht fertig und blieb daher jahrzehntelang einspurig. Jetzt wird sie gründlich modernisiert. Im längsten deutschen Straßentunnel führt sie unter den Königshainer Bergen hindurch.

Nach der Wiedervereinigung unseres Vaterlandes stieg der Straßenverkehr sprunghaft an und erreichte ein Ausmaß, dem die Straßen und Plätze in unseren Städten nicht gewachsen sind. So gibt es allerorts große Schwierigkeiten. Es wird eine Arbeit vieler Jahre sein, die erforderlichen Straßen auszubauen, die Städte und Dörfer zu umgehen und dabei die Landschaft zu schonen.

Einst und jetzt

Seit dem Eisenbahnbau im vorigen Jahrhundert verloren die alten Handelsstraßen ihre einstige Bedeutung und verwaisten schließlich ganz. In manchen Gegenden sind sie teilweise noch vorhanden und werden benutzt. Mitunter sind sie schöne Wanderwege geworden wie die Alte Leipaer Straße im Zittauer Gebirge, die Verbotene Straße von der Landbrücke bei Großschönau zum Waltersdorfer Paß hinauf oder die Alte Gabeler Straße zwischen Eichgraben und Lückendorf.

Über die einstigen Furten spannen sich schon längst Brücken, von denen manche ein ehrwürdiges Alter haben. Die steinernen Himmelsbrücken in der südlichen Oberlausitz und die riesigen Eisenbahnviadukte stehen heute unter Denkmalschutz. An vielen Stellen sind noch Teile der berühmten Hohen Straße zu finden, doch selten nur gibt es einen Hinweis auf sie, was bedauerlich ist. Auf weiten Strecken jedoch wurden die alten Handelswege zu neuen breiten Straßen ausgebaut und haben dabei ihr Aussehen völlig verändert.

Die historisch entstandenen Handelswege, die Straßen und das Eisenbahnnetz waren in verschiedenen Zeiten immer wichtig für das Verhältnis
zu den Nachbarn. Bedeutsame Reste der Verkehrswege früherer Zeiten
sind erhalten geblieben und lassen sich als wichtige Zeugen der Verkehrsgeschichte in der Oberlausitz erkennen. Die modernen Bundesstraßen,
die Eisenbahnlinien und die Autobahn, die heute durch die Oberlausitz
führen, verbinden die Menschen miteinander wie eh und je.

Das Königreich
Böhmen
zur Zeit Karls IV.

Der Oberlausitzer Sechsstädtebund

Im Mittelalter schlossen sich in verschiedenen deutschen Ländern die Städte zu Städtebünden zusammen, um ihre politischen und wirtschaftlichen Interessen gegenüber den Rittern und Fürsten besser wahrnehmen und aufrecht erhalten zu können. Am bedeutendsten waren der Schwäbische, der Rheinische und der Oberlausitzer Städtebund.

Die Regierung Karls IV., der seit 1346 König von Böhmen und ab 1355 römisch-deutscher Kaiser war, brachte den Oberlausitzer Städten eine Blütezeit. Karl IV. stammte aus dem Hause Luxemburg und war ein hochgebildeter Mann. Er beherrschte vier Sprachen. Seine Herrschaftsanprüche reichten bis Brandenburg. Er ließ Straßen, Brücken und Geleitburgen bauen, um den Handel zu fördern. Die Oberlausitzer Städte stattete er mit besonderen Rechten aus, denn er stützte sich mehr auf die wirtschaftlich starken Städte als auf die Burgen des Adels. Sie durften eigene Gerichte haben, eigene Münzen prägen und ihre Handelswaren mit freiem Geleit und ohne Zoll zu zahlen, in Böhmen transportieren und verkaufen. Bereits sein Vater, Johann I. von Böhmen, hatte der Stadt Görlitz bedeutende Rechte wie die Gerichtsbarkeit und das Münzrecht eingeräumt. Diese Vorrechte nannte man königliche Privilegien. Bald waren die Städte zu Reichtum und Macht gelangt, die es auch zu schützen galt. Nicht nur die zu Raubrittern verkommenen Adligen, sondern der ganze Landadel war auf die Städte nicht gut zu sprechen. Aber diese machten sich stark und gründeten 1346 in Löbau den Oberlausitzer Sechsstädtebund. Ihm gehörten Bautzen, Kamenz, Löbau, Görlitz, Zittau und Lauban (jetzt Luban in Polen) an. Der Tagungsort war Löbau. Seine Mitglieder bezeichneten sich als die Königlichen Sechsstädte. Mit aller Macht und Härte traten sie gegen den unliebsamen Landadel auf. Der König hatte den Oberlausitzer Sechsstädtebund beauftragt, alle «Feste zu brechen und niederzubrennen», wenn sie Raubritternester waren. So zogen die Scharen der Sechsstädte schwerbewaffnet los und zerstörten zwischen Großenhain, Hoyerswerda, Görlitz und dem Zittauer Gebirge fast dreißig Burgen. Die Truppen des Sechsstädtebundes rissen die Raubschlösser Kirschau (Körse), Oybin, Tollenstein (Tolstejn) und viele andere nieder. Einige davon wurden gekauft und abgerissen.Dadurch gibt es heute bei uns in der Oberlausitz keine einzige mittelalterliche Ritterburg mehr. Nur ihre Ruinen sind vielerorts zu finden. Die Ortenburg in Bautzen ist eine Ausnahme, denn dort saß der königliche Landvogt, der die Oberlausitz verwaltete.

Bautzen
Görlitz
Zittau

Der Oberlausitzer Sechsstädtebund hielt über Landfriedensbrecher Femegericht, dessen Urteile streng und abschreckend waren. Die Übeltäter wurden mit dem Schwert, mit dem Strick oder durch Feuer gerichtet. Die Adligen beschwerten sich, daß man sie «türme» und «strecke». Sie klagten, daß es beim Gericht nur «stracks den Hals gälte».

Ein Beispiel ist die mehrjährige Fehde mit dem mächtigen böhmischen Geschlecht der Wartenberger. Diese Adelsfamilie besaß Land vom Jeschken bis zur Elbe, wo ihr zahlreiche Burgen und Schlösser gehörten. Als ein Wartenberger während der Hussitenkriege wegen Verrats von den Zittauern auf einer Rindshaut zum Richtplatz geschleift und gerichtet worden war, rief das die Rache aller Wartenberger hervor. Sie drangen mehrmals mit Mord und Brand in die Vorstädte ein und beraubten Kaufleute auf offener Straße.

Lauban
Kamenz
Löbau

Einen verwegenen Handstreich planten sie 1437 für die Zeit, in der der Landtag in Löbau zusammentrat. Helfershelfer der Wartenberger schlichen sich, als Bauern verkleidet, in die Stadt. Sie sollten nachts an mehreren Stellen Feuer legen und Stricke über die Stadtmauer werfen, damit die Wartenberger ihre Strickleitern daran anbinden könnten. Das Raubgesindel wollte alle anwesenden Ratsherren der Sechsstädte entführen. Der Anschlag mißlang jedoch. Ein Räuber verriet alles unter der Folter.

Doch die Wartenberger trieben ihr Unwesen weiter, auch als ihr Führer von einem seiner Feinde gefangen worden war, damit «er in einem Turm jämmerlich verhungere».

Als Folge beschloß der Städtebund, eine große Streitmacht aufzustellen. Das reiche Görlitz ließ Büchsen und Haubitzen gießen. Mit 9000 Mann zu Roß und zu Fuß zogen die Oberlausitzer über die Paßstraßen in die böhmischen Berge, um Schlösser und Burgen der Unruhestifter zu schleifen. Sie eroberten ein Raubnest nach dem anderen, stachen die Fischteiche an und verwüsteten Weiden und Felder, zerstörten die Burgen und führten reiche Beute hinweg.

Wie unsicher die Handelsstraßen trotz dieses Sieges waren, zeigt die Art und Weise, wie ein Geldtransport mit fünftausend Schock böhmischer Groschen als königliche Steuergelder von Zittau nach Bautzen gelangte. Das Schock ist ein altes Mengenmaß und bedeutet 60 Stück. Einhundert bewaffnete Zittauer begleiteten den Transport bis Strahwalde. Dort übernahmen fünfzig Löbauer die Sendung, und ab Löbau bewachten zweihundert Bautzner Söldner den Zug. Außerdem waren noch vierzig Landreiter aufgeboten.

Nach 1500 waren Görlitz, Bautzen und Zittau durch den Handel zu Macht und Reichtum gelangt. Dagegen waren die Rechte des Oberlausitzer Landadels immer mehr eingeschränkt worden. Deshalb nutzte der neidische Adel jede Gelegenheit, den Kaiser und den Sechsstädtebund zu entzweien. Das gelang auch, denn dem katholischen Kaiser waren die vielen Anhänger Luthers in den Städten ein Dorn im Auge. Die Städte und der Adel erkannten 1525 die Reformation Luthers als vollendet in der Oberlausitz an, obwohl Kaiser Karl V. als Landesherr katholisch war. Diesen Zwiespalt gab es in vielen deutschen Ländern, und die Fürsten nutzten ihn zu ihren Gunsten aus. Der Kaiser mochte diese Selbstherrlichkeit nicht leiden. Mit seinen Verbündeten wollte er die protestantischen Fürsten niederschlagen. So entbrannte 1546 der Schmalkaldische Krieg.

1547 holte der deutsche Kaiser gegen die evangelischen Reichsstände aus. Der evangelische Herzog Moritz von Sachsen kämpfte auf Seiten des Kaisers. Der Oberlausitzer Sechsstädtebund stellte eine Streitmacht von fünfhundert Landsknechten zusammen. Der Landadel bot für zwei Monate eintausend Mann auf. Wenige Tage vor der Schlacht bei Mühlberg an der Elbe löste sich die Streitmacht der Städte nach Meutereien vorzeitig auf. So vertrat im Kampf nur der Landadel die Oberlausitz. Der Kaiser gewann die Schlacht. Herzog Moritz wurde dafür neuer Kurfüst von Sachsen. Der Landadel der Oberlausitz verklagte sofort die Städte. Daraufhin wurden deren Bürgermeister, Ratsherren und Richter zum Strafgericht auf die Prager Burg geladen. In uralten böhmischen Gesetzen war festgelegt, daß jeder eine Pön an Leib und Gut erhalten sollte, der in der Not Böhmen seine Unterstützung verweigert. König Ferdinand, der Bruder Kaiser Karl V., leitete die Verhandlung. Die Vertreter der Städte fielen auf die Knie und beteuerten ihre Unschuld. In dieser Stellung mußten sie mehrere Stunden verharren, und anschließend wurden sie für fünf Wochen eingesperrt. Nur zwei Vertreter von jeder Stadt durften gehen, um das Strafgeld einzutreiben. Die Strafartikel waren hart. Die Städte mußten 100 000 Taler Strafe zahlen, verloren alle Privilegien, die Landgüter und die Ratsdörfer und mußten ihre Geschütze abliefern. Der Kaiser füllte mit dem Reichtum der Städte seine leere Kasse. Er verkaufte sogar einige Dörfer an den Landadel, der auf diese Weise zu Gewinn kam. Das Strafgericht, das die Sechsstädte erlitten, nennt man in der Geschichte den «Pönfall». Es dauerte viele Jahre, ehe die Sechsstädte mit großer Mühe ihren ehemaligen Besitz zurückerwerben konnten und erneut zu ihren Rechten kamen.

Trotz der zahlreichen gemeinsamen Ziele verfolgten die Städte aber zuerst ihre eigenen Interessen und wachten scharf darüber. Beim Tuchhandel und beim Münzrecht gab es gar oft Reibereien deswegen. Am deutlichsten wurde das aber beim Braurecht.

Schon vor fünfhundert Jahren brauten Zittaus Brauhäuser ein ausgezeichnetes Bier, das selbst in Prag bekannt war. Die Hallenser Salzhändler nahmen jedesmal als Rückfracht einige Fässer Zittauer Bier mit. Alle Städte des Oberlausitzer Sechsstädtebundes brauten seit alters her Bier. Eifersüchtig achteten sie darauf, daß nur heimisches Bier getrunken wurde. Wenn fremdes Bier auftauchte, zerschlugen oder zerschossen sie die Fässer. Was aber im Jahre 1491 geschah, war ein regelrechter Bierkrieg.

Auch die Görlitzer brauten ihr Bier in großen Mengen für den Handel. Sie hatten in einem weiten Umkreis um ihre Stadt verboten, Zittauer Bier auszuschenken, und jeder Gastwirt sollte eingesperrt werden, der sich nicht an das Verbot hielte. Eines Tages zog eine Schar Görlitzer der Zittauer Bierfuhre entgegen. Im Walde zwischen Ostritz und Hirschfelde zerschlug sie die Fässer und verprügelte die Zittauer Händler. Das war ein grobes Unrecht, denn der Tatort lag im Zittauer Weichbild. Daraufhin verhöhnten die Zittauer den Görlitzer Rat, indem sie ihm einen Fehdebrief durch einen buckligen Mann auf einem zottigen Klepper überbringen ließen. Währenddessen raubten die Zittauer nahe der Stadt Görlitz den Bauern das Vieh und plünderten die Häuser. Die Görlitzer ließen die Sturmglocken läuten, aber die Zittauer waren bereits wieder abgezogen.

Erst nach sechs Jahren beendete der König durch einen Urteilsspruch den Streit zwischen Görlitz und Zittau. Doch Zittau zahlte das Bußgeld nicht. Die Stadt drohte mit dem Austritt aus dem Oberlausitzer Sechsstädtebund, da zahlten die anderen Städte für Zittau den Schadenersatz an Görlitz.

Wir schmunzeln heute über den Bierkrieg, doch damals war es für die Zittauer bitterer Ernst. Die Stelle, wo man damals die Bierfässer zerschlug, wird heute noch Bierpfütze genannt. Am Bierkrieg sieht man recht deutlich, wie jede Stadt zuerst an sich selbst dachte. Das galt gegenüber den anderen Städten des Oberlausitzer Sechsstädtebundes ebenso.

Bis zu dem unglückseligen Jahr 1815, in dem unsere Oberlausitz zerrissen wurde, hatte der Oberlausitzer Sechsstädtebund fortbestanden und die Landesgeschicke mitbestimmt.

Wie die Oberlausitz zu Sachsen kam

Mitten im Dreißigjährigen Krieg im Jahre 1635 kam die Oberlausitz zu Sachsen.

Als böhmisches Kronland war sie in die Machtkämpfe zwischen dem katholischen Kaiser Ferdinand II. und den evangelisch-lutherischen Kurfürsten geraten. Kurfürst Friedrich V. von der Pfalz war Oberhaupt der Calvinisten, die ihren Namen nach dem Reformator Calvin (1509–1564) trugen.

In der Oberlausitz galten alle als Calvinisten, die das Luthertum nicht als einzige Lehre anerkannten. Das waren vor allem Görlitzer Gymnasialdirektoren, Lehrer, Ärzte, etliche Ratsherren und viele Vertreter aus anderen geistigen Berufen.

In Böhmen hatten die calvinistischen Adligen Kurfürst Friedrich V. zum König erhoben und damit Zorn und Widerstand des katholischen Kaisers Ferdinand II. heraufbeschworen. Die Oberlausitzer Stände hatten bei der Königswahl gegen Ferdinand II. gestimmt und waren so zu Gegnern des Kaisers geworden.

Doch die Lage wurde noch schwieriger, als sich der protestantische sächsische Kurfürst Johann Georg I. mit dem katholischen Kaiser Ferdinand II. verband. Sein Auftrag sollte sein, den Calvinismus in der Oberlausitz und in Schlesien auszurotten.

Im August 1620 versammelte Kurfürst Johann Georg I. das sächsische Heer bei der Stadt Stolpen, um in die Oberlausitz einzurücken und sie zu besetzen. Um einen Angriff auf die Stadt Kamenz zu verhindern, begab sich eine Abordnung des Rates der Stadt nach Stolpen und unterwarf sich am 28. August 1620 dem Kurfürsten von Sachsen. Johann Georg I. begann kurz darauf seinen Kriegszug. Vom 30. August bis zum 2. Oktober 1620 belagerte sein Heer Bautzen. Täglich ließ er 366 Geschosse in die Stadt feuern. Am 2. Oktober begann schließlich der Sturm auf Bautzen, und am 4. Oktober ergab sich die Stadt. Im November 1620 besetzten die sächsischen Truppen die gesamte Oberlausitz. Dem sächsischen Kurfürsten waren in diesen Monaten Kriegskosten von 6 Millionen Talern entstanden. Da der Kaiser kein Geld hatte, die Kosten zu erstatten, verpfändete er die Oberlausitz und die Niederlausitz an den Kurfürsten Johann Georg I. von Sachsen.

Auf dem ersten Landtag der Oberlausitzer Stände unter sächsischer Herrschaft am 13. Juli 1621 in Kamenz huldigten Adel und Städte der Oberlausitz ihrem neuen Landesherren. Doch Ferdinand II. entband die Oberlausitzer erst 1623 von ihren Pflichten gegenüber der böhmischen Krone.

Als im Jahre 1631 Tilly, der Führer der katholischen Liga, mit seinen Truppen Leipzig besetzte, rief der sächsische Kurfürst die Schweden zu Hilfe. Gemeinsam kämpften sie nun gegen die katholische Liga und den

Kaiser. Die sächsischen Truppen versuchten 1634, die kaiserlichen Soldaten aus der Oberlausitz zu verjagen. Als sich die Kaiserlichen, die abermals Bautzen besetzt hatten, zurückziehen mußten, ließ Oberst Goltz die Stadt anzünden. Am 30. Mai 1635 schlossen der Kaiser und der sächsische Kurfürst den Frieden zu Prag.

Da die Kriegskosten des Kurfürsten inzwischen auf zwölf Tonnen Gold angewachsen waren und der Kaiser auch jetzt nicht bezahlen konnte, trat er die Markgrafentümer Niederlausitz und Oberlausitz endgültig ab. Die Oberlausitz wurde als erbliches böhmisches Lehen an Kursachsen gegeben. Der Kurfürst verwaltete von da an die Oberlausitz, beließ ihr aber ihre Selbständigkeit. Der Kaiser blieb Lehensherr.

Die Oberlausitzer Stände – Adel, Städte, Standesherrschaften, Klöster, das Domstift zu Bautzen und Rittergutsherren – gaben ihre Zustimmung, da ihnen der Kurfürst alle bisherigen Rechte zusicherte. Der Kurfürst versprach auch, die religiöse Freiheit seiner Untertanen in der Oberlausitz unangetastet zu lassen. Dadurch blieben in unserer Heimat die beiden Zisterzienserinnen-Klöster Sankt Marienthal und Sankt Marienstern sowie das Magdalenerinnenkloster in Lauban erhalten. Der Kaiser selbst blieb oberster Schutzherr der Klöster.

Am 7. Oktober 1637 erfolgte im Rathaus zu Görlitz die Huldigung des neuen Landesherrn durch die Stände der Oberlausitz. Die Belehnung des sächsischen Kurfürsten mit der Oberlausitz erfolgte dann schließlich am 16. August 1638. Der sächsische Kurfürst Johann Georg I. bestätigte 1651 die Untertanenordnung und 1652 die Lehnsordnung der Oberlausitz.

In Bautzen auf der Ortenburg ist an der berühmten Stuckdecke des Audienzsaales in mehreren Bildern dargestellt, wie die Oberlausitz zu Sachsen kam.

DAS SORBISCHE VOLK
IN DER
OBERLAUSITZ

*Sorbische
Volkstrachten*

In Sachsen und im Bundesland Brandenburg gibt es zusammen etwa 65 000 sorbische Bürger. Die Sorben im Spreewald und in der Umgebung von Cottbus werden als Niedersorben bezeichnet. Sie sprechen niedersorbisch. Die Sorben um Bautzen, Weißwasser, Hoyerswerda und Kamenz hingegen sprechen obersorbisch. Auch in ihren Bräuchen gibt es Unterschiede. Am auffälligsten jedoch ist im Spreewald die schöne Tracht der Sorbinnen mit der großen weißen Haube, die in ganz Deutschland einmalig ist. Die Sorben sind das kleinste slawische Volk in Europa. Sie sind mit den Slowaken, den Tschechen und den Slowenen nahe verwandt und natürlich auch mit allen anderen slawischen Völkern. Sorbisch ist die Sprache der Familie und teilweise auch des öffentlichen Lebens.

Früher nannte man die Sorben meistens Wenden. Die Ortsnamen Wendisch Rietz, Wendischbaselitz und Wendischbora erklären sich daraus. Aber auch die Straßennamen in Bautzen Wendische Straße und Wendischer Graben sind so entstanden. In manchen Orten spricht man noch von der wendischen Kirche oder von der wendischen Schule. In alten Büchern steht oft, daß die Leute nur wendisch gesprochen hätten. In der Niederlausitz ist es heute noch üblich, Wenden zu sagen.

Für das Wort Wenden gibt es eine ganz alte Erklärung. Die Römer hatten alle slawischen Stämme, die gemeinsam mit den Germanen gegen sie kämpften, vandalicae genannt. Daraus entstand das Wort Wenden. Es ist erstaunlich, wie lange sich dieses Wort erhalten hat.

Seit wann man aber in der Oberlausitz von Sorben (Serbja) spricht, ist nicht ganz genau bekannt. Am Ende des 11. Jahrhunderts nennt der Bischof Cosmas von Prag in seiner Chronica Boemorum die Lausitz erstmals Serbia.

Aus der langen Geschichte der Oberlausitzer Sorben kann unser Lesebuch nur einen sehr kleinen und bescheidenen Teil wiedergeben.

Katholische und evangelische Sorben
in der Oberlausitz

Der Heilige Benno trägt den Ehrennamen Apostel des sorbischen Volkes.
Er predigte als deutscher Bischof in der Mark Meißen vor 900 Jahren das
Evangelium in sorbischer Sprache und überzeugte die Sorben friedlich.

   Daß die Sorben zwischen Bautzen, Hoyerswerda und Kamenz dem katholischen Glauben treu blieben, ist vor allem ein Verdienst des Bautzner
Domdekans Johann Leisentrit. Ihm ist es auch zu danken, daß katholische
und evangelische Gläubige seit 1548 den Bautzner Dom St. Petri gemeinsam als Simultankirche nutzen können. Die sächsischen Kurfürsten
erlaubten den katholischen Sorben, ihren alten Glauben zu behalten. Dadurch sind heute die Sorben in den Kirchgemeinden Sankt Peter in Baut-

zen, Radibor, Sdier, Wittichenau, Crostwitz, Storcha, Ostro, Nebelschütz und Ralbitz überwiegend Katholiken.

In dieser Gegend sind die zahlreichen Bildsäulen und Kruzifixe ein äußeres Zeichen des Glaubens. Besonders in Zeiten der Pest oder Kriegsnot stellten einzelne Familien oder fromme Stifter Mahnmale zum Gedenken auf. Als Zeichen des Christentums hat man im letzten Jahrhundert bis in die jüngste Zeit hinein an Wegen, in Gärten und an Feldrainen Kreuze aus Holz, Stein oder Metall errichtet. Meist tragen sie sorbische Inschriften und zeigen damit sorbisches Volkstum im Glauben.

Ein geistiges Zentrum für das katholische Leben in der Oberlausitz war immer das Kloster St. Marienstern in Panschwitz-Kuckau. Es ist ein Zisterzienser-Nonnenkloster, das seit 1248 besteht.

Der eigentliche Gründer war der Bischof Bernhard von Meißen, der in der Klosterkirche begraben liegt. Mit einer Urkunde vom März 1268 hatte der Markgraf von Brandenburg als Landesherr das Kloster in den Fürstenstand erhoben.

Die Stiftung selbst erfolgte im Oktober des gleichen Jahres durch den Grafen Bernhard III. von Kamenz, seine Brüder Withego und Bernhard IV. sowie seine Mutter Amabilia und deren Töchter.

Das Kloster war durch Schenkungen und Käufe bald zu großem Landbesitz gelangt, zu dem die Städte Bernstadt und Wittichenau und 49 Dörfer gehörten. Mehr als 20000 Untertanen, die meisten davon Sorben, zählten zum Kloster.

Alle dunklen Zeiten seiner langen Geschichte bis in die jüngste Vergangenheit hat das Kloster unerschütterlich überlebt.
Die heutige Klosteranlage zeigt sich in dem Bild, das die Äbtissin Cordula Sommer in umfangreichen Umbauarbeiten entworfen und verwirklicht hat.

Die Klosterkirche ist ein Bauwerk der Hohen Gotik (1260 bis 1290 errichtet), das nach 1424 renoviert und 1720 mit einem Westgiebel in Barockformen versehen worden ist. Erhalten haben sich gotische Fenster mit Glasbildern von 1370 bis 1380. Noch etwas älter sind die Klausurgebäude und der Kreuzgang. Auch einige Flügelaltäre haben dieses ehrwürdige Alter.

Aus der Barockzeit stammen die wertvollen Kunstwerke, welche das Innere des Klosters schmücken. Von besonderer Pracht ist der 1751 geweihte Hochaltar, eine Arbeit verschiedener Prager Künstler.

Im Klosterhof befinden sich die Mariensäule, die Nepomuksäule, die Dreifaltigkeitssäule sowie der Brunnen mit einem böhmischen Löwen, der das Zisterzienser-Wappen hält.

Der gesamte Klosterbezirk ist ein Ort feierlicher Schönheit. In der Gegenwart erfolgen wiederum vielerlei Bauarbeiten, deren Ziel es ist, das Kloster zu einem Mittelpunkt der Zusammenkunft von Menschen im Lichte des Glaubens zu machen.

Die Sorben und die Reformation

Nach der Reformation waren die Oberlausitzer Sechsstädte sehr schnell zur evangelisch-lutherischen Lehre übergetreten. Nur wenige Landstriche wie um Schirgiswalde und Kirschau, der Eigensche Kreis sowie die Städtchen Ostritz und Wittichenau, die Klostereigentum waren, und die meisten Klosterdörfer waren katholisch geblieben. Nur ein Zehntel der Sorben wurde evangelisch. Etwa zehntausend Sorben, die zum Domstift Sankt Petri in Bautzen oder zum Kloster Sankt Marienstern in Panschwitz-Kuckau gehörten, blieben katholisch. Nach der Reformation begannen sorbische protestantische Geistliche ihre Predigten in der Muttersprache zu halten. Sie schufen eine eigene sorbische religiöse Literatur, indem sie Teile der Bibel, den Katechismus und das Gesangbuch aus dem Deutschen ins Sorbische übersetzten. Dadurch entstand auch die sorbische Schriftsprache. Im Jahre 1597 erschien Luthers Katechismus erstmals in sorbischer Sprache.

Dorfkirche zu Prietitz

Seit 1619 ist die Michaeliskirche in Bautzen die Pfarrkirche der evangelischen Sorben. Der Dreißigjährige Krieg hatte die Arbeit der sorbischen Geistlichen und Lehrer unterbrochen. Der katholische Geistliche H. Swětlik übersetzte 1704 die gesamte Bibel erstmals ins Sorbische, ohne daß sie gleich gedruckt worden wäre.

Die protestantische Bibelübersetzung in Sorbisch gab es gar erst im Jahre 1728. In den späteren Zeiten breitete sich der evangelische Glauben mehr und mehr auf die sorbische Bevölkerung aus.

Die evangelischen Sorben in Sachsen wohnen besonders um Bautzen, Hoyerswerda und Weißwasser. In der sächsischen Landeskirche ist durch ein Kirchengesetz die Wahrung der sorbischen Sprache geregelt.

Es gibt einen sorbischen Superintendenten. Gottesdienste werden in sorbischer Sprache gehalten, und alljährlich findet ein sorbischer Kirchtag statt.

Die Sorben im 19. Jahrhundert

Als nach dem Wiener Kongreß 1815 der nördliche Teil der Oberlausitz an Preußen abgetreten werden mußte, trennte die neue Grenze die Gebiete der Sorben.

Die sächsische Schulpolitik war freier und besser als die preußische. Das sächsische Schulgesetz von 1835 legte fest, daß in den sorbischen Gemeinden der Lese- und Religionsunterricht in sorbischer Sprache zu halten sind. Das führte dazu, daß sich in Sachsen die sorbische Kultur entfalten konnte. Die Menschen besannen sich darauf, daß sie eine eigene, wenn auch kleine Nation sind.

In dieser Zeit gründete Handrij Zejler die sorbische Zeitung Tydźenske Nowiny. 1848 fand das erste sorbische Gesangsfest in Bautzen statt, und 1897–1904 war das Wendische Haus in Bautzen eingerichtet worden.

Im letzten Drittel des 19. Jahrhunderts ging die Zahl der Sorben zurück. Die Sorben waren in erster Linie ein Bauernvolk. Aber als auch auf dem Lande überall Fabriken gebaut wurden, arbeiteten die Bauernsöhne und -töchter dort und viel weniger zu Hause. Sie waren dadurch mehr auf die deutsche Sprache angewiesen. Auch der Unterricht erfolgte häufig in deutscher Sprache, wodurch die Sorben zweisprachig heranwuchsen. In den Dorfgemeinschaften nahm der deutsche Einfluß immer mehr zu. Da Sorben und Deutsche nun auch untereinander heirateten, nahm das Sorbentum ab. Nur die katholischen Gegenden blieben davon zunächst unberührt.

Die Sorben im 20. Jahrhundert

Im Jahre 1912 trat in Hoyerswerda die Domowina, der Bund der Lausitzer Sorben, als Dachverband sorbischer Vereine zusammen. Zur Zeit der Weimarer Republik (1918–1933) waren die Sorben nicht einheitlich vertreten. Die Nationalsozialisten wollten die Sorben eindeutschen und ihre Sprache und Bräuche abschaffen. Viele Sorben, unter ihnen Pawoł Nedo, widersetzten sich jedoch den Nazis und ließen nicht zu, daß die nationalsozialistische Herrschaft die Sorben als wendisch sprechende Deutsche ausgab. Trotzdem verboten die Machthaber im Jahre 1937 die Domowina, und die sorbischen Zeitungen durften nicht mehr gedruckt werden. Alle sorbischen Bräuche, auch die Sprache, galten als staatsfeindlich. Sorbische Lehrer und Priester mußten die Heimat verlassen.

Das Ende des 2. Weltkrieges empfanden die Menschen deshalb als Befreiung, und es begann eine neue Zeit für die Sorben.

In den Jahren der DDR wurden verschiedene sorbische Einrichtungen geschaffen wie das Institut für sorbische Volksforschung, das Staatliche Ensemble für sorbische Volkskultur, das Haus für sorbische Volkskunst, der Domowina-Verlag und andere. Die Förderung der Sorben hatte jedoch

auch ihren Preis. Die Sorben durften ohne staatliche Genehmigung kaum noch etwas Eigenes machen.

Im Einigungsvertrag zwischen der DDR und der Bundesrepublik Deutschland wurde vom Staat festgelegt, daß die sorbische Kultur unterstützt und gefördert wird. Auf dieser Grundlage arbeitet seit Oktober 1991 die Stiftung für das sorbische Volk. Der Bund sowie die Länder Sachsen und Brandenburg unterstützen die Sorben mit erheblichen Geldmitteln.

Zu den bedeutenden sorbischen Einrichtungen in der Oberlausitz gehören die Domowina e.V. mit zahlreichen Einzelvereinen, das Sorbische National-Ensemble, das Haus für sorbische Volkskultur, das Deutsch-Sorbische Volkstheater Bautzen, der Domowina-Verlag GmbH, das Sorbische Museum Bautzen, der Sorbische Künstlerbund e.V., das Sorabia Filmstudio, das Sorbische Studio Bautzen des Mitteldeutschen Rundfunks, das Sorbische Institut e.V., das Sorbische Bildungsentwicklungszentrum Bautzen, die Sorbische Fachschule für Sozialpädagogik, die Sprachschule Milkel, das Sorbische Gymnasium Bautzen sowie die sorbischen Grund- und Mittelschulen.

Sorbische
Hochzeit

Die Trachten der Sorben

Um die Mitte des 19. Jahrhunderts trug die gesamte ländliche sorbische Bevölkerung in den beiden Lausitzen ihre Volkstracht. In manchen Orten der Oberlausitz begegnet man noch heute älteren Frauen, die täglich ihre sorbische Tracht tragen. An besonderen Festtagen zeigen auch die Mädchen und jungen Frauen die schönen Trachten. Zu Fronleichnam, Firmung und Kommunion oder bei den Marienwallfahrten nach Rosenthal sind die sorbischen Mädchen, die «družki» in ihrer wunderschönen Festtracht zu sehen. Ein überaus reizvolles Bild bietet ein sorbischer Hochzeitszug, vom «Hochzeitsbitter» angeführt, dem Auge. Bereits das Ankleiden ist eine sehr feierliche Angelegenheit, denn dabei werden die alten überlieferten Bräuche besonders streng beachtet, und so kann es Stunden dauern bis alles gerichtet ist.

Neben der gut bekannten Spreewaldtracht der Niederlausitzer Sorben gibt es in der Oberlausitz die Trachten des Kirchspiels Schleife bei Weißwasser, die Hoyerswerdaer Tracht und die der katholischen Sorben um Kamenz und Wittichenau.

Die Trachten gehören zum lebendigen Volkstum, das die Menschen mit Stolz auf ihre Herkunft erfüllt.

SCHLIMME ZEITEN FÜR DIE OBERLAUSITZ

Unsere Oberlausitz hat in ihrer langen Geschichte schlimme Zeiten durchmachen müssen. Nicht nur furchtbare Kriege waren über das Land gekommen, auch verheerende Seuchen, wütende Stadtbrände und bedrohliche Hochwasser ängstigten und bedrückten die Menschen, und viele verloren dabei ihr Leben.

Die Leute waren den bösen Gewalten fast schutzlos ausgesetzt. Hart und erbarmungslos traf es die schlichten Dorfbewohner und die Armen und Geringen in den Städten. Rettungs- und Notdienste, wie wir sie heute haben, kannte man in alten Zeiten nicht, auch gab es keine Versicherungen.

Not und Elend lagen nur allzuoft wie ein dunkler Schleier über dem Land. So mag es also verständlich sein, daß die bitteren Erinnerungen lange fortlebten und in dem Empfinden der Menschen auch nach Jahrhunderten noch nicht völlig erloschen sind.

Als die Hussiten in die Oberlausitz einfielen

Der böhmische Reformator Jan Hus war 1415 in Konstanz als «Ketzer» auf dem Scheiterhaufen verbrannt worden, obwohl ihm der Kaiser freies Geleit zum Konzil zugesichert hatte. Jan Hus war Rektor der Prager Universität und zugleich Prediger gegen die ungerechte katholische Kirche, gegen den herrschsüchtigen Adel und gegen das habgierige reiche Bürgertum gewesen.

Seine schwer enttäuschten Anhänger, die Hussiten, griffen in Böhmen zu den Waffen und wollten nunmehr die Lehren Jan Hus' mit Gewalt durchsetzen. Es begannen die Hussitenkriege. Die Oberlausitzer Städte hielten zum König und erklärten die Hussiten zu ihren Feinden. So war es verständlich, daß sie deren Zorn auf sich luden. Zwischen 1421 und 1434 zogen wiederholt die hussitischen Heere unter ihren Anführern Žižka und Prokop durch die Oberlausitz, und schreckliche Dinge trugen sich damals zu.

Die in den Museen ausgestellten hussitischen Waffen lassen die grausamen Kämpfe erahnen. Dreschflegel mit eisernen Stacheln bespickt, Sensen als Spieße und klobige Keulen mit stachelbewehrten Eisenkugeln sind dort zu sehen.

1425 erlebten die Kamenzer und Bautzner ein besonders schlimmes Kriegsjahr. Viele Kamenzer, die vor den Hussiten nach Dresden geflohen waren, kehrten in eine völlig niedergebrannte Stadt heim. Die Hussiten hatten die Zurückgebliebenen getötet und die Häuser geplündert. Auch das Kloster St. Marienstern hatten sie im Jahre 1429 zerstört.

Aber auch die Oberlausitzer Städte verfuhren mit den Hussiten grausam und erbarmungslos. Die Görlitzer steckten sogar einen Unterhändler der Hussiten in einen Sack, packten große Steine dazu und warfen ihn in die Neiße, wo sie am tiefsten war.

4000 Hussiten umzingelten später das stark befestigte Bautzen. Selbst die Frauen verteidigten die Stadtmauern mit. Drei Tage lang griffen die Hussiten von drei Seiten aus gleichzeitig an. Vergebens! Da bestachen sie den Stadtschreiber Petr z Prisec (Peter von Preuschwitz). Er sollte die Pulvervorräte mit Wasser begießen, die Stadt anzünden und die Stadttore öffnen. Aber der Verräter kam nicht dazu. Er wurde dabei ertappt, als er einen Pfeil mit einer Nachricht an die Feinde abschießen wollte. Zur Strafe wurde er geviertelt, sein Körper mit Ketten an Armen und Beinen von acht Pferden zerrissen.

Heute noch kann man den in Stein gemeißelten Kopf des Stadtschreibers am Nikolaiturm sehen. Als im Kampf schließlich der hussitische Heerführer fiel, zog das führerlose Heer ab. Es plünderte und zerstörte die schutzlosen Vorstädte und Dörfer. In Löbau jedoch hatten die Hussiten zahlreiche Verbündete, die ihnen die Stadttore öffneten, und von hier aus beunruhigten sie die ganze Oberlausitz.

*Hussiten stürmen
mit Kampfturm und
Wurfmaschine –
Diorama
im Museum von
Bautzen*

Die Hussiten waren bis Frankfurt an der Oder vorgedrungen, wobei sie das Kloster Neuzelle in der Niederlausitz niedergebrannt und den Abt ermordet hatten. Es war ihre Rache, weil der Abt in Konstanz gegen Jan Hus aufgetreten war.

Da sich die Hussiten später uneins waren, unterlagen sie in der Schlacht von Lipany im Bruderkampf, und 1437 war ihre große Sache endgültig verloren. Doch ihre Ideen lebten im tschechischen Volk weiter, und auch in Deutschland trugen sie zur Reformation von 1517 bei.

Aus dem Dreißigjährigen Krieg
(1618–1648)

Der Dreißigjährige Krieg wütete von 1618 bis 1648 zwischen Deutschland, Österreich, Frankreich, Dänemark, Schweden. Wie eine Flut aus Tod und Verderben wogten die feindlichen Heere über das Land. Unsere Oberlausitz hatte schwer zu leiden, da die Armeen immer wieder durchzogen. Kaum eine Stadt blieb verschont, manche wurde sogar mehrfach erobert und geplündert. Überall gab es Schreckliches, das bis heute nicht vergessen ist.

Als 1632 in der Schlacht bei Lützen der Schwedenkönig Gustav Adolf gefallen war, lösten sich Ordnung und Disziplin der Truppen bald auf, und
Reiter und Fußvolk zogen als Banden übers Land und raubten die Ortschaften aus. Der Ruf: «Die Schweden kommen!» versetzte die Leute in
Angst und Schrecken. Sie flohen mit ihrem Vieh in die Wälder, während
die Landsknechte die Dörfer niederbrannten. Solche Namen wie Schwe-
denschanze, Schwedenstein, Schwedensteig oder Schwedenlöcher erinnern
daran. Hatten die Schweden einen gefangengenommen, warfen sie ihn
nieder und schütteten ihm Jauche in den Mund, damit er verraten sollte, wo
sein Hab und Gut versteckt war. Diese Folter hieß der «Schwedentrunk».

Viele Orte hatten vorsorglich die Wege versperrt und unkenntlich gemacht und alle Spuren verwischt, damit sie fremdes Raubgesindel nicht
finden sollte. Die Glocken und das wertvolle Kirchengerät wie Leuchter,
Kelche und Kreuze waren vergraben oder in Sümpfen und Seen versenkt

worden. Da kam es dann vor, daß erst viele Jahrzehnte später durch Zufall eine Glocke wiedergefunden wurde, denn niemand von denen, die sie versteckt hatten, lebte mehr.

Auch aus dem kaiserlichen Heer waren solche Plünderer und Brandschatzer unterwegs, die überall die Menschen quälten und umbrachten. Hier waren es besonders die Kroaten, die sich einen üblen Ruf erworben hatten.

Oft schlugen die Bauern einen Fremden kurzerhand tot, der sich ihrem Dorf näherte, wußten sie doch nicht, ob er vielleicht ein Späher war, dem das Raubgesindel folgen würde.

Die Oberlausitz hatte die Hälfte ihrer Einwohner verloren, und das halbe sorbische Volk war ums Leben gebracht worden. Die Städte lagen in Schutt und Asche, und viele Dörfer hatten überhaupt keine Bewohner mehr, sie waren wüst.

Als im Jahre 1648 endlich Frieden geschlossen war, läuteten die Glocken, und die Leute riefen: «Es ist Frieden, es ist Frieden» und weinten vor Freude. Da aber die Kinder nicht wußten, was Frieden ist, hatten sie Angst und wollten sich verstecken. Sie glaubten, der Frieden sei auch etwas Schreckliches, denn sie hatten in ihrem Leben doch noch nichts anderes kennengelernt als Krieg. So erzählt es eine alte Geschichte.

Pestjahre – Angstjahre

Die Pest ist eine ansteckende Krankheit, die im Mittelalter als Seuche die Menschen heimsuchte und ganze Landstriche entvölkerte. Sie war 1349 das erste Mal in Mitteleuropa aufgetreten, und allein in Deutschland waren über drei Millionen Tote zu beklagen.

Die Pest wird von Bakterien ausgelöst und vor allem von Rattenflöhen übertragen. Durch die Enge der Stadt, in der Menschen und Tiere dicht zusammenlebten, durch Unrat und frei fließendes Abwasser, aber auch durch die offenen Brunnen für das Trinkwasser konnte sie sich schnell ausbreiten.

Da die schlimme Krankheit bereits nach drei Tagen zum Tode führt, hatten die Leute eine große Angst. Sie konnten sich die Ursache nicht erklären, und im Aberglauben dachten sie, Gott schösse in seinem Zorn giftige Pestpfeile gegen die Menschen. Den Armen schien das einen großen Umsturz zu verheißen, und sie wollten daran mitwirken. So ergab es sich, daß die Pestzeiten die Reformation mit beförderten.

Als die Pest in Zittau und Görlitz wütete, flohen die Ratsherren und reichen Kaufleute auf ihre Landgüter und ließen die anderen hilflos und verängstigt zurück. Nur wenige Pestpfarrer opferten sich auf und spendeten den Leuten Trost.

Im Jahre 1463 waren in der Oberlausitz so viel Menschen gestorben, daß die Überlebenden nicht einmal die gesamte Ernte einbringen konnten.

Allein in Zittau starben 1475 dreitausend Einwohner. Im Gymnasium fiel der Unterricht aus, weil viele Schüler und Lehrer plötzlich gestorben waren.

In Bischofswerda gab es auf dem Friedhof keinen Platz mehr, so mußten die Toten in den Hausgärten begraben werden.

In Bautzen brachte man die Toten in verlassene Steinbrüche vor der Stadt, etwa dort, wo heute die Taucherkirche steht. Furchtlose dickvermummte Helfer zogen die Pestkarren mit den vielen Opfern fort zu großen Gruben, deren Platz später oft in Vergessenheit geriet.

Die Pest kehrte immer wieder. Im Jahre 1679 starben in Kamenz über eintausend Leute. Die Zittauer hatten ihre Pestkranken sofort vor die Stadt in Pesthütten geschafft, und dadurch waren nur 25 Tote zu beklagen.

In den Städten gab es zahlreiche Häuser, deren Bewohner alle gestorben waren, und keiner wollte sie mehr betreten. Ihre Türen waren zugenagelt und schwarze Kreuze angemalt.

Da sich niemand in die Städte wagte, gingen dort bald die Lebensmittel zu Ende. Händler und Bauern legten ihre Waren weit vor den Stadttoren ab und bekamen ihr Geld dafür mit langen Stangen zugeschoben.

In den Dörfern standen manche Bauerngüter leer, denn es lebte niemand mehr. Das Vieh war umgekommen, da keiner mehr gefüttert hatte. Aus Angst vor der Pest brannte man solche Häuser sogar nieder.

Als 1703 die Pest im benachbarten Böhmen wütete, riegelte die Oberlausitz ihre Grenzen dreifach ab. In den Grenzdörfern des Zittauer Gebirges mußten die Einwohner Pestwachen leisten. Die Stadt hatte Pestreiter eingesetzt. Bei Taubenheim war eine Wachhütte errichtet worden, dazu ein Galgen für Leute, die aus Böhmen kamen und sich nicht ausweisen konnten. Heute noch gibt es dort die Flurnamen Galgenberg und Wachhütte. Später, als die Pest in Böhmen erloschen war, dafür aber in der Oberlausitz erneut auftrat, durften die Zittauer Leinwandhändler nicht mehr nach Prag reisen.

Auf dem Marktplatz im grenznahen Rumburk erinnert eine Pestsäule an die fürchterlichen Pestzeiten.

Aus dem Siebenjährigen Krieg (1756–1763)

Preußen hatte in zwei Kriegen Schlesien erobert und marschierte im Krieg gegen Österreich 1756 ohne Kriegserklärung in Sachsen ein. Damit begann der Siebenjährige Krieg. Der Preußenkönig Friedrich II. wollte das wirtschaftlich starke Sachsen für sich wirtschaftlich ausbeuten. Da die Österreicher mit Sachsen verbündet waren, wurde die Oberlausitz von den Kämpfen besonders hart betroffen.

Als die Preußen in Böhmen gegen die Österreicher kämpften, lagerten sie für ihr Heer in den Oberlausitzer Städten große Vorräte ein. In Zittau allein waren es 7000 Wagenladungen Mehl und Hafer. Nach einer verlorenen Schlacht mußten sie fluchtartig Böhmen verlassen. Dabei versuchten sie, ihre Vorräte in Zittau zu retten. Doch die Österreicher besetzten die Höhen um Zittau, so daß sich die Preußen aus der Stadt zurückziehen mußten, wenn sie nicht wie in einer Mausefalle gefangen werden wollten. Achthundert Soldaten unter Oberst Diericke blieben als Besatzung in der Stadt. Die Preußen konnten gerade noch die Kanonen und sechshundert Brotwagen für ihre ausgehungerte Armee aus der Stadt hinausschaffen. Als aber der Stadtkommandant die kampflose Übergabe an die Österreicher verweigerte, wurde sie eine Stunde lang beschossen. Die Zittauer ängstigten sich furchtbar. Am Morgen des 23. Juli 1757 erschien am Webertor noch einmal ein österreichischer Oberst, begleitet von einem Trompeter. Er wurde mit verbundenen Augen zu Oberst Diericke geführt. Der Kommandant lehnte die Übergabe abermals ab. Um zehn Uhr begannen die Belagerer mit 32 Geschützen und zehn Haubitzen die Stadt zu beschießen. Die Bürger hatten bis jetzt in den Österreichern ihre Befreier gesehen und erschraken sehr. Bereits nach 15 Minuten brannte es an neun Stellen. Bald war die Stadt ein einziges Flammenmeer. Unaufhörlich schlugen die Granaten ein. Dachziegel flogen herunter, Mauern stürzten zusammen, und Gebälk brach brennend auseinander. Glühende Kugeln entfachten immer neue Brände. Auch brennende Pechkränze wurden über die Mauern geschleudert. 70 Menschen erstickten in den Kellern. Viele Wagen versperrten die Straßen. Scheuende Pferde verschlimmerten das Durcheinander noch. Von Qualm und Hitze getrieben, drängten sich viele Leute am Webertor zusammen.

Die Österreicher schossen immer mehr auf die Marktgegend. Sie glaubten, daß die Feuerfahne auf dem Turm der Johanniskirche ein Zeichen des Widerstandes sei. So wurden auch das Rathaus und die Johanniskirche schwer getroffen. Gegen elf Uhr öffnete man das Webertor, aber erst um 17 Uhr ergab sich endlich die brennende Stadt. Während die Preußen aus dem Webertor flohen, wateten tausend stürmende Österreicher am Frauentor und am Böhmischen Tor bis zu den Knöcheln in Mehl. Nur 270 verwundete Preußen waren gefangengenommen worden. Nicht einmal die Kanonen konnten die Österreicher erbeuten.

Wie sah es nun in der Stadt aus? 4000 Geschosse hatten drei Viertel der Stadt in Schutt und Asche gelegt. Es gab 90 Tote und hunderte Verletzte, von denen viele später noch starben. Zahlreiche Familien waren ohne Hab und Gut. Die Warenlager waren verbrannt. Die rauchenden Ruinen kündigten für die Zittauer eine Zeit des Elends und der Armut an. Selbst heute noch gibt es in der Stadt Zittau Lücken in den Häuserfronten, die aus dem Schreckensjahr 1757 stammen. Um die Stadt wieder aufbauen zu können, gingen aus ganz Deutschland Spenden ein. Gut war es, daß Zittau viel Bauholz in seinen eigenen Wäldern schlagen konnte.

Schlimm erging es auch den Bewohnern um Bautzen und Löbau nach der Schlacht bei Hochkirch, wo 1758 der österreichische Feldmarschall Daun den Preußen die schwerste Niederlage des gesamten Krieges beibrachte. Ein Augenzeuge berichtete: «Not und Kummer sind bei uns. Kein Stroh in den Scheunen, kein Holz im Hof, kein Geld im Beutel, wenig zu nagen, wenig zu beißen. Kein Topf, keine Schüssel, kein Löffel im Haus, die Leinwand für Zelte verbraucht.»

Von Hungersnöten und Teuerungen

Ins Wilthener Kirchenbuch wurde 1617 eingetragen: «Das Volk im Gebirge zu Sohland, Wehrsdorf und anderswo hat Birkenlaub und Buchlaub roh und gekocht gegessen, die Rinden von den Birken geschält und gegessen und sind hernach sehr viel gestorben und vor Hunger verschmachtet!» Die Ursache für diese Hungersnot war die große Dürre von 1616. Das Korn war jahrhundertelang das Hauptnahrungsmittel. Fiel die Ernte durch nasses oder auch zu trockenes Wetter schlecht aus, war das Korn sehr teuer.

Der Brotstein am Hungerborn im Zittauer Gebirge

1720 holte man nach einer Mißernte böhmisches Getreide mit Schubkarren über die Grenze. Diese Fuhren wurden nachts gemacht, weil in Böhmen die Getreideausfuhr verboten war. Trotzdem verhungerten in der Gegend von Zittau manche Hausweber und andere arme Leute. Da die Flachsernte ebenfalls mißraten war, konnten die Leineweber nicht arbeiten. Dadurch hatten sie kein Geld, um Getreide kaufen zu können. Das Korn aber wurde von gewissenlosen Menschen fuderweise in die nördliche Oberlausitz zu Wucherpreisen verkauft.

Auch 1771 und 1772 starben die Menschen massenhaft. Weil die Särge für die vielen Verhungerten nicht ausreichten, beerdigte man sie sogar in alten Schränken.

Die Hungerjahre hatten den Menschen gezeigt, wie wertvoll die Kartoffeln waren, die man bisher nur in kleinen Beeten angepflanzt hatte. Die aus Amerika stammende Kartoffel hatte die armen Leute vor dem Hungertod bewahrt, und neuerliche Mißernten beim Korn wirkten sich nicht mehr so arg aus.

An solche schlimme Hungerzeiten erinnern im Zittauer Gebirge der Brotstein am Hungerborn und in Cossern bei Gaußig der Hungerstein.

Stadtbrände

In fast allen Stadtchroniken der Oberlausitz wird von großen Stadtbränden berichtet, die unsagbares Leid brachten. Die vielen Schindeldächer, die verschalten Giebel und die hölzernen Dachstühle und Decken brannten leicht, und bei windigem Wetter breitete sich das Feuer rasch aus. So konnte auch das kleinste Feuer zu einem verheerenden Großbrand werden. Die Löschgeräte waren umständlich und meist völlig ungenügend vorhanden. In Feuerlöschordnungen war zwar genau festgelegt, was jeder Bürger bei Feuer zu tun hatte, aber es konnte nicht verhindert werden, daß zuweilen mehrere Hundert Häuser niederbrannten.

Die Abgebrannten waren oft auf das Mitleid ihrer Mitbürger angewiesen. Sie erhielten vom Stadtrat Branntbriefe, die es ihnen erlaubten, milde Gaben einzusammeln, denn Betteln war streng verboten. Oft erhielten sie auch das Material, um ein neues Hauses bauen zu können.

Einer der größten Stadtbrände ereignete sich in Zittau zu Pfingsten des Jahres 1608. Nachdem das Feuer auf der Neustadt ausgebrochen war, gingen drei Viertel der Stadt in Flammen auf. Das Straßenpflaster war glühend heiß geworden. Als man Sturm läuten wollte, riß der brennende Glockenstrang. Zu allem Unglück waren die Löschgeräte nicht in Ordnung, und die Wasservorräte reichten auch nicht aus. Sogar die hölzernen Brunnenhäuser verbrannten. Herabstürzende Balken erschlugen mehrere Menschen. Der Rathausturm stürzte nieder und zerstörte die Ratsstube.

Ungefähr 500 Gebäude sanken in Schutt und Asche.

Um die Stadt wieder aufbauen zu können, ließ der Stadtrat 22000 Baumstämme in den Zittauer Wäldern fällen und verteilte sie als Bauholz an die geschädigten Einwohner. Bis zum Winter hatten 400 Maurer und Zimmerleute 365 Häuser wieder unter Dach gebracht.

Sechzehn Jahre später gestanden gefangene Räuber unter der Folter, daß sie im Auftrage des Ritters von Schwanitz den Brand gelegt hatten. Dieser Ritter hatte einst in einem Zittauer Lokal kein Bier auf Borg erhalten, worauf er aus Rache die Stadt anzünden ließ.

Durch Bischofswerda zogen 1813 die Überreste des einst so stolzen französischen Heeres. Sie folgten ihrem Kaiser Napoleon auf der Flucht vor den russischen Kosaken. Kranke und Verwundete wurden in der Stadt gepflegt.

Ein aus Rußland eingeschlepptes Fieber raffte viele Einwohner dahin. Nun zogen die russischen Verfolger mit 70 Generälen, 700 Offizieren und 4000 Soldaten in die Stadt ein. Inzwischen besetzte aber ein frischer Heeresteil der Franzosen mit seinen Kanonen die umliegenden Hügel. Die Einwohner lebten in Angst und Schrecken und viele flohen, da auch die Lebensmittel ausgegangen waren. Am 12. Mai wurde die Stadt mit Kanonen beschossen. Als es um das Bautzner Tor bereits brannte, zogen die Russen ab, und die Franzosen rückten in die menschenleere Stadt ein. Mit brennenden Spänen liefen sie umher und brachen Häuser, Keller, Böden und Gewölbe auf, um Lebensmittel und Decken zu suchen. Da passierte das Unglück. Es brannte auf der Töpfergasse. Das Feuer breitete sich in der Nacht bald zu einem schrecklichen Großbrand aus. Nur der alte Stadtturm und vier Häuser blieben verschont. Ebensolche Feuersbrünste erlebten Görlitz 1525, 1691, 1717 und 1726, Bautzen 1620, 1634, 1709 und 1720. Nach den verheerenden Stadtbränden mußte oftmals über mehrere Jahrzehnte alles neu aufgebaut werden, wodurch die Städte ihr Aussehen meist völlig veränderten.

Hochwasser in der Oberlausitz

In unserer Oberlausitz gibt es weite Ackerfluren mit dichten Lößlehmböden, die nur wenig Wasser versickern lassen. Im hügeligen und bergigen Gelände fließt das Wasser bei Starkregen mit hoher Geschwindigkeit ab.

Die Chronisten berichten von Hochwasserfluten: «Eine der fürchterlichsten Überschwemmungen fand am 17. August 1595 statt, wo vor Tagesanbruch ein Wolkenbruch gefallen war, der noch vor Sonnenaufgang fürchterlichen Schaden angerichtet hatte. Sogar ein Stück von der großen Zittauer Stadtmauer legte die Flut darnieder. In der Stadt, in Eibau, Oderwitz und Hainewalde ertranken mehrere. Leichen wurden angeschwemmt, unbekleidete Menschen hatten sich auf Bäumen erhalten, ein Mädchen auf einer Pappelweide zwei Tage lang. 31 Tote waren zu beklagen, darunter ein Mädchen, das man im Bett vergessen hatte.»

Das schlimmste Hochwasser gab es 1880. Nach heftigen Wolkenbrüchen schwollen die Bäche zu reißenden Flüssen an. Auf einem Denkstein in Niederoderwitz werden elf Tote beklagt. Das Wasser riß viele Häuser mit sich und beschädigte hunderte stark.

1887 forderte die reißende Spree 15 Todesopfer. In Bautzen an der Heilig-Geist-Brücke sind die Hochwassermarken heute noch vorhanden, und ein kurzer Text gibt an, was geschehen war.

Auch im Kloster St. Marienthal sind solche Marken an einer Hauswand zu sehen. Sie geben die Wasserhöhe der Neiße von 1897 an, bei der das Kloster stark beschädigt worden war. Die Neiße überflutete wiederholt die Neiße-Vorstadt von Görlitz und riß die Brücken weg. Die Pließnitz verursachte ebenfalls große Hochwasserschäden. Nicht weit von Bernstadt, an der Gaststätte «Lindl», gibt es auch Hochwassermarken.

Das kleine Flüßchen Lausur bei Großschönau hatte früher oft Hochwasser, so daß die Wiesen nach Herrenwalde zu einen großen See bildeten.

Aber auch das Klosterwasser, das Schwarzwasser und all die anderen Oberlausitzer Flüsse führten oft gefährliche Hochwasser, die viel Schaden anrichteten. Deshalb wurden später die Flüsse teilweise begradigt, Brücken erweitert, Hochflutbecken angelegt und die Dämme erhöht.

Räuberbanden und ihr Unwesen

Wenn wir vor dem Karasek-Turm der Bautzner Ortenburg stehen, die Karasek-Höhle bei Spitzkunnersdorf aufsuchen oder in der Oberoderwitzer Spitzbergbaude auf einem Wandbild Räuberhauptmann Karasek erkennen, wird stets unsere Neugierde für seine Taten geweckt.

Um 1800 suchten Räuberbanden die ländlichen Gegenden Schlesiens, der Oberlausitz, Nordböhmens und der oberen Elbe heim. Während die Bande des «Böhmischen Wenzel» ihren Schlupfwinkel in Schirgiswalde hatte, kam die Bande des Johannes Karasek vom grenznahen Neu-Leutersdorf. Die Diebe unternahmen mit geschwärzten Gesichtern ihre Raubzüge zwischen Sebnitz, Stolpen, Bautzen, Löbau, Zittau und den angrenzenden böhmischen Orten. Einer der Sammelpunkte der Karasekbande war die Greibich-Schenke im Böhmischen Dörfel. Dieser Teil des heutigen Leutersdorf gehörte damals noch zu Böhmen. Die Tochter des Wirtes, Magdalene Greibich, war Karaseks Frau. Alle Bandenmitglieder wohnten in den Dörfern um Ebersbach und Seifhennersdorf. Die nahe Grenze zwischen Sachsen und Böhmen ermöglichte den Räubern, rasch ins andere Land zu entwischen.

Die Banden überfielen meist die Dorfreichen wie die Leinenhändler, Müller, Guts- und Ladenbesitzer, denn bei den Armen war sowieso kaum etwas zu holen. Da die Reichen oft als Geldscheffler und Geizhälse galten, sahen manche die Einbrüche in deren Häuser sogar mit Schadenfreude, und sie waren mehr für Karasek und den Böhmischen Wenzel. Bis heute ist das noch nicht vergangen.

Karasek verpraßte und verlebte das geraubte Geld wie alle anderen Räuber und ließ das gestohlene Gut durch Hehler auf deutschen und böhmischen Märkten vertreiben. Deshalb vielleicht spielte Karasek auf dem Neugersdorfer Jacobi-Markt den Aufpasser und gab acht, daß niemand bei den Händlern etwas stahl. Richtige Arbeit war ihm und auch den anderen Räubern fremd.

Karaseks Bande verübte ihren letzten Einbruch in der Nacht vom 31. Juli zum 1. August 1800 in Leutersdorf. Dort fesselten die Räuber den reichen Grundbesitzer Glathe und raubten ihm viel Geld in Silber und Gold. Als alle Lederbeutel gefüllt waren, verpackten sie das restliche Geld eilig in Tücher. Dabei geschah es, daß Münzen auf dem nächtlichen Heimweg verlorengingen. Am Morgen fand man den gefesselten Glathe. Eine Abteilung Dragoner durchsuchte den Grenzwald, fand die verlorenen Dukaten und so die Spur zu der Räuberbande. Die Räuber wurden nach Bautzen gebracht. Karasek selbst floh nach Seifhennersdorf, konnte aber durch Verrat auch verhaftet werden. Noch in der Nacht offenbarte er nach unbarmherzigen Schlägen sein Geldversteck in einer Höhle im böhmischen Grenzwald. Zwanzig Golddukaten und 900 Silbertaler fand man dort. Im Gefängnis auf der Ortenburg war Karasek drei Jahre lang zu keinem Geständnis zu bringen. Sein Fluchtversuch wurde zwar vereitelt, doch zwei Bandenmitglieder entkamen.

Die Räuber wurden zum Tode durch den Strang verurteilt, aber auf ihr Gnadengesuch hin wandelte der sächsische Kurfürst die Todesstrafe in lebenslängliche Haft um. Karasek kam in den Dresdner Festungsbau. Obwohl er angeschmiedet war, unternahm er zwei Fluchtversuche. Beide scheiterten und verschlimmerten seine Lage noch. Er erduldete seine Haft vier weitere Jahre, bis er 1809 starb.

Um Bernstadt und Herrnhut mit den Orten Rennersdorf und Großhennersdorf betrieb die Bande des «Schwarzen Scholig» ihre finsteren Geschäfte.

Die Bande traf sich nur gelegentlich zu ihren Raubzügen, ansonsten gingen die meisten Bandenmitglieder einem Berufe nach.

Das schreckliche Ende des
2. Weltkrieges 1945

Am 1. September 1939 hatte Deutschland den 2. Weltkrieg begonnen und mit Tod und Verderben den größten Teil Europas überzogen. An die 50 Millionen Menschen waren ums Leben gekommen. Fast sechs Jahre hatte der Krieg gedauert, bis er im Mai 1945 zu seinen Quellen zurückkehrte und unsere Oberlausitz noch erfaßte. Die Heimat mußte leiden und Schreckliches erdulden.

Am 17. April erklärte das deutsche Oberkommando der Wehrmacht Bautzen zur Festung. Die Stadt durfte also nicht kampflos übergeben werden. Am gleichen Tage sprengten deutsche Verbände die große Autobahnbrücke bei Öhna. Damit lenkten sie den Vormarsch der sowjetischen Truppen auf Bautzen. Auf Befehl des deutschen Kommandanten mußte die gesamte Bevölkerung die Stadt verlassen, und am 20. April wurden sämtliche Bautzener Brücken gesprengt. Im Ostteil Bautzens gab es schwere Häuserkämpfe, doch schon in der Nacht war die Innenstadt von der Sowjetarmee gänzlich eingeschlossen. In den äußeren Stadtteilen wüteten Brände. Am 21. April umzingelten die sowjetischen Truppen die Ortenburg. Die kriegsmüden deutschen Soldaten wurden von ihren Offizieren gezwungen, die Stellung zu halten. Am 24. April eroberte eine deutsche Panzereinheit die Stadt zurück. Doch nach wenigen Tagen vertrieben sowjetische Truppen erneut die deutsche Wehrmacht. Die Stadt bot ein furchtbares Bild. Viele hundert tote Soldaten, aber auch Frauen, die in der Stadt geblieben waren, lagen auf den Straßen und Plätzen. Tausende Wohnungen und 17 Brücken waren zerstört oder beschädigt.

Nicht nur Bautzen war schwer getroffen worden. In vielen Oberlausitzer Orten sah es schlimm aus. In Bad Muskau waren der schöne große Park verwüstet und die Stadt arg zerschossen sowie beide Schlösser abgebrannt. Auch Hoyerswerda war übel dran, Jahrzehnte blieb die alte Stadtkirche als Ruine stehen. In Neschwitz fehlt noch heute die geschwungene Haube des Kirchturms, und das alte Schloß war völlig niedergebrannt. Es mußte später abgerissen werden. In der Umgebung von Crostwitz auf das Kloster Sankt Marienstern zu, die uns heute so friedlich erscheint, hatten schwere Kämpfe getobt, die besonders viele Menschenleben forderten. Deswegen steht dort auf einer kleinen Anhöhe ein Mahnmal.

Nicht weit vom bekannten Knappensee bei dem Dorfe Koblenz befindet sich ein großer Stein, der an deutsche Soldaten erinnert, die hier in den letzten Kriegstagen erschossen wurden, weil sie nicht weiterkämpfen wollten. Fast überall in der Oberlausitz gibt es solche Gedenksteine und vielerorts Soldatenfriedhöfe. So waren in den letzten Kriegstagen überall Menschenleben und ungeheuer große Sachschäden zu beklagen.

Mit dem Kriegsende hatten die Kämpfe an den Fronten aufgehört, die schlimmen Zeiten aber nicht. Erst allmählich kehrten die Menschen von der Flucht heim, und fanden vieles verdorben und vernichtet. Es gab kaum etwas zu essen und nichts zu kaufen. Dazu kamen die vielen Heimatvertriebenen. Die Deutschen, die östlich der Neiße gewohnt hatten, mußten im Sommer 1945 ihre Heimat verlassen. Oft gönnte man ihnen kaum eine halbe Stunde Zeit, einige Habseligkeiten zusammenzuraffen, um dann zu Fuß nach Westen über die Neiße zu laufen. Viele besaßen gerade noch das, was sie auf dem Leibe trugen. Sie fanden in der Oberlausitz notdürftig Unterkunft oder zogen weiter in andere Gebiete Sachsens. Allein in dem östlichen Teil der Amtshauptmannschaft Zittau, der jenseits der Neiße lag, verloren die Menschen von 23 Orten ihre Heimat und irrten nun besitz- und hoffnungslos durchs Land.

In zahlreichen Familien wußte man nicht, ob der Vater oder die anderen Angehörigen noch lebten. Die schwere Zeit dauerte mehrere Jahre, und die Menschen, die sie überlebt haben, werden sie nie vergessen können. Doch Frieden gab es noch lange nicht, denn abermals wurden unschuldige Menschen von neuen Gewalttätern verhaftet, eingekerkert, gedemütigt und sogar ermordet. Solche Namen wie «Bautzen II» und «Gelbes Elend» waren neue Schreckenszeichen. Tausende werden bis zum heutigen Tag vermißt. Ihr Schicksal rührt uns alle.

Wir hoffen, daß unsere Oberlausitz für immer von solchen schrecklichen Übeln verschont bleibt.

BEDEUTENDE OBERLAUSITZER

Schon in alten Zeiten, als die Oberlausitz noch die «Sechslande» genannt wurde, förderten die Städte Kunst, Wissenschaft, Religion und Schulwesen. Es gab Gymnasien, Bibliotheken und Theater, an denen hervorragende Wissenschaftler und Künstler wirkten. Unsere Oberlausitz ist reich an Werken der einheimischen Künstler. Viele Oberlausitzer waren nicht nur in der Heimat bekannt, sondern in ganz Deutschland, einige gelangten sogar zu Weltruhm. Mancher von ihnen wurde in der Oberlausitz geboren, vollbrachte aber sein Lebenswerk in anderen Ländern. Doch auch umgekehrt konnte es sein, manch einer stammte aus einer fremden Gegend, blieb jedoch ein Leben lang in der Oberlausitz und wurde hier berühmt. In der Oberlausitz hat auch das sorbische Volk viele Gelehrte und großartige Künstler hervorgebracht. Im folgenden werden bedeutende Oberlausitzer vorgestellt.

Karl Gottlob von Anton
(1751–1818)

Geboren in Lauban; Kaufmannssohn, Gutsbesitzer, Jurastudium in Leipzig, Gesellschaftswissenschaftler (Geschichte, Kultur und Sprachen der slawischen Völker), schuf die Grundlagen der Slawistik in Deutschland mit, pflegte stets gute Beziehungen zu sorbischen Gelehrten, gründete zusammen mit A. T. v. Gersdorf die Oberlausitzische Gesellschaft der Wissenschaften.

Jakub Bart-Ćišinski
(1856–1909)

Geboren in Panschwitz-Kuckau; sorbischer Gymnasiallehrer, Dichter und Schriftsteller. Er studierte in Prag katholische Theologie und war in den Studentenvereinigungen tätig. Er arbeitete unablässig dafür, daß die sorbische Jugend ihre Volkszugehörigkeit bewahrte und mit den anderen slawischen Völkern geistig verbunden blieb. Er kämpfte sein Leben lang für die Rechte des sorbischen Volkes und wurde dafür von der Schulverwaltung bis 1903 aus der Oberlausitz verwiesen. Er war entscheidend für das sorbische Theaterwesen tätig und für die Aufklärung der sorbischen Jugend in allen Fragen ihres Volkes und ihrer Kultur. Er führte die sorbische Literatur zu höchster Qualität und verlieh ihr dadurch ihren bleibenden Wert.

Jacob Böhme
(1575–1624)

Geboren in Altseidenberg; Schuhmacher und Philosoph, Schriftsteller. Er schrieb seine wissenschaftlichen Werke in deutscher Sprache, was in seiner Zeit außergewöhnlich war. In den protestantischen Ländern Deutschlands und Europas war er sehr geschätzt. Als christlicher Mystiker vertrat er ein religiöses Leben, welches die Einheit mit Gott schon im jetzigen Dasein erleben läßt.

Geboren in Rammenau; gestorben in Berlin, Wissenschaftler und Philosoph, wurde 1794 Professor in Jena, dort aber 1799 wegen angeblicher Gottlosigkeit entlassen, wurde 1809 Professor in Berlin und 1811 der erste gewählte Rektor der Berliner Universität. Er redete und schrieb gegen die französische Fremdherrschaft und forderte menschliches Verhalten. Er verlangte, daß alle Kinder in staatlichen Schulen gleichen Unterricht erhalten und daß die besten, unabhängig von Stand und Geld, gefördert werden sollen.

Johann Gottlieb
Fichte
(1762−1814)

Geboren in Niederrengersdorf bei Görlitz; gestorben in Meffersdorf im Queiskreis der Oberlausitz. Landwirt und Naturwissenschaftler, Begründer der Oberlausitzischen Gesellschaft der Wissenschaften zu Görlitz zusammen mit K. G. v. Anton. Er gab seinen Bauern in und um Meffersdorf die persönliche Freiheit, ließ auf seinen Ländereien Häuser aus Lehm bauen, mit Torf feuern, mit der Asche düngen, also ganz und gar biologisch arbeiten, behandelte Rheumakranke mit elektrischem Strom und führte auch den Blitzableiter in der Oberlausitz ein.

Adolf Traugott
von Gersdorf
(1744−1807)

Geboren in Bautzen; Lehrer und Geologe. Er erforschte vornehmlich die Geologie des Zittauer Gebirges und seiner Nachbarlandschaften. Nach ihm ist das «Dr.-Curt-Heinke-Museum» in Zittau benannt. Auf dem Breiteberg befindet sich der «Dr.-Curt-Heinke-Turm».

Curt
Heinke
(1890−1934)

Geboren in Schandau; Komponist, studierte Musik und Theologie in Leipzig und Wittenberg. Er war ab 1795 Organist der Stadtkirche zu Oschatz; 1811 zog er nach Zittau, wo er als Musiklehrer am Lehrerseminar wirkte. Von ihm stammen zahlreiche Lieder, darunter der «Caffee-Canon», das Kinderlied «Hopp, hopp, hopp, Pferdchen, lauf Galopp!» und das Weihnachtslied «Morgen, Kinder, wird's was geben».

Carl Gottlieb
Hering
(1766−1853)

Geboren in Löwenberg; lebte seit seinem 3. Lebensjahr in Zittau. Hier war er später Magister und Prediger. Als Schüler und Vertrauter Martin Luthers führte er bereits 1521 die Reformation in Zittau ein. Damit war Zittau die erste protestantische Stadt der Oberlausitz geworden.

Lorenz
Heydenreich
(1480−1557)

Geboren in Wittichenau; sorbischer Bildhauer. Von ihm stammen die wertvollen Plastiken «Johann Nepomuk» und «Maria Immaculata», die «Dreifaltigkeitssäule» im Klosterhof des Klosters St. Marienstern sowie «Schmerzensmann» und «Schmerzenreiche Gottesmutter» im Innern der Kirche.
    Zu seinen bedeutendsten Werken zählen auch die Figuren «Madonna und St. Bernhard», «Madonna, St. Dominikus und Thomas von Aquino» sowie «St. Anna Selbdritt», die sich alle auf der Karlsbrücke in Prag befinden.

Matthias
Wenzel Jäckel
(1655−1738)

Korla Awgust Kocor
(1822–1904)

Geboren in Berge, Ortsteil von Großpostwitz; sorbischer Lehrer und Komponist, Begründer der sorbischen Kunstmusik. Er besuchte das Landständische Seminar in Bautzen, wo er eine umfassende Ausbildung genoß und seine ersten Musikstücke komponierte. Er wurde zum Begründer der sorbischen Kunstmusik und war deren bedeutendster Komponist. Von ihm stammen das erste sorbische Bühnenwerk, die Oper «Jakub a Kata», die Polonaise «Serbska meja», das Oratorium «Serbski kwas» sowie andere große Oratorien. Er war führend an den sorbischen Gesangsfesten und Chortreffen beteiligt.

Julius Kühn
(1825–1910)

Geboren in Pulsnitz; Agrarwissenschaftler, Professor an der Universität Halle-Wittenberg. Er richtete das erste landwirtschaftswissenschaftliche Institut an einer deutschen Universität ein, das den anderen Fachwissenschaften gleichgestellt war. Er befaßte sich mit Pflanzenbau, Pflanzenkrankheiten, Bodenkunde und Tierzucht. Sein Hauptwerk ist das Buch: «Die Krankheiten der Kulturgewächse, ihre Ursachen und ihre Verbreitung». Auf ihn geht die Julius-Kühn-Sammlung an der Martin-Luther-Universität Halle-Wittenberg zurück, die größte Sammlung von Haustierskeletten der Welt. Er erhielt zahlreiche Orden und ist Ehrenbürger der Stadt Halle.

Max Langer
(1897–1985)

Geboren in Spitzkunnersdorf bei Zittau; gestorben in Niederoderwitz. Volksmaler, der seine Ausbildung an der Malschule Dresden erhielt. Weil er in der Kunst die Wahrheit suchte, wie er sagte, hat er die Landschaft und ihre Menschen mit Farben eingefangen. Seine Bilder sind, wie Fritz Löffler, der große Kunstwissenschaftler, sagte, «alles Lausitz, aber gar nicht provinziell, sondern selbstverständlich, frei und überlegen gestaltet».

Johann Leisentrit
(1527–1586)

Geboren in Olmütz in Böhmen; 1551 Domherr und 1559 Domdekan in Bautzen, 1560 bischöflicher Generalkommissar der Ober- und Niederlausitz und 1570 Apostolischer Administrator für beide Lausitzen. Leisentrit gelang es, die alte katholische und die neue protestantische Religion mit Vertrag unter einem Dach, dem Bautzener Dom, zusammenzubringen. Diese gegenseitige Duldung wurde für die Geschichte der Oberlausitz jahrhundertelang von großer Bedeutung. Darüber hinaus war Johann Leisentrit Schriftsteller mit einem umfangreichen Werk.

Gotthold Ephraim Lessing
(1729–1781)

Geboren in Kamenz; gestorben in Braunschweig, Dichter und Gelehrter. Er besuchte in Meißen die Fürstenschule St. Afra, studierte in Leipzig, wurde in Wittenberg Magister, war von 1760 bis 1765 Sekretär in Breslau. 1767 begann er, in Hamburg ein deutsches Nationaltheater einzurichten, wurde 1770 Bibliothekar beim Herzog von Braunschweig-Wolfenbüttel. Er schrieb viele Fabeln, um manches auszudrücken, was nicht gesagt werden durfte. Und in seinen Theaterstücken sprachen die Schauspieler für alle Menschen verständlich. Das erste deutsche Lustspiel «Minna von Barnhelm» wurde in Preußen noch vor der ersten Aufführung verboten. Mit dem Schauspiel «Nathan der Weise» ging er gegen Unduldsamkeit in Glaubensdingen und gegen die Unfreiheit des Denkens vor. Sein Ziel war immer die geistige Freiheit und Einheit des deutschen Volkes! Auf seinem Denkmal in Braunschweig steht: «Dem großen Denker und Dichter – das deutsche Vaterland». Auf seinem Antlitz stand, da er noch lebte, mit kleinen Falten geschrieben: Undank, Verbitterung, Ekel, Ingrimm, Wehmut und Verachtung. Goethe sagte: «Sie haben Lessing das Leben verbittert, ...» und an anderer Stelle: «Lessing war der höchste Verstand, und nur ein ebenso Großer konnte von ihm wahrhaft lernen.»

Geboren in Hamburg; Maler, lebte mehrere Jahrzehnte in Bischofswerda, wo er die meisten seiner Werke schuf. Er malte unter anderem großartige Oberlausitzer Heimatbilder. In Bischofswerda besteht die CARL LOHSE GALERIE.

Carl
Lohse
(1895–1965)

Geboren in Zittau; Komponist, 2. Kapellmeister bei Carl Maria von Weber, Musikdirektor der Dresdener Oper, nach 1831 Hofkapellmeister und Generalmusikdirektor in Hannover. Er schuf vor allem große Opern wie «Der Vampyr», «Der Templer und die Jüdin» sowie «Hans Heiling», allesamt Dämonen- und Schaueropern, in die große volkstümliche Chorszenen eingearbeitet sind. Marschners Musik hatte großen Einfluß auf das frühe Schaffen Richard Wagners. In Zittau steht in den Anlagen am Grünen Ring sein Denkmal.

Heinrich August
Marschner
(1795–1861)

Geboren in Löbau; Geschichts- und Heimatforscher, Philatelist. Er erforschte die Ereignisse während der Befreiungskriege um 1814 in seiner Heimat, die frühe Geschichte des Berges Oybin und seiner Umgebung und gründete 1879 das Museum auf dem Oybin. Seine wissenschaftliche Tätigkeit für die Philatelie, die Briefmarkenkunde, wurde weltweit anerkannt. 1871 war er Präsident des «Vereins Deutscher Philatelisten» und organisierte 1881 die erste Weltbriefmarkenausstellung in Wien. 1883 setzte er sich beim Sächsischen Landtag auch für den Bau der Kleinbahn Zittau – Oybin ein.

Alfred
Moschkau
(1848–1912)

Geboren in Großhänchen. Er war sorbischer Sprachwissenschaftler, Professor, Mitglied der Akademie der Wissenschaften Rußlands. Er schuf vor allem die Grundlage für die sorbische Sprachwissenschaft und die Grammatik der niedersorbischen Sprache. Von ihm stammt das dreibändige 2500 Seiten starke Wörterbuch der niedersorbischen Sprache und ihrer Dialekte. In Preußen war der Druck abgelehnt worden, so gab die Russische Akademie der Wissenschaften 1911 den ersten Teil heraus, und erst 1928 schloß die Böhmische Akademie der Wissenschaften den Druck ab.

Arnošt
Muka
(1854–1932)

Das zeigt, wie die geistigen Leistungen des sorbischen Volkes in der Vergangenheit in Deutschland mißachtet wurden. Arnošt Muka war Gymnasiallehrer in Bautzen und von 1887 bis 1916 Lehrer am Albertinum in Freiberg.

**Pawoł
Nedo**
(1908–1984)

Geboren in Kotitz bei Weißenberg; Vorsitzender der Domowina, sorbischer Volkskundler und Professor. Er studierte in Leipzig Pädagogik und Volkskunde. Nedo übernahm 1933 den Vorsitz der Domowina, die 1913 als lockerer Dachverband sorbischer Vereine gegründetet worden war, und leitete sie so, daß sie bis zu ihrer Auflösung 1937 die Interessen der Lausitzer Sorben vertrat. Seit 1952 war Nedo wesentlich am Aufbau der volkskundlichen Forschung in der DDR beteiligt, sowohl an der Universität Leipzig als auch an der Humboldt-Universität Berlin. Er schrieb 1956 «Sorbische Volksmärchen» mit genauer Quellenangabe, 1966 den «Grundriß der sorbischen Volksdichtung». Außerdem ist er Herausgeber sorbischer Volksmärchen und -schwänke und Verfasser zahlreicher wissenschaftstheoretischer Aufsätze zur Kulturforschung und Volkskunde.

**Wilhelm
von Polenz**
(1861–1903)

Geboren in Obercunewalde; Gutsherr und Schriftsteller. Er studierte Jura und Geschichte und schrieb Romane und Geschichten aus dem bäuerlichen und adligen Leben in der Oberlausitz wie zum Beispiel «Der Büttnerbauer», «Luginsland» und «Der Pfarrer von Breitendorf». Seine Werke sind lebensechte und anklagende Zeitbilder

**Hermann
Fürst von
Pückler-Muskau**
(1785–1871)

Geboren in Muskau; gestorben in Branitz bei Cottbus. Gartengestalter und Schriftsteller, Er schuf in Muskau und Branitz weltberühmte Parkanlagen mit gestalteter Natur. Außerdem schrieb er kulturgeschichtlich interessante Reiseberichte. Nach ihm ist das «Pückler-Eis» benannt. Seine Freunde berichteten über ihn: «Sein Leben lang jonglierte er mit seiner Existenz. Er war ein Philosoph, ein Narr und ein Besessener mit isolierten Grundsätzen, fürs Glück nicht geeignet. Fürst Pückler war Gottes märkischer Gärtner.»

**Ernst
Rietschel**
(1804–1861)

Geboren in Pulsnitz; Sohn eines armen Beutel- und Handschuhmachers, begründete die Bidhauerkunst, die die Menschen so darstellt, wie sie wirklich sind, ohne die bis dahin üblichen Verfremdungen. Dadurch wurde er bedeutsam in Deutschland und Europa. Professor an der Dresdener Kunstakademie. Werke: Goethe-Schiller-Denkmal in Weimar, Lessing-Denkmal in Braunschweig, Standbild für Karl Maria von Weber in Dresden, Luther-Denkmal in Worms; ferner das Giebelfeld der Leipziger Universität sowie das der ersten Dresdener Semperoper, die 1861 abbrannte und deren Figuren nach Bautzen versetzt wurden und dort eingelagert sind. In seiner Heimatstadt schuf er das Grabmal seiner Eltern und den goldenen Löwen an der Apotheke.

Geboren wahrscheinlich in Franken; bedeutender Baumeister der Renaissance. Lernte und arbeitete zuerst in Prag und in verschiedenen böhmischen Städten, kam 1517 nach Görlitz und baute hier nach dem Stadtbrand von 1525 den Schönhof, den Archivflügel des Rathauses, die Rathaustreppe. Durch ihn wurde Görlitz zur Renaissancestadt. Er baute auch in schlesischen Städten, weshalb er schon 1518 der Meister zu Görlitz und in Schlesien genannt wurde.

Wendel Roskopf der Ältere *(um 1480–1549)*

Geboren in Waltersdorf im Zittauer Gebirge; Komponist, Pianist und Organist. Er war «Herzoglicher Dessauischer Hofkapellmeister», Thomaskantor zu Leipzig und Direktor der Leipziger Oper. In seinem Geburtsort steht sein Bronzedenkmal.

Johann Christian **Friedrich Schneider** *(1786–1835)*

Geboren in Nagy-Megyar in Ungarn; besuchte die Frankeschen Stiftungen in Halle, wurde Holzbildhauer und nach dem Studium an der königlichen Kunstgewerbeschule in Dresden Zeichenlehrer. Ab 1906 war er Lehrer an der Handwerkerschule zu Zittau und von 1945 bis 1947 deren Direktor. Er zeichnete die Oberlausitzer Landschaften mit ihren Städten und Dörfern in Hunderten stimmungsvollen Blättern. Bekannteste Werke sind «Die Neiße von der Quelle bis zur Mündung», «Brunnen der Stadt Zittau» und «Aus unserer schönen Heimat». Alle Arbeiten zeigen ihn als Meister der Zeichenkunst in der Oberlausitz.

Adolf **Schorisch** *(1881–1966)*

.

Geboren in Zittau; Baumeister und Architekt, Direktor der Baugewerkenschule in Zittau. Er war Schüler von Karl Friedrich Schinkel. Nach Plänen Schinkels baute er die Johanniskirche in Zittau wieder auf. Ferner erbaute er die Rathäuser von Zittau und Kamenz.

Carl August **Schramm** *(1807–1869)*

Geboren in Dürrhennersdorf; Gymnasiallehrer, Dichter und Schriftsteller. Er studierte am Lehrerseminar in Löbau und unterrichtete danach in Dresden. In einer klaren bildhaften Sprache schrieb er viele Erzählungen über seine Oberlausitzer Dorfheimat. Feinsinnig und tiefschürfend sind seine «Dürrhennersdorfer Dorfgeschichten» (1917). Die «Leineweber» (1935) schildern die alte Oberlausitzer Handweberzeit. Nach gewissenhaftem Quellenstudium entstanden die sprachlich ausgefeilte «Dürrhennersdorfer Dorfchronik» sowie die «Lausitzer Graniter» (1964), eine umfassende Arbeit über das Leben und Schaffen der Oberlausitzer Granitarbeiter.
Seine Heimatliebe drückte er so aus: «Wir brauchen nicht heimatlos zu sein, auch wenn wir das heimatliche Land verlassen haben. Wir haben die Heimat in uns, sobald wir mitten in dieser ganz anderen Welt nur die Augen schließen . . .»

Oskar **Schwär** *(1890–1968)*

Geboren in Görlitz; Gelehrter, Mathematiker, Professor am Gymnasium in Görlitz, wirkte mit am noch heute alleingültigen Gregorianischen

Bartholomäus **Scultetus**

(1540–1614) Kalender und schuf die erste Landkarte der Oberlausitz. Er war viele Jahre lang Bürgermeister von Görlitz.

Theresa **Senftleben** *(1685–1753)* Geboren in Liebenthal; Äbtissin des Zisterzienserklosters St. Marienthal an der Neiße. Unter ihrer Regierung entstand die barocke Klosteranlage neu, wie sie bis auf den heutigen Tag erhalten ist.

Cordula **Sommer** *(1660–1746)* Geboren in Reichenberg; Äbtissin des Zisterzienserklosters St. Marienstern bei Kamenz. In ihrer Regierungszeit erfolgte der umfangreiche Neu- und Ausbau der gesamten Klosteranlage. Ihr Wappen mit den Buchstaben CSAM ist nicht nur im Kloster häufig zu finden, sondern auch in anderen Orten der Oberlausitz.

Jan Arnošt **Smoler** *(1814–1884)* Geboren in Merzdorf; sorbischer Wissenschaftler, Verleger. Studierte in Breslau Theologie und slawische Sprachen, gründete den Akademischen Verein für lausitzische Geschichte und Sprachen, erarbeitete eine einheitliche Rechtschreibung der sorbischen Sprache und gab Sammlungen der Volkslieder der Ober- und Niederlausitzer Sorben und auch eine sorbische Zeitung heraus. Er war Mitbegründer der wissenschaftlichen Gesellschaft Macica Serbska und beteiligte sich maßgeblich beim Einrichten des Sorbenhauses in Bautzen. Damit trug er wesentlich dazu bei, die Kultur und Sprache des sorbischen Volkes zu erhalten.

Ehrenfried Walter **Graf von Tschirnhaus** *(1651–1708)* Geboren in Kieslingswalde bei Görlitz; gestorben in Dresden. Philosoph, Mathematiker und Physiker, als erster Deutscher Mitglied der Académie Française. Um zielgerichtet zu erfinden, machte er zuerst verschiedene Versuche. Daraus erwarb er die notwendigen Erkenntnisse für brauchbare Erfindungen. Dazu hatte er in seinem Gut Kieslingswalde eine Experimentierwerkstatt eingerichtet. Er gründete Glashütten, schuf die große Spiegelschleiferei in Dresden, fertigte Brennspiegel an und war zusammen mit Böttger in Dresden an der Erfindung des europäischen Porzellans beteiligt. Ab 1708 war er Inspektor der Porzellanmanufaktur, erst in Dresden, dann in Meißen.

Christian **Weise** *(1642–1708)* Geboren in Zittau; studierte in Leipzig, wurde Sekretär eines Staatsministers, Professor am Gymnasium in Weißenfels und 1678 Rektor des Zittauer Gymnasiums. Er führte die deutsche Sprache ins Gymnasium ein; denn vorher durfte nur lateinisch gesprochen werden, selbst in den Spielstunden. Er schrieb das erste Geschichtslehrbuch «Kluge Hofmeister» in deutscher Sprache. Neben der Lehrtätigkeit schrieb er Schulkomödien, Gedichte, Liedertexte und Romane. Mit seinen «Oratorien», den Schülerreden, wurden die Schüler «weltmännisch gewandt» und «urteilsfähig» für das bürgerliche und öffentliche Leben erzogen. Nach ihm ist die «Christian-Weise-Bibliothek» in Zittau benannt.

Geboren in Großschönau; Maler, Professor an der Dresdener Kunstakademie, Direktor der Zeichenschule der Meißener Porzellanmanufaktur. Von ihm stammen das Altarbild der Dresdener Kreuzkirche und viele andere Gemälde, auch in der Oberlausitz (Großschönau, Bautzen, Görlitz).

Johann Elazar Zeißig, genannt Schenau *(1734–1806)*

Geboren in Salzenforst als Sohn armer Häusler; sorbischer Pfarrer, Schriftsteller und Dichter, besuchte das Bautzener Gymnasium und schloß dort mit Auszeichnung ab. Nur weil ihm andere sorbische Menschen unterstützten, konnte er an der Leipziger Universität Theologie und Sprachwissenschaften studieren. Hier schrieb er bereits viele seiner Lieder und Gedichte, die später zu Volksliedern der Sorben wurden. Viele seiner Werke vertonte er selbst. Als Herausgeber sorbischen Schrifttums arbeitete er auch an der einheitlichen sorbischen Rechtschreibung mit. Er trug dazu bei, die sorbische Sprache zu erhalten und zu fördern. Er war unermüdlich bestrebt, die rückständige kleinbäuerliche Landwirtschaft zu verbessern. Handrij Zejler war lange Jahre Pfarrer in Lohsa. In Lohsa befindet sich die Handrij-Zejler-Gedenkstätte. Mit der Dichtung «Rjana Łužica» (Schöne Lausitz) hatte er 1827 die Nationalhymne der Sorben geschaffen.

Handrij Zejler *(1804–1872)*

Geboren in Pulsnitz; Gelehrter, Sprach- und Religionsforscher. Er gründete im Auftrage des dänischen Königs 1706 die erste evangelische Mission in Südindien. Dort entwickelte er die «Grammatica Tamulica», die Grammatik der tamilischen Sprache. Sein Verdienst war es ferner, daß er allgemeinbildende Schulen für die Einheimischen einrichtete. Er übersetzte Luthers «Kleinen Katechismus» ins Tamil und war Vorbild für viele evangelische Missionare. Er verstarb in Trankebar, seinem Wirkungsort.

Bartholomäus Ziegenbalg *(1682–1719)*

Geboren in Radmeritz; Schloßherr, ließ in dem aus Waltersdorfer Sandstein erbauten Schloß Joachimstein das einst bedeutsame protestantische Damenstift für adlige Fräulein einrichten und 1728 weihen. Joachimstein steht am rechten Ufer der Neiße und gehört heute zu Polen.

Joachim Siegismund Ziegler von Klipphausen *(1660–1734)*

Geboren in Dresden; zog 1703 nach Großhennersdorf in der Oberlausitz zur Großmutter Henriette Katharina von Gersdorf, wo er christlich erzogen wurde. In den «Franckeschen Stiftungen» in Halle ging er zur Schule und hatte Unterricht bei Bartholomäus Ziegenbalg. Er studierte in Wittenberg Jura und Theologie und war bis 1727 Hofrat im sächsischen Staatsdienst, 1727 Stifter der Herrnhuter Brüdergemeine. Von 1736 bis 1747 war er auf Betreiben katholischer Kreise und Adliger aus dem Land Sachsen verwiesen und deshalb in Europa und Amerika für seine Gemeine tätig. In Berlin wurde er «Bischof der mährischen Brüder». Er verfaßte etwa 100 Schriften und dichtete 2000 Kirchenlieder. Gestorben ist er in Herrnhut. Was einst in der Oberlausitz begann, lebt heute in aller Welt als «Moravian Church» weiter. Herrnhut ist aber stets der Hauptort geblieben.

Nikolaus Ludwig Reichsgraf von Zinzendorf und Pottendorf *(1700–1760)*

DIE STÄDTE
IN DER OBERLAUSITZ

Bautzen

Das tausendjährige Bautzen liegt hoch über dem Felsental der Spree und bietet mit der Ortenburg, den alten Wehranlagen und seinen vielen Türmen einen erhabenen Anblick. Das gesamte Stadtbild steht daher unter Denkmalschutz.

In der Chronik des Thietmar von Merseburg wird berichtet, daß es Bautzen schon im Jahre 1002 gab. Es ist somit der älteste Ort der Oberlausitz, den eine Urkunde erwähnt. Einstmals hatte sich hier die Stammesfeste der Milzener befunden, auf deren Grund der Markgraf von Meißen bereits vor dem Jahre 1000 eine Grenzburg als deutschen Vorposten errichten ließ.

Die spätere Stadt hieß ursprünglich Budissin, was von dem Personennamen Bud, aber auch von bukowina, das Buchenwald bedeutet, hergeleitet sein kann. Den amtlichen Namen Bautzen gibt es erst seit 1868.

Das Bistum Meißen hatte eine Kirche in der Nähe der Burg gegründet, die wohl die älteste der Oberlausitz war. Der Dom St. Petri hingegen entstand nach 1220. Sein ältester Teil ist das Westportal, das noch einige romanische Merkmale zeigt.

Zwischen Burg und Kirche lag die erste Siedlung, die für Jahrhunderte vom Burggraben getrennt war. Um 1213 verlieh König Ottokar I. von Böhmen dem Ort das Stadtrecht, und zur selben Zeit soll das erste Rathaus erbaut worden sein.

Der Statthalter des Königs hatte seinen Sitz auf der Burg. Als der Ungarnkönig Matthias Corvinus zeitweise Landesherr der Oberlausitz war, ließ er nach 1483 die alte, mehrfach umgebaute Grenzburg stark verändern und zur Ortenburg ausbauen. An der Außenwand des Schloßturmes zeigt seit 1486 ein großes Sandsteinrelief König Matthias Corvinus als Herrscher über Böhmen, dem der böhmische Löwe zu Füßen liegt. Dieses Kunstwerk hat vermutlich der sorbische Bildhauer Briccius Gauske geschaffen.

Das Tor im Schloßturm war der einzige Zugang zur Burg bis 1782. Heute bietet die Ortenburg viele Sehenswürdigkeiten wie den Schloßwasserturm, das Sorbische Museum oder die berühmte Stuckdecke im Audienzsaal.

Vor der Ortenburg breitet sich das Burgviertel mit dem Burglehn und den verwinkelten Gäßchen der Altstadt aus. Hier hatten um 1240 die Franziskaner ihr Kloster errichtet, das 1598 ein zweites Mal völlig niederbrannte und danach nicht mehr aufgebaut wurde. Nur die Ruine der Backsteinkirche ist erhalten geblieben.

Im Jahre 1877 ließ die Stadt inmitten der Kirchenruine den mächtigen Wasserturm erbauen, der zwar kein Kleinod ist, aber nun doch zum historischen Stadtbild gehört.

In der Burgstadt gibt es zahlreiche Häuser, die ein ehrwürdiges Alter aufweisen und einstmals sehr bedeutsam waren wie das Stände- oder Landhaus, in dem die Oberlausitzer Stände tagten. Hier befand sich auch die Landesständische Bank, das wichtigste Geldinstitut der damaligen Oberlausitz. Jedes Haus könnte eine lange Geschichte erzählen.

Um Dom und Rathaus mit Fleisch- und Hauptmarkt befinden sich wiederum wertvolle alte Gebäude in großer Zahl wie das großartig gestaltete Domstift, die Fleischbänke, das Gewandhaus mit der Ratswaage und dem Ratskeller sowie das «Handtuch», ein Haus, das nur zwei Fenster breit ist.

An der Ecke von Heringstraße, die einstmals Judengasse hieß, und Innerer Lauenstraße steht ein großes Barockhaus, das früher vornehme Gäste beherbergte. Hier übernachteten Kurfürst Friedrich August I. (August der Starke), König Friedrich II. von Preußen, die russischen Zaren Alexander I. und Peter der Große sowie Kaiser Napoleon Bonaparte.

Am Nordabhang der Altstadt unweit des Petri-Domes und der Ortenburg steht hoch oben auf dem Felsen die Nikolaikirche, die seit 1639 Ruine ist. Mit dem Nikolaifriedhof, wo sich die Bischofsgräber befinden, bildet sie einen romantischen Ort.

An der Spree erhebt sich seit 1558 die Alte Wasserkunst, die zum Wahrzeichen Bautzens geworden ist. Sie ist ein Werk des Baumeisters Wenzel Röhrscheid. Einstmals trieb die Spree ein großes Wasserrad an, mit dessen Kraft ein Schöpfwerk das klare Spreewasser auf den Turm in einen Kupferkessel beförderte. Später brachte eine hölzerne Rohrleitung gutes Trinkwasser von Stiebitz heran. Vom Turm führten die Rohre zu den «Röhrbrunnen» der Stadt, aus denen die Bautzener ihr Trinkwasser holten. Nur einzelne Häuser der wohlhabenden Bürger, vornehmlich die großen Brauhöfe, hatten eigene Hausbrunnen.

Als die Alte Wasserkunst nicht mehr ausreichte, mußte im Jahre 1608 ein Stück spreeaufwärts die Neue Wasserkunst gebaut werden.

Neben der Alten Wasserkunst steht die 1429 erbaute Michaeliskirche. Ihr heutiges Aussehen mit Turm und Wehrgang erhielt sie in den Jahren

Michaeliskirche
und
Alte Wasserkunst

von 1621 bis 1634. Seit 1619 ist sie die Pfarrkirche der evangelischen Sorben Bautzens und seiner Nachbarorte.

Im Dreißigjährigen Krieg 1634 erlebte Bautzen die größte Katastrophe seiner Geschichte. Als die Kaiserlichen aus der Stadt vertrieben wurden, ließ Obrist Goltz die ganze Stadt mit und siedendem Pech anzünden. Nur wenige Häuser hat das Feuer verschont. Im Petri-Dom spielte sich eine fürchterliche Tragödie ab, denn dort brannte der Dachstuhl, der herunterbrach und viele Schutzsuchende unter sich begrub. In den Flammen waren insgesamt 700 Menschen umgekommen.

Die Stadtbrände sind die Ursache dafür, daß die meisten Bürgerhäuser heute ein barockes Gesicht haben. Ihr äußerer Schmuck zeugt vom Reichtum der Besitzer. Vor allem die Häuser der Reichenstraße sind großartig gestaltet. Diese Straße war bereits in einer Chronik von 1359 «platea divitiarum» (Gasse des Reichtums) genannt worden. Sie mündete in das Reichentor mit dem Reichenturm. Dessen hölzerne Haube, die mehrmals abgebrannt war, ersetzte man später durch einen steinernen Aufbau, der sich aber bald als zu schwer erwies, so daß sich der Turm allmählich neigte. Dresdner Bauleute stellten 1747 fest, «daß der Turm mehr denn eine Elle außer seinem Lot überhängt.» Heute weicht er 1,44 m von der Senkrechten ab. Und so besitzt Bautzen seinen schiefen Turm.

Am Domstift St. Petri

Der Petri-Dom, der die Stadt überragt, ist von hohem kulturhistorischen Wert, denn er ist reich gestaltet und zeigt Formen der Gotik, der Renaissance, des Barocks und selbst noch Ornamente des Jugendstils. Von den zahlreichen Kunstwerken soll nur das Kruzifix genannt sein, ein Werk Balthasar Permosers, das eine Dornenkrone aus der Wüste Negeb trägt, ein Geschenk des Staates Israel.

Der Dom dient seit 1548 sowohl den Katholiken als auch den Protestanten zum Gottesdienst. Er ist somit eine Simultankirche, die es nur selten gibt. In früheren Zeiten war das Kircheninnere durch ein hohes Eisengitter geteilt, heute jedoch ist nur eine niedrige Schranke vorhanden.

Das Domstift zu Bautzen zählte einst zu den Oberlausitzer Ständen. Nach der Reformation hatte es große Mühe, weiter zu bestehen, denn fast die gesamte Oberlausitz war protestantisch geworden. Der Dekan zu Bautzen war 1566 zum «Generalkommissar und Administrator der Lausitz» bestallt worden, und 1577 erhielt er die Aufgaben des Meißner Bischofs übertragen. Das Bistum Meißen erlosch 1581. Kaiser Rudolf II. hatte 1588 allen Untertanen befohlen, dem Domstift als geistlicher Zentrale zu folgen.

Als 1635 die Oberlausitz zu Sachsen kam, hatte das Kaiserhaus Habsburg den sächsischen Kurfürsten verpflichtet, die katholische Geistlichkeit, besonders das Domstift St. Petri zu Bautzen sowie die Oberlausitzer Klöster samt den Untertanen bei ihren Rechten zu belassen. Alle Stürme der Zeit haben sie überdauert.

Allmählich wuchs Bautzen zum Mittelpunkt der Oberlausitz und zur «Beamtenstadt» heran, zugleich blieb es aber auch Hauptort der Sorben, denen es politische und kulturelle Heimat war. Der 1912 in Hoyerswerda gegründete Bund der Lausitzer Sorben, Domowina, hat seinen Sitz im Haus der Sorben am Postplatz. Viele andere sorbische Einrichtungen befinden sich in Bautzen wie das Sorbische Nationalensemble, das Deutsch-Sorbische Volkstheater, der Domowina-Verlag, das Sorbische Institut und das Sorbische Museum.

Bautzen war in seiner langen Geschichte nicht nur durch großartige Bauwerke und Kulturgüter bekannt und berühmt, sondern es war leider auch zu einem Begriff des Unrechts geworden.

Schon immer hatte es auf der Ortenburg ein Gefängnis gegeben, in dem Übeltäter ihre Strafen verbüßen mußten. Später wurde dann am Stadtrand ein großes Zuchthaus errichtet, das die Leute «Gelbes Elend» nannten, da es aus gelben Ziegeln gebaut war. In den schlimmen Zeiten unseres Jahrhunderts waren hier die sogenannten politischen Häftlinge eingekerkert, die oft nichts anderes verbrochen hatten, als gegen den Krieg zu sein, unter ihnen der bekannte, später in Buchenwald ermordete Ernst Thälmann. Nach dem 2. Weltkrieg waren die Bautzener Gefängnisse wieder mit Menschen gefüllt, die vom sowjetischen Geheimdienst mit der Hilfe Deutscher dorthin gebracht worden waren. Die Zahl der hier Umgebrachten ist bisher unbekannt, und ihre Gräber sind bis heute noch nicht gefunden. Aber auch später, bis zum Herbst des Jahres 1989, schwang im Namen Bautzens ein übler Klang mit; denn wiederum waren hier Menschen eingesperrt und erniedrigt worden, nur weil sie anders dachten als diejenigen, welche die Macht mißbrauchten. Bautzen wird immer eine Mahnung bleiben.

Wo die Spree in das weite wellige Gefilde eintritt, bildet die Bautzener Talsperre einen großen See, der oft als das «Bautzner Meer» bezeichnet wird. Sie nimmt eine Fläche von 600 Hektar ein und ist bis zu 18 m tief. 48 Millionen Wasser sind hier gespeichert, die dem Kraftwerk Boxberg dienen. Das Kraftwerk benötigt so viel Wasser, wie die Spree in normalen Zeiten gar nicht führt. Seit 1976 sind an den Ufern viele schöne Anlagen mit Feriendorf und Bootshafen entstanden.

Mühltor
Nikolaitor
Fischerpforte

Bernsdorf

Die Kleinstadt Bernsdorf liegt in den Ruhland-Königsbrücker Heiden, deren Kiefernwälder bis zum Stadtrand reichen und alles grün umrahmen. Nur wenige Kilometer südlich beginnt das Oberlausitzer Heide- und Teichgebiet um Biehla und Weißig.

Bernsdorf hat einen Doppelnamen, denn im Sorbischen heißt es Njedžichow, das sich auf den Personennamen Nedzich bezieht. Noch kurz vor 1800 sagte man Wendisch Bernsdorf. Der deutsche Name Bernsdorf bedeutet «Dorf eines Bernhard». Damit ist Bernhard von Kamenz gemeint, der die alte sorbische Siedlung nach deutschem Recht umwandelte. 1403 taucht dieser Name erstmalig auf und dann wieder 1438 als Lehnsgut der Herren von Kamenz.

Im Ortswappen von 1927 ist ein schwarzer Bär zu sehen, der auf den Namen der Stadt deuten soll, was aber ganz falsch ist. Oft wurde diese Geschichte mit der von Bernsdorf in Schlesien verwechselt.

Jahrhunderte war Bernsdorf ein kleiner Heideort mit einem Rittergut, der um 1825 nur ein Dutzend Bauernhäuser und 240 Einwohner hatte. Doch mit dem Jahre 1793 trat ein Wandel ein, als Graf von Reedern, der Gutsherr, einen Schmelzofen für Raseneisenerz und ein Hammerwerk erbauen ließ. Der Holz- und Wasserreichtum der Gegend und die wenig später entdeckten Braunkohlenfelder und die Quarzsande in der Nähe führten bald dazu, daß sich immer mehr Industriezweige ansiedelten. Es entstanden die Maschinenfabrik mit der Eisengießerei und dem Emaillierwerk, die Zinkweißfabrik «Ludwigshütte» sowie die Glashütte. Alle Betriebe wuchsen rasch an, und Bernsdorf wurde ein betriebsamer Indu-

Altes Zollamt

strieort mit bedeutenden Werken. Seit 1871 verkehrte die Eisenbahn von Radeberg nach Kamenz und seit 1874 von Straßgräbchen nach Kamenz und schloß Bernsdorf an. Ebenso wichtig war die heutige Bundesstraße 97 geworden, die seit alters her durch den Ort führte. In wenigen Jahren hatte sich die Einwohnerzahl auf über 5 000 erhöht, und 1969 bekam Bernsdorf das Stadtrecht verliehen.

An die alten Zeiten erinnern die Namen «Schmelzteich», «Hütten-schenke», «Schloßteich», «Parkteich» und «Dammweg».

Bernstadt

Bernstadt liegt im Ostlausitzer Hügelland und Neißegebiet an der Pließ-nitz. Hier hat die Pließnitz zur Neiße hin mit dem Bischdorfer Wasser, dem Kemnitzbach, dem Steinbach, dem Waldbach, dem Weißbach und der Gaule den Lausitzer Granodiorit zerschnitten und verzweigte Täler ge-schaffen. Die Bergrücken zwischen den Bächen heißen Riedel und über-ragen nur wenige Meter die Stadt (235 m über dem Meeresspiegel).

Bernstadt wurde um 1200 von deutschen Siedlern angelegt. In alten Ur-kunden wird es 1234 als Bernhardisdorf erwähnt, 1280 als civitas bezeich-net, 1290 als oppidum. Diese lateinischen Wörter bedeuten etwa Stadt. Als Stadtherren werden die «von Schönburg-Glauchau», dann die «Herren von Kamenz» genannt, aber bereits im Jahre 1285 wurde das Kloster Sankt Marienstern der Besitzer. Der Landstrich mit Bernstadt als Zentrum war dem Kloster zu «Eigen».

Der Name Bernstadt bedeutet «Stadt des Bernhard von Kamenz». Und auf dem Eigen bezieht sich auf den klösterlichen Besitz.

Etwa um 1250 wurde auf dem Steilabfall zur Pließnitz eine wehrhafte Kirche errichtet, die Pfarrkirche St. Marien. Nach dem Brand von 1686 er-neuert, erhielt sie ihr heutiges Aussehen. Sie ist mit wertvollen Gemälden ausgestattet. So alt wie die Kirche ist auch die Stadt. Mittelpunkt war der große rechteckige Marktplatz, von dem die Straßen nach Bautzen, Zittau und Görlitz führten. Jede dieser Straßen hatte ein Stadttor, obwohl die Stadt nie von einer Stadtmauer eingefaßt war. Als 1828 die Stadt ab-brannte, wurden die drei Stadttore abgerissen und am Markt im selben Jahr ein schlichtes Rathaus im klassizistischen Stil gebaut.

Seit dem 13. Jahrhundert wird Bernstadt von einem Rat mit Bürger-meister verwaltet. Bernstadt hat jetzt etwa 2300 Einwohner.

Die Landschaft um Bernstadt herum, der Eigensche Kreis, wird auch die «Bernstädter Pflege» genannt. Sie bildete Jahrhunderte hindurch eine wirtschaftliche Einheit. Was die Bauern in den Dörfern ernteten und er-zeugten, boten sie in Bernstadt auf dem Vieh- und Getreidemarkt an. Die Handwerker wiederum verarbeiteten die Produkte zu vielerlei Waren wei-ter, die sie dann auf den Wochen- und Jahrmärkten verkauften. Das er-folgte alles unter der Aufsicht des Klostervogtes von St. Marienstern.

Viel Orte stritten sich in Sachsen
wo wirklich sei der Erde Achsen.
jetzt ist sie uns hierher befohlen.
nun soll sie auch kein Teufel holen.
1939

Seit 1352 gibt es die Tuchmacherei, die nach 1650 durch böhmische Zu-wanderer wesentlich verfeinert wurde. Aus dem Jahre 1411 ist die Schuh-macher-Innung bezeugt. Im 17. und 18. Jahrhundert arbeiteten hier Leine-weber, Töpfer, Schmiede, Schlosser, Büchsenmacher, Stellmacher, Bött-cher, Tischler, Färber, Seiler und andere Handwerker.

Im 19. Jahrhundert zog die Industrie in Bernstadt ein, und im 20. Jahr-hundert veränderte vor allem der Braunkohlenbergbau die Bernstädter Pflege. 1952, als man die Kreise neu einteilte, wurde das getrennt, was seit 1285 zusammengehört hatte. In der Gegenwart wird versucht, die Orte des alten Eigenschen Kreises wieder zu einer Gemeinschaft zusammenzu-führen.

Bernstadt hat ein Wahrzeichen: die «Erdachse». Man kann sie in der Nordwestecke des Marktplatzes sehen. Da steht ein Brunnenbecken aus Granit, und darinnen sprudelt das Brunnenwasser unter einer Erdkugel aus Bronze. Im Jahre 1791 wurde mitten auf dem Marktplatz ein Röhr-brunnen errichtet, damit die Anwohner hier ihr Wasser holen konnten. Denn Wasserleitungen bis in die Häuser gab es damals noch nicht. Die steinerne Röhrbütte ersetzte man 1874 durch eine hohe gußeiserne Brun-nensäule, die ganz oben noch zwei schmiedeeiserne Laternen bekam. Da um diese Zeit die Seminaristen des Löbauer Lehrerseminars manchmal Konzerte in Bernstadt gaben, fleißig sangen und Durst davon bekamen, tanzten sie um die hohe Brunnensäule herum und behaupteten, das sei die

Erdachse. Seitdem hieß die Brunnensäule «Erdachse». 1939 mußte die alte
Säule dem Straßenverkehr weichen. Statt ihrer wurde das breite Brunnenbecken am Rande des Marktplatzes aufgestellt.

Wer die «Erdachsenschmiere», ein Gemisch aus Kirschlikör, Kümmel
und Rum trinkt, spürt tatsächlich, daß sich die Erde um Bernstadt dreht.

Bischofswerda

Das Land um Bischofswerda gehörte seit 1006 zu den bischöflich-meißnischen Besitzungen. Damals war es nur dünn von sorbischen Bauern besiedelt. Im Jahre 1076 ließ Bischof Benno eine Kirche errichten. Daran ist
zu erkennen, daß bereits eine Siedlung bestanden haben muß. Das Land an
der Wesenitz war sumpfig, nur eine kleine Anhöhe ragte als Halbinsel aus
den Sümpfen heraus. Solche Stellen wurden «Werder» genannt. Und eben
dort erbaute man die Kirche auf dem Werder des Bischofs. So hat die Siedlung schließlich ihren Namen erhalten. In der sorbischen Sprache heißt
Bischofswerda «Biscupicy», das bedeutet «Leute des Bischofs».

Bischofswerda wurde im 12. Jahrhundert planmäßig als deutsche Siedlung angelegt und blieb bis 1559 im Besitz der Meißner Bischöfe. Das erste Mal lesen wir von Bischofswerda 1227 in einer Urkunde über die Los-
sprechung des Ritters Matthäus von Cannewitz vom Banne. 1286 ließ
Bischof Wittigo eine Ringmauer und vier Stadttore errichten, und 1361 ist
Bischofswerda bereits als Stadt bezeichnet worden.

Wie lebten die Bischofswerdaer Bürger in dieser Zeit? Mitten auf dem
Markt stand seit 1286 ein Rathaus, welches sehr schön gewesen sein soll.
1549 entstand ein zweites Rathaus an der Stelle des heutigen. Die vier
Stadttore hießen das Badertor, das Dresdner Tor, das Bautzner Tor und das
Neutor. Die Häuser waren aus Holz und Lehm gebaut und mit Stroh oder
Holzschindeln gedeckt, und die Giebel der Häuser standen zur Straße.
Jedes Haus hatte einen Vorbau, die Laube, so daß die Straßen sehr eng wa-
ren. An den Häusern entlang lagen Trittsteine, und in der Straßenmitte war
eine Rinne. Bei Regenwetter war das sehr beschwerlich, denn auch viel
Unrat lag auf den Straßen. Die Bischofswerdaer ernährten sich von Brot,
Brei, und Leinöl, denn Kartoffeln gab es damals nicht. Fast in jedem Haus
der Stadt wurde Bier gebraut. Fleisch gab es nur selten, weil es sehr teuer
war. An den Freitagen aß man Fisch, deswegen hatte Bischofswerda auch
20 große Fischteiche. Weil es nicht sehr reinlich zuging, brachen oft Seuchen wie die Pest aus, und viele Leute starben in kurzer Zeit. Da konnten
auch die Bader nicht mehr helfen, die nur Barbiere waren und nebenbei als
Wundärzte die Menschen zu heilen versuchten.

1543 erlaubte der Bischof den Bau einer Schule, doch schon 1392 berichtete eine alte Schrift von einem Lehrer in der Stadt.

Bischofswerda war ein kirchlicher Mittelpunkt, wohin viele Menschen
kamen. Das trug dazu bei, daß Handel und Gewerbe gut gediehen. Auf

dem Markt konnte man alles kaufen, was man täglich für Haus und Hof brauchte. Weil die Händler mit dem Schiebock (das ist eine Schubkarre) auf den Markt fuhren, stand oft der ganze Marktplatz voller Schieböcke, und so erhielt die Stadt den scherzhaften Namen Schiebock.

Bischofswerda hatte durch Brände und Kriege viel Not und Leid zu erdulden. Die Bürger bauten ihr Städtchen immer wieder auf. Besonders der Krieg 1813 brachte unbeschreibliche Not und Entbehrung. Als am 12. Mai 1813 französische Soldaten die Stadt anzündeten, blieb von ihr wenig übrig. Die Chronik erzählt, daß nur einige Häuser unversehrt waren wie das Haus Alte Gasse 5 und das Schießhaus nahe dem heutigen Kulturhaus. Das Elend war groß. Und als die Kriegswirren vorüber waren, begann man mit dem mühsamen Wiederaufbau der Stadt. Besondere Verdienste um den Neuaufbau hatte der Bürgermeister Süßmilch. Nach den Plänen des Baumeisters Thormeyer aus Dresden entstanden das Rathaus und die Kirche neu. Man vergrößerte den Altmarkt, legte den Neumarkt an und riß die Stadttore ab. Die Stadt wurde dadurch völlig verändert. Weil die Innenstadt einheitlich den klassizistischen Baustil zeigt, steht sie heute geschlossen unter Denkmalschutz.

Der Marktplatz zu Bischofswerda

In den Jahren 1864 und 1901 wurden neue Schulen eingeweiht. Seit 1845 hat Bischofswerda Eisenbahnanschluß, und 1897 entstand ein neues Postgebäude. Ab 1912 war Bischofswerda Garnisonsstadt. Die Kaserne steht am östlichen Stadtausgang.

Der Marktplatz ist von schönen Bürgerhäusern gesäumt. Er ist so groß, daß er durch ein Straßenkreuz in vier getrennte Flächen aufgeteilt ist. Hier steht das Rathaus mit dem Paradiesbrunnen davor. Auf dem Viertel schräg gegenüber grünen wieder fünf Linden wie in alten Zeiten.

Von 1952 bis 1994 war Bischofswerda Kreisstadt. In dieser Zeit entstand der neue Stadtteil Bischofswerda-Süd mit Schulen, Kaufhalle, Altenheim und vielen Wohnblocks. Wo einst die Stadtmauer verlief, befinden sich heute schöne Parkanlagen, wie wir es aus anderen Oberlausitzer Städten auch kennen. Dort liegen das Stadtbad, der Kleintierpark und mehrere große Teiche.

In dem Gebäude, das «Bischofssitz» genannt wird, befinden sich die Stadt-Bibliothek und die Carl Lohse Galerie. Carl Lohse war ein bedeutender Bischofswerdaer Maler, der in ganz Europa bekannt ist. Am Klengelweg in Richtung des Ortsteils Geißmannsdorf ist ein weiterer neuer Stadtteil im Aufbau.

Ebersbach

Ebersbach liegt am Oberlauf der Spree, wo diese noch ein kleines Flüßchen, ja fast nur ein Bach ist. Die Höhen westlich der Stadt steigen an zu dem tschechischen Bergland von Rumburg-Schönlinde, die östlichen Berge dagegen gehören zum Lausitzer Bergland. Seit alters her nennt man die

Ebersbach am
Schlechteberg

Gegend, zu der Ebersbach gehört, auch das «Oberland». Ebersbach erhielt erst 1925 das Stadtrecht.

Einstmals hatte es hier nur mehrere kleine Bauerndörfchen gegeben, von denen man das erstemal 1306 erfuhr. In den Hussitenkriegen 1429 waren sie so niedergebrannt worden, daß die Ortsflur etwa einhundert Jahre wüst lag. Ab 1530 begann wieder ein geordnetes Dorfwesen.

Früher hatte es hier nur eine kleine Kapelle gegeben, die dann 1682 bis 1685 zu einer Dorfkirche umgebaut und 1729 erheblich vergrößert wurde. Es ist eine reich ausgestattete Barockkirche mit einer gewölbten Holzdecke. Die Orgel ist aus der alten Zittauer Johanniskirche hierher versetzt worden.

In Ebersbach gibt es sehr viele Umgebindehäuser, und zwar alle Arten, die wir kennen, vom kleinen einstöckigen Häuschen bis zu den feingegliederten großen Häusern mit schönen Türstöcken und reichem Fachwerk. Sie stammen meist aus der Zeit von 1770 bis 1840.

Wie in allen Zittauer Ratsdörfern, so war auch in Ebersbach bald die Hausweberei verbreitet, die sich ständig vergrößerte und schließlich zur Textilindustrie anwuchs. Ab 1865 arbeitete die erste Fabrik mit Maschinen, und in der Folgezeit entstanden rasch immer mehr Betriebe. Als Ebersbach 1873 und 1877 an die Eisenbahnlinien angeschlossen worden war, ging sein moderner Aufschwung nunmehr noch schneller.

Im Stadtbild erhoben sich zahlreiche große Fabriken, aber zugleich sieht man die vielen Stadtteile, die noch deutlich an ihre dörfliche Geschichte erinnern.

Auf dem Schlechteberg befindet sich seit 1912 die Humboldtbaude, die wertvolle naturwissenschaftliche Sammlungen zeigt.

Die Anhöhe im Norden der Stadt heißt die «Klunst». Hier wird seit fast einhundert Jahren ein schweres dunkles Ganggestein abgebaut, so daß der schroffe Gipfel des Berges schon verschwunden ist.

Ebersbach ist in der Oberlausitz gut bekannt, weil hier die Volkskunst, insbesondere die Mundartdichtung, erhalten und gepflegt wird.

Elstra

Elstra liegt am Fuße des Nordwestlausitzer Hügellandes, wo sich ein Höhenzug vom Hochstein bis nach Kamenz hinzieht, der die Grenze zum Lausitzer Gefilde bildet. Weil hier zwei Landschaften zusammentreffen, hat Elstra eine schöne freundliche Umgebung.

Durch das Städtchen fließt die Schwarze Elster, die hier noch ein kleiner lebhafter Bach ist. Vor 1000 Jahren hieß der Bach Alestra. Die Sorben sagten Halštrow, und daraus machten später die Deutschen Elstra.

Aber das ist noch nicht alles, Elstra hat auch einen Spitznamen. Es heißt «Schumlau». Das kommt von dem alten sorbischen Wort «šuma» und bedeutet «Wald». Wir sehen also, daß schon der Name der kleinen Stadt recht interessant ist.

Seit wann Elstra Stadt ist, weiß man immer noch nicht ganz genau. Es könnte seit 1323, 1383 oder seit 1528 Stadtrecht haben. In alten Zei-

ten war Elstra Adelssitz mit einem Rittergut. Schon um 1250 gab es hier die Herrschaft von Ponickau. Aus dem Gutsdorf war mit der Zeit die Kleinstadt geworden. An den Straßen und am Marktplatz kann man erkennen, daß die Stadt planmäßig angelegt worden ist. Die Größe des Marktplatzes verwundert fast ein bißchen, denn er ist so groß, wie ihn sonst nur weit bedeutendere Städte haben. Mitten auf dem Marktplatz steht die Stadtlinde, die an alte Zeiten erinnert.

Nur wenige Schritte weiter ist eine schöne kursächsische Postdistanzsäule von 1725 zu sehen. An der anderen Seite des Platzes erhebt sich das Rathaus, dessen Uhrtürmchen ein sogenannter Dachreiter ist. Das Rathaus wurde gleich nach dem verheerenden Stadtbrand von 1717 neu aufgebaut. Damals war die ganze Stadt abgebrannt. Die St.-Michael-Kirche entstand erst 1726. Ihre schön geschweifte Turmhaube mit Wetterfahne und Knopf ist weithin zu sehen.

In der Talsenke zur Schwarzen Elster zu breitet sich der Schloßpark aus. Weil er lange Zeit lieblos behandelt worden war, sind nur noch Reste

In Elstra

seiner einstigen Schönheit vorhanden, und er sieht mehr wie ein Wäldchen aus. Doch gleich am großen Eingangstor kann man eine Kostbarkeit betrachten. Es ist eine große Sandsteinfigur, die Herkules mit der Erdkugel darstellt. Diese Figur ist eine Kopie nach dem Vorbild der berühmten Dresdner Werkstatt von Balthasar Permoser.

Durch die Jahrhunderte war Elstra ein Ackerbürgerstädtchen, in dem es auch viele Handwerker gab. Ein uraltes Handwerk hat sich bis heute erhalten, es ist die Bunttöpferei. Wunderschöne Gegenstände der Oberlausitzer Volkskunst werden hergestellt und verkauft. Schüsseln, Teller, Krüge, Kannen, Dosen und vieles mehr werden mit der «Schwämmeltechnik» in allen Farben verziert und dann mit einer feinen Glasur überzogen.

Görlitz

Görlitz war immer die größte Stadt der Oberlausitz. Seine Geschichte reicht über eintausend Jahre zurück. Einstmals lag auf der Anhöhe über dem linken Neißeufer nur ein kleines Bauern- und Fischerdorf mit dem Namen Gorelec. Eine alte Urkunde, die Kaiser Heinrich IV. im Jahre 1071 ausgestellt hatte, nennt zum erstenmal diesen Namen.

Aus noch älteren Zeiten hatte sich auf dem Kirchberg eine sorbische Burg erhalten, die der böhmische Herzog Sobieslaus 1126 erneuern und 1131 erweitern ließ. Sie wurde Yzhorelik genannt. Aus den beiden alten Namen Gorelec und Yzhorelik ist schließlich Görlitz geworden.

Um den Kirchberg herum, der auch Burgberg hieß, und im Lunitztal breitete sich allmählich eine größere Siedlung aus. Dieser Ort war bedeutsam geworden, da sich hier zwei wichtige Handelsstraßen kreuzten. Die eine kam von der Ostsee über Frankfurt an der Oder und führte dann weiter über das Zittauer Gebirge nach Prag. Die andere ist die Hohe Straße, die in einer Furt die Neiße durchquerte und nach Polen verlief. Später überspannte eine starke hölzerne Brücke den Fluß, so daß Görlitz nunmehr ein Brückenort war, der bald zum Handelsplatz wurde.

Um 1150 war die Nikolaikirche erbaut worden, die somit die älteste Kirche der späteren Stadt ist. In der neuen Siedlung ließen sich immer mehr Menschen nieder, so daß sie um 1220 allmählich zur Stadt heranwuchs. Von der Burg, dem Vogtshof, aus regierte der Landvogt das Land Görlitz.
Die Stadt hatte sich vom Burgberg aus die Neiße aufwärts und rings um den Untermarkt und das Rathaus ausgebreitet. Doch kaum dreißig Jahre später mußte sie erweitert werden, so daß schon 1250 der Obermarkt entstand. Fortan vergrößerten die Görlitzer ihre Stadt und bauten sie jahrhundertelang aus.

Der Dicke Turm
in Görlitz

Das alte Görlitz war von einer hohen doppelten Stadtmauer umgeben, in die viele Türme mit Zinnen und Schießscharten eingefügt waren. Basteien mit dicken Mauern ragten vor die Stadtmauer hinaus. Sie hatten

Öffnungen, aus denen drohend die Kanonen schauten. Vor der Stadtmauer zog sich der wassergefüllte Stadtgraben hin. Die Stadt sah wie eine gewaltige graue Festung aus. Besonders stark und fest waren die Stadttore gebaut. Jeden Abend wurden die Zugbrücken hochgezogen, und nach innen ließen sich die Tore sogar noch mehrfach versperren.

Unten an der Neiße gab es viele Mühlen, und es herrschte ein emsiges Treiben. Es waren nicht nur Getreidemühlen, sondern auch Schneidemühlen, Papiermühlen, Pulvermühlen, Eisenhämmer und Tuchwalken. Weil es in alten Zeiten keine Läden und Geschäfte gab, boten die Handwerker und Händler ihre Waren auf dem Markt an. Der Untermarkt diente den Stadtbewohnern, der Obermarkt dagegen dem Fernhandel. Daneben gab es noch den Fischmarkt und den Federnmarkt. Auch wurde in den Straßen Markt abgehalten, wo es oft überdachte Verkaufsstände gab. Solche Stände hießen Fleischbänke, Brotbänke oder Schuhbänke.

Wo heute der Stadtpark ist, zog sich einst die Viehweide hin. Hier graste das Schlachtvieh, das der Rat der Stadt auf dem Viehmarkt gekauft hatte. Der heutige Postplatz ist der alte Viehmarkt gewesen. Der Städtische Schlachthof hieß Kuttelhof, weil die Eingeweide Kutteln genannt wurden. Er befand sich an der Neiße bei der Peterskirche.

Jahrhunderte sind über die Stadt gegangen, und doch gibt es heute noch Zeugen dieser lange versunkenen Zeit. Die Plätze, Straßen und Gassen

*Rathaus-
treppe*

sind bis in unsere Tage erhalten geblieben und lassen uns manches aus ihrer Geschichte ablesen.

Prächtige Kirchen aus dem Mittelalter wie die Peterskirche, deren Bau schon um 1230 begonnen hatte, oder die Frauenkirche, an der man 27 Jahre von 1459 bis 1486 baute, sowie die Dreifaltigkeitskirche am Obermarkt, die nach 1234 erbaut worden ist, sind da hervorzuheben. Berühmt sind auch die drei Kapellen zum Heiligen Kreuz, von 1481 bis 1504 errichtet. Eine davon ist dem Grabe Christi getreu nachgebildet.

Von den alten Festungswerken erhebt sich über dem Ufer der Neiße die Ochsenbastei, und ein gutes Stück der doppelten Stadtmauer ist noch vorhanden. An der Steinstraße steht seit 1300 der düstere Dicke Turm, dessen Mauern fünf Meter stark sind. Auch am Obermarkt ist ein ehrwürdiger Wehrturm zu sehen. Es ist der Reichenbacher Turm, den zahlreiche schöne Wappen schmücken. Er stand bereits 1376. In seiner Nähe erhebt sich das mächtige Bollwerk des Kaisertrutzes, das einstmals vor die Stadtmauer hinausragte. Sein Name entstand im Dreißigjährigen Krieg, weil 1641 die Schweden, die die Stadt besetzt hatten, den kaiserlichen Truppen trotzten.

Zu den ältesten und schönsten Bauwerken zählt das Rathaus am Untermarkt mit der Freitreppe, der Justitia-Säule und dem großen Wappen des Ungarnkönigs Matthias Corvinus. Eigentlich besteht das Rathaus aus vier verschiedenen Häusern. Das älteste, ehemals auf der Mitte des Platzes, gab es schon vor 1300. Besonders interessant ist der Turm des Rathauses mit den zwei großen Uhren. Die untere erhielt 1584 ein neues Zifferblatt mit 12 Ziffern. Das alte hatte vierundzwanzig gehabt. Da die Uhren auch die Mondgestalten anzeigen, gehören sie zu den Kunstuhren. Ein Männerkopf mit Ritterhelm bewegt alle Minute den Unterkiefer, und dabei blinkt ein Licht im Munde.

In Görlitz gibt es viele Bürgerhäuser, die ebenfalls ein ehrwürdiges Alter aufweisen. An der Nordseite des Untermarktes steht das Haus Nr. 22, dessen schönes Portal, um 1500 gestaltet, recht merkwürdig ist. Es ist der sogenannte Flüsterbogen, der viel Spaß bereiten kann. Denn wenn man auf der einen Seite etwas ganz leise in die Hohlkehle des Torbogens flüstert, hört man es an der anderen Seite deutlich. Das kann jeder selbst einmal ausprobieren.

Viele der Bürgerhäuser sind umgebaut, erweitert oder außen so verändert worden, daß man ihnen ihr Alter nicht ansehen kann. Manche sind beachtlich groß, doch ihre eigentliche Besonderheit sieht man erst innen. Es handelt sich nämlich um die gotischen Hallenhäuser. Anstatt des gewöhnlichen Hausflures haben sie eine sehr hohe Halle, die oben mit schönen Kreuzrippengewölben abgeschlossen ist. Diesen Anblick kennt man meistens nur aus Kirchen. Die Görlitzer Hallenhäuser sind einmalig in Deutschland.

Am Untermarkt neben dem Rathaus steht der Schönhof, ein vornehmes Bürgerhaus von 1526. Es ist das älteste Renaissance-Bürgerhaus Deutsch-

Rathaus-
portal

«Der Blechner»
an der
Schwarzen Gasse

lands. An seiner Stelle standen einst drei ältere Häuser, die beim großen Stadtbrand 1525 zerstört worden waren. Der Baumeister, der den Schönhof errichtete, hieß Wendel Roskopf der Ältere. Er lebte von etwa 1485 bis 1549 und kam 1517 nach Görlitz. Weil er viele großartige Bauwerke geschaffen hat, hieß er schon 1518 der Meister von Görlitz und Schlesien.

In Görlitz wird es damals Aufsehen erregt haben, so anders zu bauen, denn der Schönhof war etwas ganz Neues, verglichen mit den mittelalterlichen Häusern von früher. In dem neuen Baustil entstanden nun sehr rasch zahlreiche andere Häuser. Sie waren oft reich geschmückt mit Erkern, Säulen, Figuren, Simsen und schönen Giebeln. Besonders die Haustüren wurden zu prächtigen Portalen gestaltet, so daß sie wahre Kunstwerke darstellen.

Ochsenbastei

Eines der interessantesten Renaissancehäuser ist das Biblische Haus in der Neißstraße. An seiner Außenwand sind Bilder aus der biblischen Geschichte in Stein gehauen. Ihr Schöpfer war der Meister Hans Kramer der Jüngere. Das Haus wurde 1570 gebaut und gehörte einem reichen Waidhändler aus dem thüringischen Weimar. Der Waid ist eine Pflanze, aus der man den blauen Farbstoff zum Färben der Tuche gewann.

Obwohl Görlitz in den Feuersbrünsten von 1691, 1717 und 1726 viel Schaden genommen hat, gibt es heute noch prächtige Renaissancebauwerke in der Stadt, so daß man oft von der deutschen Renaissance-Stadt spricht.

Im Stadtpark, nicht weit von der Neißebrücke, befindet sich der Meridianstein, welcher der Erdkugel nachgebildet ist. Er gibt an, daß genau hier der 15. Grad östlicher Länge verläuft. Nach ihm richtet sich die Mitteleuropäische Zeit, die deswegen auch Görlitzer Uhrzeit heißt. Alle Länder der Erde, die der 15. Meridian schneidet, haben also Görlitzer Uhrzeit.

Meridianstein

Am Demianiplatz steht das von 1912 bis 1913 errichtete große Kaufhaus, das wohl einmalig in Deutschland ist. Dabei diente ein Berliner Kaufhaus von 1904, das im Zweiten Weltkrieg jedoch den Bomben zum Opfer fiel, als Vorbild. Auch wenn man gar nichts kaufen will, lohnt es sich, das merkwürdig schöne Kaufhaus zu besuchen und die Marmorwände, die Treppen und Leuchter sowie das gläserne Gewölbe zu betrachten.

Im Jahre 1816 gab es in Görlitz die erste Fabrik. Es war eine Tuchfabrik, und 1836 folgte eine Wollspinnerei mit Dampfmaschinenantrieb.

Als 1845 erstmals die Sächsisch-Schlesische Eisenbahn von Dresden nach Breslau fuhr, war Görlitz ein wichtiger Eisenbahnknotenpunkt geworden, denn auch die Märkisch-Schlesische Eisenbahn verlief über Görlitz. Vier Jahre später gründete Christoph Lüders eine Waggonbauanstalt, in der er 1849 zwei Eisenbahnwaggons baute. Aber 1852 waren es schon 81 Stück. So begann der Waggonbau in Görlitz, aus dem später ein Großbetrieb hervorging, der für die gesamte Oberlausitz bedeutsam wurde.

Ein zweiter Betrieb, der Görlitz nicht nur in Deutschland bekannt machte, sondern in vielen Ländern der Erde, war das Feinoptische Werk Hugo Meyer und Co. Es stellte Photoobjektive, besonders für Spiegelreflexkameras her. Diese Meyer-Optiken waren wegen ihrer Qualität überall sehr geschätzt.

Immer mehr Industriebetriebe siedelten sich in Görlitz an. Bald war kaum noch Platz für neue Bauwerke vorhanden. So riß man in den Jahren von 1838 bis 1848 die meisten der alten Befestigungsanlagen nieder und brach an der Neiße die zahlreichen Mühlen ab. Die neuen Betriebe wuchsen im Süden und Westen vor der Stadt empor. Aber auch ganz neue Stadtteile mit breiten Straßen und hohen Wohn- und Geschäftshäusern breiteten sich aus. Gut ist das heute noch zwischen dem Bahnhof und der Altstadt zu sehen. Görlitz hatte 1910 bereits 85 525 Einwohner und war auf dem besten Wege, eine Großstadt zu werden. Heute sind es noch um 65 000.

Aber nicht nur die Produktion hatte sich stürmisch entwickelt, sondern auch das geistige Leben und die Kultur blühten auf. Davon zeugen die Museen und Sammlungen, die Bibliotheken, das Theater, die Parkanlagen, die Denkmäler sowie die 1908 erbaute Stadthalle.

Görlitz war im Zweiten Weltkrieg im Gegensatz zu den meisten anderen deutschen Städten von schweren Zerstörungen verschont geblieben. Doch die neue Staatsgrenze zu Polen teilte die Stadt. Rechts der Neiße besteht nunmehr die polnische Stadt Zgorzelec. Viele Jahre war die Grenze geschlossen, und beide Städte entwickelten sich getrennt.

Görlitz gehörte seit 1945 wieder zu Sachsen und ab 1952 zum Bezirk Dresden. In den folgenden Jahren war die Industrie stark angewachsen, und es sind seitdem große Neubauviertel wie in Weinhübel und Königshufen errichtet worden.

Mit den Jahren zeigten sich jedoch dunkle Schatten für die Stadt, denn es war kaum noch etwas für die schöne, ehrwürdige Altstadt getan worden. Nicht nur einzelne Häuser, sondern ganze Straßenzüge verfielen und wurden unbewohnbar. Heute müssen wir mit Kummer feststellen, daß es in Görlitz mehr leerstehende Wohnungen gibt als in den schweren Nachkriegsjahren.

Es wird sehr lange dauern, bis alles repariert ist und Görlitz seinen Glanz und sein strahlendes Aussehen zurück haben wird. Ermutigende Anfänge sind erfreulicherweise vielerorts zu sehen.

Großröhrsdorf

Großröhrsdorf zieht sich im Tal der Großen Röder hin, die in einer feuchten Senke bei dem kleinen Ort Röderbrunn entspringt. Sein Name bedeutet «großes Dorf eines Rüdiger», der um 1350 Grozen Rudigersdorf geschrieben wurde. In alten Zeiten gehörte es nicht zum Markgraftum Oberlausitz, dessen Grenze die Pulsnitz war, sondern zur Mark Meißen. Als 1559 die benachbarten bischöflich-meißnischen Gebiete zum Kurfürstentum Sachsen gekommen waren und 1635 die gesamte Oberlausitz sächsisch geworden war, verschwammen die Unterschiede allmählich, und man rechnete Großröhrsdorf mit zur Oberlausitz.

Erst 1924 erhielt Großröhrsdorf das Stadtrecht. Einstmals war es ein Bauerndorf gewesen, in dem ein großes Lehnsgut lag, welches die Gerichtsbarkeit ausübte. Nach 1600 siedelten sich einzelne Handwerker an. Ein denkwürdiges Jahr für Großröhrsdorf war 1680, denn da ließ sich der erste Bandweber nieder. Es war der Beginn der umfangreichen Bandweberei, die später Großröhrsdorf zum Mittelpunkt dieses Wirtschaftzweiges machen sollte. Anfangs gab es fünf Bandweber, 1734 bereits über dreißig, 1810 waren es schon mehr als 200 Bandwebstühle, und 1891 arbeiteten 32 Bandfabriken im Ort. Alle Arten von Bändern, die man sich nur denken kann, wurden hier produziert.

Als 1871 Großröhrsdorf einen Bahnhof erhalten hatte, entstanden in rascher Folge immer neue Produktionszweige im Ort, und die Einwohnerzahl wuchs schnell an. Daß sich Großröhrsdorf von einem Bauerndorf zur Industriestadt entwickelt hat, ist heute augenfällig im Ortsbild zu sehen. Von früher her stehen noch alte Drei- und Vierseithöfe, meist mit schönem Fachwerk versehen, entlang der Großen Röder. Auch die Barockkirche, die 1731 bis 1736 errichtet worden ist, fügt sich harmonisch ein.

*Großröhrsdorf
am Rathaus*

Ebenso stehen zahlreiche Fabriken mitten in der Stadt. So kommt es, daß moderne städtische Ortsteile mit ländlichen eng beieinander liegen und trotzdem ein passendes Ganzes bilden.

Herrnhut

Herrnhut ist eine kleine Stadt mitten im Ostlausitzer Hügelland, die ohne ihre Randdörfer nicht einmal 2000 Einwohner zählt. Aber sie hat ihren Namen weit in die Welt hinausgetragen und damit die Oberlausitz bekanntgemacht. Der Grund dafür ist die Herrnhuter Brüdergemeine, die 1722 den Ort gegründet hat. Es waren Menschen aus Böhmen und Mähren, die ihres evangelischen Glaubens wegen ihre Heimat verlassen mußten.

Einst waren hier nur Wald und Wiesen des Rittergutes Berthelsdorf, die Nikolaus Ludwig Reichsgraf von Zinzendorf und Pottendorf gehörten. Er hatte den Flüchtlingen Land gegeben, damit sie sich eine neue Heimat schaffen konnten. An der Stelle, wo der erste Baum für das Bauholz gefällt wurde, steht heute ein Gedenkstein im Wald. Zinzendorf lehrte, daß man Gottes Wort nicht nur predigen sollte, sondern auch danach leben müßte. Die Menschen nannten sich fortan «Brüdergemeine», und ihre Kirche hieß «Gemeinhaus».

Nur wenige Jahre später zogen die Herrnhuter in die Welt und legten in Südamerika, in Afrika, in Tibet und auf Grönland Missionen an, verbreiteten ihre Lehre und halfen den Bewohnern in vielen Dingen. Herrnhut selbst war stets der Mittelpunkt ihrer Tätigkeit geblieben. Die Herrnhuter Missionare brachten aus den fremden Ländern viele interessante Gegenstände mit, die heute im Museum für Völkerkunde zu sehen sind.

Allmählich war Herrnhut zu einer kleinen Stadt angewachsen, in deren Mittelpunkt der Zinzendorfplatz liegt. Neben dem Gemeinhaus waren der Vogtshof, das Schloß sowie die Chorhäuser der Witwen und der ledigen Brüder und Schwestern erbaut worden. An den geraden Straßen, die sich im rechten Winkel schneiden, sieht man, daß die Stadt ganz planmäßig angelegt worden ist. Obwohl im zweiten Weltkrieg zahlreiche Gebäude zerstört wurden, die bis heute nicht alle wieder aufgebaut werden konnten, hat doch Herrnhut viele großartige Sehenswürdigkeiten.

Altan auf dem Herrnhuter Hutberg

Am östlichen Stadtrand, wo es zum Hutberg hinaufgeht, befindet sich ein ungewöhnlicher Friedhof, der Gottesacker der Brüdergemeine. Er ist streng in «Quartiere» eingeteilt, wobei Männer und Frauen getrennt beerdigt sind. Auf den Rasenflächen liegen die schlichten Grabsteine in langen Reihen.

Auf dem Gipfel des Hutberges erhebt sich der runde Altan als Aussichtspunkt. Von hier aus sind weite Teile der Oberlausitz zu überschauen. In der Ferne stehen die Gebirge am Himmel, und zu Füßen breitet sich die Stadt in ihrer schönen freundlichen Landschaft aus.

In der Stadt gibt es noch ein zweites Museum mit den «Alt-Herrnhuter Stuben», wo vieles aus der Geschichte Herrnhuts ausgestellt ist. Herrnhut hat noch eine Besonderheit, es ist ein

kleiner Betrieb, der auch die Sternelei genannt wird. Hier werden seit vielen Jahren die bekannten Herrnhuter Adventssterne hergestellt, die in ganz Deutschland beliebt sind und auch in andere Länder verschickt werden.

All das zeigt, wie bedeutsam die kleine Stadt in der Oberlausitz ist.

Hoyerswerda

Im Sommer 1955 begann der Aufbau des riesigen Braunkohleveredelungsbetriebes Schwarze Pumpe in der Trattendorfer Heide. Das ist ungefähr zwölf Kilometer nördlich von Hoyerswerda auf Spremberg zu. Die «Schwarze Pumpe» erzeugte Briketts, elektrischen Strom und vor allem Gas. Fast 14 000 Menschen arbeiteten dort. In den kleinen Orten der Umgebung gab es nicht so viele Wohnungen, um all die Arbeitskräfte unterzubringen. Aus diesem Grunde gab es den Plan, bei Hoyerswerda eine ganz neue Wohnstadt anzulegen. Die Bauarbeiten begannen 1957. Im Laufe der Jahre sind zehn große Stadtteile entstanden, die als Wohnkomplexe bezeichnet und einfach mit WK abgekürzt werden. In jedem Wohnkomplex gibt es Schulen, Kindergärten, Gaststätten, Geschäfte und viele andere Einrichtungen. Fast alle Gebäude bestehen aus Betongroßplatten. In der neuen Stadt fällt auf, daß es sehr viele Grünflächen und schön gestaltete Anlagen gibt. Alle Wohnkomplexe sind durch die Stadtbuslinien miteinander verbunden. Das eigentliche Stadtzentrum ist allerdings bis heute noch nicht zustande gekommen, sein Aufbau war immer wieder verschoben worden. Nur das Warenhaus, das Lausitz-Center und die Lausitz-Halle befinden sich dort. Deshalb sind in ihrer Nähe noch große weite

Flächen unbebaut. Mit dem Aufbau der Neustadt ist Hoyerswerda zur zweitgrößten Stadt der Oberlausitz geworden.

Die Schwarze Elster umfließt in großem Bogen die Altstadt und trennt sie so von der Neustadt. Auf dem Werder der Schwarzen Elster gab es im 11. Jahrhundert eine Wasserburg. Ein Werder ist eine Halbinsel oder eine Anhöhe, die sich aus einem Sumpf erhebt. So erklärt sich ein Teil des Namens von Hoyerswerda. Das Land gehörte 1272 dem Adligen Hoygerus de Vrideberch, und seit 1268 hieß es Hogerswerda.

Die Burg inmitten von Sümpfen und großen Teichen hat in der Geschichte Hoyerswerdas eine bedeutende Rolle gespielt. Im Jahre 1467 wurde die Burg zerstört. Den reichen Bürgern des Oberlausitzer Sechsstädtebundes war die Feste von Hoyerswerda ein Dorn im Auge; denn auch von dort aus wurden Kaufmannswagen überfallen und ausgeplündert. Da der böhmische König dem Sechsstädtebund erlaubt hatte, die Burgen der Raubritter zu zerstören, beschloß man, das Schloß von Hoyerswerda zu belagern. Ein starkes Heer erstürmte und schleifte es, bis schließlich niemand mehr erkennen konnte, was dort einstmals gestanden hatte. Es war die Zeit, als der Ungarnkönig Matthias Corvinus die Oberlausitz und Schlesien an sich gebracht hatte. Die Reste der Burg brannten 1589 völlig aus, doch drei Jahre später, 1592, ließ der Adlige Seyfried von Promnitz auf den Ruinen ein Schloß erbauen. Von wenigen Umbauten abgesehen, ist das Schloß heute noch so erhalten, wie es 1592 angelegt worden war. Seit 1781 gehört es der Stadt Hoyerswerda.

In der Nähe des Schlosses gibt es eine Straße mit dem hübschen Namen «Am Haag». Haag ist ein ganz altes Wort für ein kleines Grundstück, das mit Gebüsch umzäunt ist. Am Haag war ein winziges Dörfchen für sich, wo die Angestellten der Schloßherrschaft wohnten. In jüngster Zeit erhielt das Schloß nun endlich sein prächtiges Aussehen wieder. Heute befinden

Hoyerswerda

sich das Museum und verschiedene Verwaltungen darin. Um das Schloß herum breiten sich die gepflegten Anlagen des Tierparks aus. So lohnt sich also der Besuch des Schlosses gleich mehrfach, denn überall gibt es dort viel zu sehen. Ganz in der Nähe steht auch das 1702 erbaute Amtshaus, das meistens als Lessing-Haus bezeichnet wird. Hier wohnte Theophilus Lessing, der Onkel des Dichters Gotthold Ephraim Lessing. Wenn Schulferien waren, kam Gotthold Ephraim Lessing hierher zu Besuch.

Nicht minder interessant ist die Geschichte der Stadt selbst. Im Jahre 1371 erhielt die Siedlung vom deutschen Kaiser und böhmischen König Karl IV. das Marktrecht, was in der damaligen Zeit ganz bedeutsam war. Um 1423 verlieh ihr der böhmische Freiherr von der Duba, der Landvogt der Oberlausitz, das Stadtrecht. Freilich war die Stadt noch recht klein, gerade einmal 450 m lang und 350 m breit. Rund um die Stadt zog sich ein

Schutzwall, vor dem der Stadtgraben lag. Ungefähr dort, wo heute das Postamt ist, stand damals das Wittichenauer Tor. Im Nordwesten und Nordosten der Stadt gab es die Senftenberger und die Spremberger Vorstadt. Dort befanden sich die Scheunen der Hoyerswerdaer Ackerbürger. Der Mittelpunkt der Stadt war durch die Jahrhunderte der Markt mit dem Rathaus. Das Rathaus, wie wir es heute sehen, ist 1591 bis 1592 erbaut worden. Eine Freitreppe führt zu einem schönen Rundbogenportal hinauf, das mit drei Wappen geschmückt ist. Es sind die Wappen des Standesherrn Seyfried von Pommritz, und da er zweimal verheiratet war, die Wappen der beiden Ehefrauen, geborene von Schafgotsch und von Lobkowitz. Nicht weit vom Markt erhebt sich die Stadtkirche St. Johannes, die vom Ende des 15. Jahrhunderts stammt. An der gleichen Stelle stand aber viel früher bereits eine Kirche, die schon 1346 bekannt war. Am Ende des 2. Weltkrieges schwer beschädigt, erhielt die Kirche erst nach mehr als 45 Jahren ihre kupfergedeckte Turmhaube wieder. Eine andere alte Kirche ist die Kreuzkirche, die kurz nach 1700 erbaut worden ist. Sie diente als Begräbniskirche. Heute ist sie von einer schönen Parkanlage umgeben, in der zahlreiche Figuren aus Sandstein stehen.

Ein interessanter Überrest der alten Stadt ist die Lange Straße, die jetzt unter Denkmalschutz steht. Dort sind viele kleine Handwerkerhäuser erhalten, und man kann sich gut vorstellen, wie einstmals die gesamte Stadt ausgesehen hat.

Im alten Hoyerswerda wurde früher viel Leder verarbeitet, allein 140 Schuhmachermeister gab es. Ein zweiter wichtiger Erwerbszweig waren die Pfefferküchlereien, die alle Sorten von Pfefferkuchen buken und auf den Märkten verkauften. Das war schon so, lange bevor in der Pfefferkuchenstadt Pulsnitz die Pfefferküchlerei begann.

Hoyerswerda war durch die Zeiten immer eine ziemlich kleine Stadt geblieben, wie man es an der Einwohnerzahl von 1632 sieht. Damals

waren es 800 Einwohner, und 300 Jahre später, als es die Neustadt noch
nicht gab, waren es gerade einmal 6000.

Der Dreißigjährige Krieg hatte auch hier schlimme Auswirkungen.
Viele Menschen starben an der großen Hungersnot, an der Pest und anderen Seuchen. Die Schweden fielen 1642 über die Stadt her und brannten
fast alles nieder.

Nach diesem schrecklichen Krieg wurden Hoyerswerda und das
Schloß neu aufgebaut.

August der Starke, Kurfürst von Sachsen, machte oft bei anderen
reichen Leuten Schulden. Als er der Reichsgräfin von Teschen geborgtes
Geld nicht zurückzahlen konnte, übertrug er ihr dafür die Herrschaft
Hoyerswerda als Pfand. Sie ließ das Schloß so umbauen, wie wir es heute
kennen. Um aus Hoyerswerda eine ansehnliche Stadt werden zu lassen,
unterstützte sie Handwerker und Bauern. Deshalb trägt heute eine Straße
ihren Namen.

Da Handwerk und Handel immer mehr zunahmen, war es notwendig,
gute Verbindungswege zu haben. Auf dem Markt vor dem Rathaus steht
heute noch die kursächsische Postdistanzsäule von Hoyerswerda. Darauf
sind die Strecken und Entfernungen eingehauen. Bekannte Städtenamen
auf den Poststrecken wie Spremberg, Dresden oder Bautzen sind dort zu
entdecken.

Die Bevölkerung der Stadt bekam in den Jahren von 1756 bis 1763
die Lasten des Siebenjährigen Krieges zu spüren. Nicht genug, daß sich
preußische und österreichische Truppen ganz in ihrer Nähe bekämpften.
Fast jede Familie hatte Soldaten bei sich aufzunehmen, manchmal so
gar fünf oder sechs, und sie auch noch zu verpflegen, also das wenige,
das sie besaß, mit fremden Menschen zu teilen. Nach den Eroberungs-

kriegen Napoleons mußte Sachsen 1815 auch die Stadt Hoyerswerda an Preußen abtreten, was die Bewohner sehr bedrückte und großen Unmut auslöste.

Der schlimmste aller Kriege war 1945 mit seiner ganzen Grausamkeit bis Hoyerswerda vorgedrungen, wo Tausende Soldaten noch in den letzten Tagen ihr Leben verloren. Ihre Grabmäler sollen uns mahnen. Und die Menschen hoffen, daß es nie wieder einen Krieg in unserer Heimat geben wird.

Als 1873 die Eisenbahnlinie nach Ruhland fertiggestellt war, begann für Hoyerswerda die moderne Zeit. Dadurch kam die Industrie in die Umgegend. In Hoyerswerda nahm 1891 eine Glashütte die Arbeit auf. In der weiteren Umgebung war nunmehr der Braunkohlenbergbau begonnen worden, erst in Schächten, aber bald in großen Tagebauen, und zugleich entstanden viele Brikettfabriken und Kraftwerke.

Um Hoyerswerda gibt es Kiefernwälder und Heiden, an die sich das Oberlausitzer Heide- und Teichgebiet anschließt, wo zahlreiche Fischteiche zu finden sind. Aber auch große Seen, die einmal Braunkohlentagebaue waren, sind in der Nähe: der Knappensee, der Silbersee und der See von Mortka. Nicht weit ist es nach Dörgenhausen, wo eine gut erhaltene Bockwindmühle steht, oder zur Kleinstadt Wittichenau, wo alle Jahre das Osterreiten stattfindet. In ihrer Nähe ist das bekannte Naturschutzgebiet des Dubringer Moores.

Kamenz

Kamenz breitet sich auf einem Granodiorit-Felsvorsprung zwischen dem 294 Meter hohen Hutberg und den Tälern der Schwarzen Elster und des Langen Wassers aus.

Die älteste Ansiedlung war ein kleines sorbisches Dörfchen, das stary kamjenc hieß. Die Deutschen nannten es später Reichardsdorf. Es ist bis heute als Vorstadt erhalten. Der Name Kamenz kommt von dem sorbischen kamjenc und bedeutet «Kleiner Ort am Stein». Seit dem Jahre 1160 stand auf dem Jakobsberg am alten Jakobsweg eine Kirche. Sie trug den Namen Philippi-Jakobi-Kirche.

Vor 1200 legte Bernhard von Vesta aus dem Pleißenland an der Furt, wo die Hohe Straße durch die Schwarze Elster führte, eine Wehranlage an. Wahrscheinlich verlieh der deutsche Kaiser Friedrich I., Barbarossa, schon vor dem Jahre 1190 der neuen Marktsiedlung das Stadtrecht. Und damit wäre sie die älteste Stadtgründung durch einen Grundherren in der gesamten Oberlausitz. Die Nachkommen des Bernhard I. von Vesta nannten sich fortan nach ihrem Besitz Herren von Kamenz. Bernhard II. von Kamenz ließ nach 1200 die Stadt auf eine höher gelegene dreieckige Fläche erweitern. Aber bereits vor 1225 brannte die Stadt Kamenz mit ihrer Pfarrkirche ab. Kamenz wird zum ersten Mal in einer Urkunde vom 19. Mai 1225 als oppidum, Landstadt, erwähnt.

Die Herren von Kamenz waren sehr reich. Ihre Ländereien erstreckten sich bis an die Pulsnitz und bis Hoyerswerda. Auch der Eigensche Kreis mit Bernstadt und Grundbesitz bei Görlitz gehörten ihnen. Sie gründeten 1248 ein eigenes Hauskloster, Sankt Marienstern bei Panschwitz-Kuckau. Weil sie viel Land an das Kloster verschenkten und ritterliche Vasallen mit 60 Dörfern belehnten, verloren sie selbst bald an Macht.

Dadurch wurde 1319 Kamenz eine freie königliche Stadt und trat 1346 dem Oberlausitzer Sechsstädtebund bei.

Aus uralten Zeiten ist auf dem Reinhardsberg ein ovaler Burgwall erhalten geblieben. Mit einem Durchmesser von 80 x 45 m stellt er das älteste Baudenkmal von Kamenz dar. Ihn haben schon die Milzener als Burg benutzt. Auch ein Gräberfeld mit vielen Grabgefäßen aus jener Zeit entdeckte man auf dem jetzigen Kasernenhof.

Auf einem Grauwackenfelsen erhebt sich seit 1480 die spätgotische Stadtkirche Sankt Marien. Achtzig Jahre hatte ihre Bauzeit gedauert. Ihr Turm trägt einen barocken Aufsatz. Er schaut mit 63 m Höhe weit ins Land hinaus. Überaus wertvoll sind die Altäre der St. Marienkirche, der spätgotische Hauptaltar (im Schrein Maria mit Johannes dem Täufer und Johannes dem Evangelisten), Ende des 15. Jahrhunderts geschaffen, der Michaelisaltar (St. Michael als Seelenwäger) von 1498 sowie ein kleiner Flügelaltar von 1505 mit einem Brustbild Christi. Der Kirchhof ist von einer hohen Mauer umgeben, aus der die Katechismuskirche herausragt. Sie ist eine Wehrkirche aus dem Jahre 1338 mit Schießscharten unter dem Dach. Im Inneren ist sie volkskünstlerisch reizvoll ausgestattet. Bemerkenswert sind vor allem die bemalte Holzdecke und die Emporen. Die Sankt-Just-Kirche auf dem Friedhof vor der Stadt enthält bedeutsame böhmische gotische Malereien von 1380 in den Gewölben. Von 1493 bis 1507 erfolgte der Bau des Franziskanerklosters mit der Klosterkirche Sankt Annen, das nur bis 1565 bestand und 1570 die Lateinschule aufnahm. Die Franziskaner-Klosterkirche besitzt den kunstvollen Annenaltar von 1512 mit der Heiligen Sippe in Schrein und Flügeln, den Franziskusaltar von 1520, die Stigmatisation (Erscheinen der Wundmale Christi) des heiligen Franziskus darstellend, den Heilandsaltar (Christus zwischen den Heiligen Franziskus und Bernhard) von 1513 sowie den Marienaltar (Maria zwischen den Heiligen Wolfgang und Ottilie), um 1510 entstanden. Die Kamenzer Schnitzaltäre sind Zeugnisse der hohen Oberlausitzer Schnitzkunst um 1500.

Am Markt steht ein dreieckiger Renaissancebrunnen von 1570. Er erinnert an den Bürgermeister Andreas Günther, der in der Zeit um 1550 zum Wohle der Stadt gewirkt hat. Deshalb heißt er auch Andreasbrunnen. Das Malzhaus in der Zwingerstraße stammt aus dem 16. Jahrhundert.

Ein wunderschönes Barockportal ziert das Ponickau-Haus von 1754, in dem sich das Museum der Westlausitz befindet. Das Haus gegenüber zeigt ein Renaissanceportal mit Sitznischen.

Schon im Jahre 1835 wurde die Stadtmauer abgebrochen, nur noch wenige Reste sind erhalten geblieben. So finden wir heute den Roten Turm, den Pichschuppen, die Katechismuskirche und Teile der Stadtmauer am Herrental sowie die Mönchsmauer. Der Rote Turm ist der Rest des Pulsnitzer Stadttores.

Am Weg zum Hutberg steht eine kursächsische Postdistanzsäule von 1725.

Der letzte große Stadtbrand in der Nacht vom 4. zum 5. August 1842 legte die gesamte Stadt in Schutt und Asche. Dabei sind außer der Hauptkirche, der Sankt-Just-Kirche, dem Gasthof «Zum goldenen Hirsch» und einigen Häusern an der Pulsnitzer Gasse mehr als 600 Gebäude nieder-

Lessing-Denkmal

gebrannt, und 2618 Menschen hatten keine Bleibe mehr. In den Jahren danach entstand die Stadt im klassizistischen Stil neu. Auf dem Markt erhebt sich seit 1848 das Rathaus mit einem 40 m hohen Turm. Er ist neben dem Turm der Hauptkirche Sankt Marien ein Wahrzeichen der Stadt geworden. Gleich neben der Kirche stand das Geburtshaus von Gotthold Ephraim Lessing, welches 1848 mit abbrannte. Die Klosterkirche erhielt nach dem Stadtbrand ein kleines Glockentürmchen auf der Giebelseite.

Auf dem Hutberg steht der Lessingturm. Von hier aus hat der Besucher eine wunderbare Aussicht über das Kamenzer Land. In den Monaten Mai und Juni blüht auf dem Hutberg ein Meer von farbenprächtigen Azaleen und Rhododendronbüschen. Es verwandelt den gesamten Hutberg in einen wahren Blütenberg.

Bereits als das Kamenzer Land besiedelt wurde, brachten die Einwanderer die Kunst der Tuchmacherei mit, und seitdem gibt es die Schafzucht und die Wollenweberei. Jahrhundertelang hatte Kamenz das Recht auf den Wollmarkt.

Da bei Prietitz-Thonberg gute Tone in der Erde vorkommen, wird seit alters her getöpfert. Handwerk und Gewerbe gediehen in Kamenz gut. Mit dem Bau der Eisenbahnlinien in Sachsen verwaiste die Hohe Straße, die durch Jahrhunderte für Kamenz so bedeutsam gewesen war, immer mehr. Die Stadt war vom Handel fast abgeschnitten. Erst 1870 änderte sich das, als die Eisenbahn nun auch Kamenz erreicht hatte. Der Bahnbau veränderte merklich das Stadtbild. Etwa seit 1871 dehnte sich die Stadt weit nach Nordwesten aus. Die Industrie kam mit Tuchfabriken, Ofenfabriken, Maschinenfabriken, Keramikfabriken, Glashütte und Brauerei nach Kamenz. Große Steinbrüche vor der Stadt lieferten Bau- und Straßensteine in viele Landesteile.

Kamenz ist als Lessingstadt in ganz Deutschland bekannt. Am 22. Januar 1729 kam hier Gotthold Ephraim Lessing als Sohn eines Pfarrers zu Welt. Der kleine Gotthold Ephraim besuchte mehrere Jahre das Lyceum, die höhere Schule seiner Heimatstadt. Da er ein sehr guter Schüler war, durfte er zur Fürstenschule St. Afra in Meißen überwechseln, um sich auf ein Universitätsstudium vorzubereiten. Nach dem Studium in Leipzig hatten ihn Geist und Fleiß als Dichter, Schriftsteller und Philosophen zu den Großen der deutschen Kultur gemacht. Ihm zu Ehren besteht in Kamenz das Lessing-Museum, und jedes Jahr werden die Lessing-Tage veranstaltet.

Königsbrück

Königsbrück ist von großen Wäldern der Laußnitzer Heide am Südrand der Ruhland-Königsbrücker Heiden umgeben. Die Pulsnitz, der alte Grenzfluß zwischen Böhmen und Meißen, fließt mitten durch Königsbrück hindurch. Südöstlich der Stadt erhebt sich der 431 Meter hohe Keulenberg.

Bereits 1076 bestand hier ein Grenzort zwischen dem Markgraftum Meißen und dem Königreich Böhmen. Damals durchquerte die Hohe Straße in einer Furt die Pulsnitz. Um 1200 war an dieser Stelle eine böhmische Burg errichtet worden, und 1248 ließ König Wenzel I. von Böhmen die Stadt planmäßig anlegen. In dieser Zeit dürfte auch die erste Brücke gebaut worden sein. Doch erst weitaus später, 1331, nannte man den Ort civitas Kungsbrüke unser stat, und 1351 hieß er oppidum. Von nun an sagte man zur Hohen Straße auch via regia – die Königliche Straße. Über die spätere Baderbrücke, 1558 erbaut, führte eine Handelsstraße von Dresden in die Niederlausitz und bis Frankfurt an der Oder.

Der Oberlausitzer Sechsstädtebund zerstörte 1355 die alte Burg zu Königsbrück. Auf den Grundmauern der Burg baute man im 16. Jahrhundert ein Schloß, von dem nur noch Reste erhalten sind. Königsbrück hat eine regelmäßige Stadtanlage mit einem rechteckigen Marktplatz, an dem das 1677 im Renaissancestil erbaute alte Gasthaus «Schwarzer Adler» steht.

Königsbrück
Torhaus
zum Schloß

Reste der Stadtbefestigung sind am Kirchhof und am Schloß vorhanden. Die Stadtkirche entstand in den Jahren 1682 bis 1719. Sie ist mit wertvollen spätgotischen Tafelgemälden ausgestattet. Die Hospitalkirche wurde von 1578 bis 1579 erbaut, jedoch im 18. Jahrhundert verändert. Das Barockschloß entstand um 1700 und beherbergt jetzt das Krankenhaus. Es steht in einem historischen Park und hat ein interessantes Torhaus aus dem 18. Jahrhundert. Das Rathaus ist ein schlichter Bau von 1802.

Königsbrück hat jetzt etwa 5300 Einwohner. Früher gab es viele Schuhmacher, aber auch Weißtöpfer, die 1605 eine Innung gründeten. Ab 1850 gab es dann die Brauntöpferei und nach 1900 die Lausitzer Bunttöpferei. Die Sächsische Schamottefabrik stellte grobes Tonzeug her. Außerdem war in Königsbrück die Bekleidungsindustrie zu Hause und die in der westlichen Oberlausitz verbreitete Bandweberei. In der Umgebung der Stadt lagen viele große Steinbrüche, die bald zu einem wichtigen Industriezweig geworden waren.

Seit 1907 gab es in Königsbrück einen Truppenübungsplatz der Königlich-Sächsischen Armee, der bis in die jüngste Vergangenheit fortbestand. Viele Königsbrücker Einwohner hatten ihren Arbeitsplatz dort.

Die Standesherrschaft Königsbrück hatte bis zum Jahre 1700 überwiegend sorbische Einwohner. Es gab nur drei deutsche Dörfer, nämlich Steinborn, Neukirch und Weißbach. Schon damals fing man an, die Standesherrschaft zu «germanisieren». Die Bevölkerung sollte unbedingt deutsch werden. Die sorbischen Dörfer pfarrte man in deutsche Kirchspiele ein, wo nur deutsche Pfarrer wirkten. Sorbische Bücher und sorbische Schriften waren von der Herrschaft Königsbrück nicht geduldet. Nicht einmal das sorbische Gesangbuch durfte benutzt werden. Um 1800 gab es deshalb nur noch in Rohna und Zeißholz einige Sorben, die anderen waren «eingedeutscht». Die letzten Reste ihrer Muttersprache sind um 1830 erloschen. Dieser Vorgang ist für die sächsische Oberlausitz eine bedauerliche Ausnahme.

Ganz in der Nähe von Königsbrück befindet sich das Naturschutzgebiet Tiefental, wo die Pulsnitz als Wildwasser an den schroff wechselnden Hängen vorbeibraust und sich zahlreiche Tiere und Pflanzen seit Jahrhunderten ungestört erhalten haben.

Lauta

Lauta liegt etwa 120 Meter über Meereshöhe südlich des eiszeitlichen Urstromtals, in welchem seit Jahrtausenden die Schwarze Elster fließt. Die Ruhland-Königsbrücker Heiden legen einen großen grünen Waldgürtel um die Stadt. Aber der langjährige Tagebau nach Braunkohle hat die Landschaft verändert. Mühsam nimmt die Natur auf den Abraumhalden wieder Platz. Ganz in der Nähe füllt jetzt der Senftenberger See die ausgekohlten Tagebaue.

Ursprünglich gehörte das Dorf Lauta zur Herrschaft Senftenberg, mit der es 1448 zu Kursachsen kam. 1815 geriet es unter preußische Verwaltung.

1871 lebten in Lauta 422 Einwohner. Die Eisenbahnstrecke Falkenberg – Kohlfurt, das ist jetzt die Bahnstrecke Hoyerswerda – Ruhland – Elsterwerda, führte 1871 durch Lauta. Als 1917 bis 1919 die Vereinigte Aluminiumwerke AG und die Elektrowerke AG errichtet wurden, war Lauta zu einem bedeutenden Industrieort geworden. Es entstanden neue Wohnviertel, die weit auseinander lagen, jedoch kein geschlossener Stadtkern Während des 2. Weltkrieges wuchs das größte Aluminiumwerk Europas empor, das für den Flugzeugbau ausschlaggebend war. In den Jahren 1944 und 1945 richteten schwere Luftangriffe große Schäden an. Das Werk war in den ersten Nachkriegsjahren abgebaut wurden und erst 1964 begann erneut die Aluminiumproduktion. Ein Jahr später erhielt Lauta das Stadtrecht verliehen und gliederte sich nunmehr in Lauta-Nord, Lauta-Süd und Lauta-Dorf. Aus den alten Zeiten des Dorfes ist ein einziges historisches Bauwerk, die Dorfkirche, erhalten geblieben. Von ihr ist bekannt, daß sie um 1450 aus Findlingen erbaut worden ist. Im Dreißigjährigen Krieg 1641 zerstört, zog sich der Wiederaufbau von 1652 bis 1666 hin. Bemerkenswert ist, daß die stilvolle Kirche keinen Turm hat. Der Glockenturm aus Holz steht wenige Meter neben der Kirche. Darinnen befindet sich die «Laurentiusglocke», die 1512 gegossen wurde und heute das Stadtwappen ziert.

Die Kirche von Lauta-Dorf

Löbau

Rathaus und Nikolaikirche

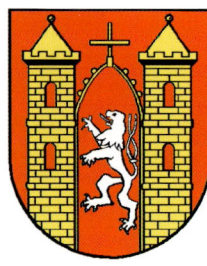

Löbau hieß schon immer die Stadt am Berg. Das ist leicht verständlich, denn von welcher Seite man sich der Stadt auch nähert, zuerst sieht man den Löbauer Berg. Der Löbauer Berg hat zwei Gipfel: den 449 Meter hohen Schafberg und den eigentlichen Löbauer Berg, der 447 Meter hoch ist.

Die Stadt liegt im Tal des Löbauer Wassers und auf der Flur über dem steilen linken Ufer des Flusses. Sie wurde vor mehr als 800 Jahren nahe dem sorbischen Dorf Lubij angelegt. Anfänglich hieß die Stadt Lubaw, was von dem sorbischen Personennamen Lubomir abgeleitet ist. Das erste Mal vermeldete 1221 ein Schriftstück etwas über Löbau.

Anfangs war Löbau eine Ackerbürgerstadt. Fast alle Bewohner betrieben neben ihren anderen Tätigkeiten die Landwirtschaft.

Da Löbau sehr günstig an der Stelle lag, wo von der Hohen Straße die Straße nach Zittau und Böhmen abzweigte, war es bald ein bedeutender Handelsplatz. Der Marktplatz war einst viel größer, als wir ihn heute sehen. In der Stadt gab es zahlreiche Handwerkerzünfte. Neben dem Marktrecht hatte Löbau auch das Braurecht erhalten, so daß es schon um das Jahr 1500 über 100 Bierhöfe gab. Zu dieser Zeit hatte sich der Fernhandel gut entwickelt. Besonders die reichen Leinwandhändler vertrieben die Löbauer Meisterware. In der Stadt gab es 100 Webmeister und in den umliegenden Orten, die als Ratsdörfer der Stadt gehörten, sogar 850 Meister.

Die Stadtkirche St. Nikolai überragte die Dächer der Stadt. Sie ist ein Bauwerk des 13. und 14. Jahrhunderts, das jedoch 1884 stark umgebaut wurde und dabei viel von seiner einstigen Pracht verloren hat.

Die Stadt war mit einer doppelten Stadtmauer fest umbaut, zu der drei Stadttore gehörten: das Bautzner, das Zittauer und das Görlitzer Tor. Außerdem gab es mehrere kleine Pforten, durch die man die Stadt betreten konnte. Vor der Stadtmauer zog sich der wassergefüllte Stadtgraben hin. Der große Stadtbrand von 1710 veränderte das Aussehen der Stadt völlig. Die reichen Bürger ließen sich neue großartige Wohnhäuser errichten, die wir heute am Marktplatz, in der Rittergasse und im Bankgäßchen sehen können. Am bekanntesten ist das Goldene Schiff, ein prunkvolles Handelshaus. Aber auch das Rathaus selbst gehört dazu, das 1711 neu aufgebaut worden ist.

Und wieder veränderte sich Löbau nach einhundert Jahren: Um 1820 war die Stadt zu eng geworden, und die alten Verteidigungswerke, die ihren Zweck verloren hatten, waren im Wege. Ab 1822 wurden sie niedergerissen und Wälle und Gräben eingeebnet.

Mit der Eisenbahn begann 1846 für Löbau die moderne Zeit. 1847 war die Strecke nach Görlitz fertig, 1848 nach Zittau, 1873 nach Ebersbach, 1895 nach Weißenberg und 1928 nach Cunewalde. Damit war Löbau ein Verkehrsknotenpunkt geworden. Das Bahnhofsgebäude, das aus der Anfangszeit der Eisenbahn stammt, steht deswegen unter Denkmalschutz.

Ähnlich ist es auch mit dem Straßenbau. Die Stadt liegt im Mittelpunkt eines sternförmigen Straßennetzes.

Ungefähr um 1860 begann für Löbau das Fabrikzeitalter. Zuerst waren es die Textilfabriken, denen bald andere folgten. Später waren Löbauer Produkte wie Teigwaren und Zucker bekannt geworden. Sehr begehrt waren die Klaviere, die als Förster-Pianos noch heute bekannt sind.

Löbau besitzt so manches, das andere Städte nicht haben. Da wäre zuerst das Wahrzeichen der Stadt zu nennen: der gußeiserne Turm auf dem Löbauer Berg. Einen solchen gibt es in ganz Europa kein zweites Mal. Der

Bäckermeister Friedrich August Bretschneider schenkte im Jahre 1854 seiner Heimatstadt diesen wunderschönen Aussichtsturm. Eisengießer aus Bernsdorf gossen die 700 kunstvollen Einzelteile für den 28 m hohen Turm. Das machte viel Arbeit und kostete gutes Geld. Es war mühevoll, mit Pferdegespannen die schweren Eisenplatten auf den Berg zu schaffen, um sie dort zusammenzubauen. Zu Löbau gibt es ein Rätsel, das wohl leicht zu lösen ist:

Weithin Ruhm genieße ich.
Auf dem Gipfel finde mich!
Eisern meine schlanke Haut,
Loch an Loch, doch fest gebaut.
Meine Ornamente, Kanten
Bernsdorfs Meister einst erfanden.
Wer auf meinem Haupte steht –
hundertzwanzigmal erhöht –
sieht bis an des Blickes Rand
weit ins Oberlausitzland.

Ganz in der Nähe reckt sich der Löbauer Fernsehturm in den Himmel. Er ist viel höher, doch bei weitem nicht so schön.

In Löbau gibt es drei kursächsische Postdistanzsäulen, wie sie früher vor den drei Stadttoren standen. Sie erinnern heute an die Postkutschenzeit und geben zugleich an, wo einst die Stadttore waren und wohin die Straßen führten.

Im Stadtmuseum wird der gläserne Sechsstädte-Pokal, mit den Wappen der Sechsstädte bemalt, aufbewahrt, ein Kleinod aus alten Zeiten. Er wurde im 17. Jahrhundert angefertigt, um damit an die Gründung des Bundes zu erinnern. Wenn sich die Vertreter des Oberlausitzer Sechsstädtebundes in Löbau versammelten, benutzten sie ihn feierlich. Schon 1696 wird erstmalig von ihm berichtet.

Löbau ist nicht sehr groß, und so kann man seine Sehenswürdigkeiten alle recht gut zu Fuß erreichen und betrachten. Es gibt dabei noch manches zu entdecken, was uns die Stadt interessant und liebenswert macht.

Bad Muskau

Bad Muskau ist eine Kleinstadt an der Neiße, die wegen ihres großartigen Parks im ganzen Land bekannt ist. Der Muskauer Park ist der größte und schönste in der Oberlausitz.

Der Ort Muskau ist sehr alt. Hier querte die Niedere Straße, die aus Leipzig kam, die Neiße. Schon 1429 gab es eine Brücke über den Fluß. Es kann sogar sein, daß der Name Muskau von Muscowe hergeleitet ist, was «Brückenort» bedeutet. In alten Zeiten führte ein Weg von Bautzen nach Muskau, der damals Musatenstic genannt wurde. Die Sorben sagten Muzaka sczka. Vielleicht ist auch aus diesem Namen das Wort Muskau geworden.

Bis 1918 war Muskau Standesherrschaft. Es gehörte also einem Grundherrn, der dem hohen Adel angehörte. Im Jahre 1452 hatte Muskau von

Wencelslaus von Biberstein das Stadtrecht erhalten. Die Standesherrschaft war ein eigener Wirtschaftsraum, in dem es Bergbau auf Alaun,
mehrere Eisenhammerwerke, Köhlereien und Pechhütten gab. In der Stadt
selbst waren Tuchmacher, Schuhmacher, Töpfer, Brauer und andere Handwerker zu Hause. Auch eine Papiermühle gab es.

Auf der Anhöhe über dem Städtchen stand bereits 1349 eine schöne
gotische Kirche, die zu den ältesten in der östlichen Oberlausitz zählt. Sie
war aus Feldsteinen gebaut, verfiel aber in späteren Zeiten und ist heute
nur noch eine Ruine. Die neue Stadtkirche, die 1622 geweiht worden war,
gibt es auch nicht mehr. Sie ist 1945 zerstört worden.

Muskau war jahrhundertelang eine angesehene Stadt. Im 18. Jahrhundert war sie sogar als «große Stadt» in dem Atlas vermerkt, den Peter
Schenck in Amsterdam gedruckt hatte. Dagegen war Weißwasser, das
auch zur Standesherrschaft gehörte, nur ein kleines sorbisches Bauerndörfchen. Als im Jahre 1811 Hermann Graf von Pückler alleiniger Besitzer
der Standesherrschaft geworden war, begann für Muskau eine neue Zeit.
Pückler ließ ab 1815 den großen Landschaftspark anlegen. Anfangs hatte
es nur die feuchte Neißeniederung mit dichtem Auenwald gegeben. Einige
Eichen, die heute noch im Park stehen, sind Überlebende von damals. Sie
sind 600 Jahre alt.

Pückler ließ künstliche Seen und das Bett der Hermannsneiße aus-
schachten und einen Wasserfall anlegen. Viele verschlungene Wege mit
mehreren Brücken führen durch den Park, und an besonders schönen Stellen, wo man alles weit überschauen kann, stehen steinerne Bänke. Mit
Pferdegespannen holte man sogar große Bäume herbei und richtete sie
auf. Pückler sagte, so wie der Maler mit Farben ein Bild malt, so wollte er
mit lebenden Bäumen und Sträuchern ein Kunstwerk zusammensetzen.
Wie man heute sieht, ist ihm das gut gelungen. Etwa dreißig Jahre dauerte
die Arbeit am Park, und Pückler hat eine Million Taler dafür aufgewendet.

Seit 1822 hatte Pückler den Fürstentitel. Er nannte sich nunmehr Hermann Fürst von Pückler-Muskau. Im Jahre 1845 zog Pückler nach Branitz bei Cottbus und schuf dort den bekannten Branitzer Park. In Muskau setzten J. H. von Rehder und E. Petzold die Arbeiten am Park fort, bis er 1870 endlich fertig war. Hermann Fürst von Pückler-Muskau hat die Gartenbaukunst in Deutschland zur allerhöchsten Blüte gebracht.

Neben dem Schloßpark gibt es in Bad Muskau noch den Bergpark und den Badepark. Im Badepark entspringt eine Heilquelle, die Eisen, Kalzium und Schwefel enthält. Da sie als die stärkste Eisensulfat-Quelle Mitteleuropas galt, wurde ihr Wasser schon vor 1800 zu Heilzwecken verwendet, und 1823 entstand so das Hermannsbad, ein Moorbad. Von 1930 bis 1950 ruhte der Kurbetrieb, und seit 1963 wird die Quelle wieder genutzt. Aber erst seit 1961 nennt sich die Stadt Bad Muskau.

Inmitten der herrlichen Parkanlagen liegen die beiden Schlösser. Das Alte Schloß war 1520 bis 1560 erbaut worden. Als 1945 die Kampflinien mitten durch den Park verliefen, wurde das Alte Schloß zerstört. Es konnte mit großer Mühe wieder aufgebaut werden und beherbergt heute das Museum. Das Neue Schloß war ein Wasserschloß aus dem 16. Jahrhundert, das in den Jahren von 1883 bis 1886 völlig umgebaut worden ist. In den Kriegstagen 1945 brannte es aus und ist seitdem Ruine. Im Park sind ferner das Moorbad, das früher Kavaliershaus des Schlosses war, die Orangerie sowie die einstige Schloßgärtnerei mit einem Tropenhaus zu finden.

Auf deutscher Seite liegen nur ungefähr zwei Fünftel des Parks, die anderen drei Fünftel befinden sich über der Neiße auf polnischem Staatsgebiet.

Als die Standesherrschaft Muskau 1883 an den Grafen von Arnim gekommen war, hatte wiederum eine neue Zeit begonnen. Er gründete

zahlreiche Industriebetriebe wie die Dampfsägewerke Weißwasser und Keula, Holzschleifereien, die Pappenfabrik, die Braunkohlengruben mit Brikettfabrik, die Dampfziegelei Weißwasser und die Jemlitzer Glashütte. Alle Werke waren mit einer über 70 Kilometer langen Schmalspurbahn verbunden. Teile des Schienennetzes sind noch vorhanden, und auch einige Lokomotiven und Wagen sind erhalten geblieben. Die Strecke wurde repariert, und die Züge dampfen wieder zur Freude der vielen Besucher durch die schöne Landschaft zwischen Bad Muskau und Weißwasser und bis zum Park von Kromlau.

Neugersdorf

Neugersdorf ist eine Kleinstadt, die an den sanften Ausläufern des tschechischen Berglandes von Rumburg-Schönlinde liegt. Nach Süden zu schließt sich die fast ebene Hochfläche der Eibauer Basaltdecke an, und östlich davon ziehen sich die weiten Flächen der Wasserscheide zwischen Spree und Landwasser bis zum Kottmar hin.

Neugersdorf ist erst seit 1924 Stadt. Als nach dem Dreißigjährigen Krieg viele Glaubensflüchtlinge, die Exulanten, aus Böhmen in die Oberlausitz kamen, durften sie sich auf der Gersdorfer Flur des Grundbesitzers Graf von Pötting ansiedeln. Das war 1657. Kurz danach, nämlich 1662, ließ die Stadt Zittau einen neuen Ort als ihr Ratsdorf anlegen und nannte ihn Altgersdorf. Beide Orte vereinigten sich 1899 und nannten sich fortan Neugersdorf.

Von Anfang an war die Weberei zu Hause, die in kurzer Zeit zur Textilindustrie anwuchs. Schon um 1840 gab es über 1000 Webstühle, und 1855 liefen die ersten Maschinen. Einstmals waren die Textil- und Bekleidungsindustrie die wichtigsten Wirtschaftszweige der Stadt, obwohl auch zahlreiche andere Industriebetriebe dazugekommen waren.

*Spreequelle
am Volksbad*

Dieser Werdegang ist recht augenfällig zu sehen, denn die vielen Fabriken und Werkstätten stehen inmitten der Stadt. Zugleich aber sind manche Ortsteile mit ihren malerischen Umgebindehäusern überwiegend ländlich geblieben.

Hoch über der Stadt auf dem Hutungsberg stehen der Wasserturm als ein Wahrzeichen von Neugersdorf und der Bismarckturm. Sie sind schon von weitem zu sehen. Von den drei Spreequellen, die es gibt, sprudelt eine, schön eingefaßt, vor dem Neugersdorfer Volksbad aus der Erde. Noch bekannter als die Spreequelle jedoch war seit eh und je das «Gierschdurfer Schissn», ein Volksfest, das alljährlich am 25. Juli zum Jakobimarkt gefeiert wird.

Neusalza-Spremberg

Neusalza-Spremberg gehört zu dem Teil des Lausitzer Berglandes, der als das «Oberland» bezeichnet wird. Die Spree hat gerade einmal zehn Kilometer hinter sich gebracht und ist noch ein bescheidenes Flüßchen, das munter durch den Ort fließt.

Neusalza-Spremberg gehört zu der langen Ortskette, die sich von Oppach bis Niederoderwitz fast 30 Kilometer in den Tälern hinzieht. Dabei hängen die Orte lückenlos aneinander. Solche Ortsketten gibt es noch mehr, sie sind eine Besonderheit des Lausitzer Berglandes.

Der Doppelname der Stadt verrät uns schon einiges aus ihrer Geschichte. Anfänglich gab es nur ein deutsches Waldhufendorf Sprewenberch. Dieser Name ist wohl von der Spree hergeleitet worden. Das Dorf war kurz nach 1200 entstanden. Für mehrere Jahrhunderte war Spremberg ein Rittergutsdorf, das zu den bischöflich-meißnischen Besitzungen gehörte. 1559 fielen alle Besitzungen des Bistums Meißen an den Kurfürsten, und das Dorf gehörte von da an zu Kursachsen.

Als nach dem Dreißigjährigen Krieg viele Glaubensflüchtlinge aus Böhmen kamen, ließ sie der Rittergutsbesitzer Christoph Friedrich von Salza auf der Flur des Dorfes Spremberg siedeln. Im Jahre 1670 erlaubte der sächsische Kurfürst Johann Georg II., eine Stadt zu gründen, die den Namen Neu-Salza haben sollte.

Wo heute der Obermarkt ist, entstanden die ersten Häuser. Vor allem waren viele Handwerker angekommen, die ihre Gewerbe in der neuen Heimat betrieben und somit der Stadt manche wirtschaftlichen Vorteile brachten. Die Bürger erbauten sich 1719 ihr Rathaus. Die Stadtkirche war bereits von 1675 bis 1679 errichtet worden.

Reiterhaus in Neusalza-Spremberg

Schon seit 1661 hatte Spremberg das Marktrecht, so daß sich Handel und Gewerbe rasch entwickeln konnten. Erst 1920 vereinigten sich beide Orte und nennen sich seitdem Neusalza-Spremberg. Im Stadtbild sind heute noch die beiden alten Ortsteile deutlich zu unterscheiden, und man versteht gut, warum die kleine Stadt zwei Marktplätze und zwei Kirchen hat.

Im vorigen Jahrhundert entwickelten sich in Neusalza-Spremberg viele Industriebetriebe, von denen die Textilindustrie immer am wichtigsten war.

Wie überall im Lausitzer Bergland gibt es in Neusalza-Spremberg zahlreiche Umgebindehäuser. Eines von ihnen ist sehr bekannt geworden. Es ist das «Reiterhaus», das vermutlich älteste original erhaltene Umgebindehaus der Oberlausitz. Nicht nur sein Alter, sondern auch seine Bauweise sind erstaunlich, hat es doch auch im Obergeschoß das Umgebinde und zum Teil noch das alte Strohdach. Da es als Museum eingerichtet ist, wird es von vielen Leuten besucht.

In Neusalza-Spremberg hat ein alter Volksbrauch die Zeiten überdauert. Es ist das «Ritterstechen». Leider wurde es in der Vergangenheit nicht mehr so oft wie früher gepflegt.

Niesky

Niesky ist eine Kleinstadt im Osten der Oberlausitz zwischen Görlitz und Weißwasser. Unmittelbar am Stadtrand von Niesky beginnen die großen Wälder des Oberlausitzer Heide- und Teichgebietes und rahmen die kleine Stadt anmutig ein.

Niesky ist eine noch sehr junge Stadt.

Wo heute der Zinzendorfplatz ist, lag einst das Vorwerk des Grundherrn Siegmund August von Gersdorf. Er war Mitglied der Herrnhuter Brüdergemeine, und so stimmte er zu, daß im Jahre 1742 auf seiner Flur

eine Tochtersiedlung der Brüdergemeine entstehen sollte. Am 8. August wurde der Grundstein für die ersten drei Häuser gelegt. Von Gersdorf ließ das Vorwerk abreißen und den großen Platz gestalten, der seit 1928 Zinzendorfplatz heißt. Nach seinen Plänen erbauten überwiegend böhmische Glaubensflüchtlinge den Ort. Die Menschen nannten ihre neue Heimat Niesky. Dieser Name bedeutet «niedrig», denn sie liegt in einer Niederung.

Bis in unsere Zeit sind die Grundzüge des Stadtbildes deutlich erhalten geblieben, wie sie Siegmund August von Gersdorf damals bestimmt hatte.

Das Stadtwappen von Niesky zeigt auf blauem Grund eine dreizinnige goldene Mauer. Die Nieskyer haben damit ein altes Wahrzeichen und die Farben der Oberlausitz übernommen. Über der Mauer kreuzen sich ein Hammer und ein Kreuz. Das Kreuz erinnert an die Brüdergemeine. Der Hammer gilt als Zeichen für den Fleiß aller in Niesky arbeitenden Menschen. Niesky wurde 1935 zur Stadt erklärt, nachdem es sich mit den drei Vororten Neuhof, Neusärichen und Neuödernitz zusammengeschlossen hatte.

Der Zinzendorfplatz steht heute unter Denkmalschutz. Er erhielt 1992 anläßlich der 250-Jahr-Feier von Niesky sein altes Gesicht wieder, wie es Siegmund August von Gersdorf seinerzeit entworfen hatte. Der Baumeister von Niesky schuf mit diesem Platz etwas Neues. Zwei Wege teilen den Zinzendorfplatz in vier gleich große Rasenflächen. Auf dem Rasen bleichten früher die Frauen ihre Wäsche in der Sonne. An allen vier Ecken des Platzes stand jeweils ein Brunnenhäuschen, wo sich die Einwohner das Wasser holten. Über den Platz führt heute die Straße von Görlitz nach Bad Muskau. Der zweite Weg verbindet die beiden wichtigsten Bauwerke der Brüdergemeine miteinander, die Kirche und das Alte Pädagogium.

Eines der ersten drei Häusern Nieskys, das Haus des böhmischen Webers Johann Raschke, ist erhalten geblieben. Es ist heute ein Museum. Im Flur des kleinen Hauses befindet sich eine originelle Treppe. Das einzige Fenster im Hausflur wird von dieser Treppe verdeckt. Drei Sonnenstufen machen es aber möglich, daß trotzdem Tageslicht durch das Fenster in den Raum dringen kann. Der Treppenbauer hat die Strahlen einer aufgehenden Sonne aus den Stufen ausgesägt. Dadurch kann das Licht der Sonne durch die Stufen hereinscheinen, was wunderschön aussieht.

Auf dem Friedhof der Brüdergemeine, welcher Gottesacker genannt wird, liegen alle Grabsteine zu ebener Erde. Jeder Stein hat die gleiche Größe. Nirgends findet man prunkvolle Verzierungen, ganz gleich, ob der Mensch ein Weber oder ein Graf war.

Die Einwohner der neuen Siedlung hatten es anfangs nicht leicht. Die Sandböden sind nährstoffarm. Von der Landwirtschaft allein konnten die Bewohner nicht leben. Aber ihr Fleiß machte Niesky bald zu einem Ort mit vielen Handwerken, und aus den Dörfern der Umgebung kam man gern nach Niesky zum Einkaufen.

*Der
Zinzendorfplatz
in Niesky*

Als sich im 19. Jahrhundert die Industrie entwickelte, machte sie auch vor
Niesky nicht halt. Der junge Kupferschmied Johann Ehregott Christoph
war mit einem Freund auf Wanderschaft, so wie das damals bei den Hand-
werksburschen Brauch war. Sie zogen durch das Land, arbeiteten einmal
hier, einmal da und lernten dabei viel für ihren Beruf. So kam Christoph
nach Niesky. Da sich gerade eine günstige Gelegenheit ergab, kaufte er
eine kleine Kupferschmiede. Er fertigte Gegenstände aus Messing und
Kupfer an. Gießkannen, Ofentöpfe, Laternen, Eierkuchentiegel, Tabak-
und Zuckerdosen konnte man bei ihm kaufen. Aus der kleinen Schmiede
entstand in wenigen Jahren ein großer Betrieb. In der Maschinenfabrik
J. E. Christoph wurden schließlich Dampfmaschinen, Stahlbrücken und
sogar Schienenfahrzeuge hergestellt.

Ein zweiter großer Industriebetrieb war die Nieskyer Barackenfabrik,
die Holzhäuser baute. Deshalb gibt es in Niesky viele schöne Holzhäuser,
die im Stadtbild auffallen. Die Arbeiter der Fabrik wohnten meist in solchen Holzhäusern. Sie waren als Musterbauten gedacht. Interessierte Käu-
fer konnten die Häuser vorher ansehen und sich das Passende auswählen.

Sogar eine kleine Holzkirche steht da. Krankenhausbaracken, Bahnhofsgebäude und zahlreiche andere Bauten aus Holz kamen vorgefertigt aus Niesky, um in vielen Orten der Erde aufgebaut zu werden. Sie waren gute Zeugnisse für deutsche Wertarbeit in der Welt. Aus diesen beiden Betrieben haben sich bis heute die größten und bekanntesten Betriebe Nieskys entwickelt, der Waggonbau und der Stahlbau.

Wer ihn erfunden hat, weiß heute keiner mehr. Aber die Nieskyer Schüler bastelten ihn in der Vorweihnachtszeit sorgsam und eifrig, groß und klein, mit weißen, gelben oder roten Zacken, den Herrnhuter Adventsstern. Damals wurde der Stern aus Pappe und Papier mit einem kleinen Öllämpchen von innen erleuchtet. Am Anfang unseres Jahrhunderts hatte dann ein Herrnhuter Buchhändler die Idee, die Zacken des Sternes mit Klammern miteinander zu verbinden. So brauchte nicht mehr erst ein Körper aus Pappe gefertigt zu werden, an den dann die Zacken geklebt wurden. Diese Erfindung führte in Herrnhut zur Gründung einer kleinen Fabrik, der Sternelei, die heute noch die inzwischen weltbekannten Herrnhuter Adventssterne herstellt.

Das Nieskyer Pädagogium war weit bekannt. Nicht nur die Kinder der Brüdergemeine besuchten es, auch viele Gutsherren und Grafen schickten ihre Söhne nach Niesky. Nur Jungen wurden aufgenommen, denn Mädchen und Jungen unterrichtete man früher in verschiedenen Schulen.

Das Pädagogium war eine Internatsschule. Etwa 15 bis 20 Jungen lebten in einer Stube und lernten auch gemeinsam in einer Klasse. Nicht das Alter des Jungen entschied, in welche Klasse er versetzt wurde, ausschlaggebend dafür war sein Wissen. So kam es vor, daß ein Schüler einfach eine Klassenstufe überspringen konnte. Mancher verbrachte sicher in einer Klasse auch längere Zeit.

Den Sport sahen die Nieskyer Lehrer als wichtigen Ausgleich zum Schulunterricht. Dazu muß man wissen, daß das Turnen damals verpönt, ja sogar vom Staat verboten war. Alle Körperübungen galten damals als Turnen. Dieses Wort hatte der «Turnvater» Friedrich Ludwig Jahn geprägt. Er hatte 1811 den ersten Sportplatz in Deutschland angelegt. Die Lehrer nahmen sportliche Wanderungen und Ballspiele in ihren Tagesplan auf. In fleißiger Arbeit legten die Kinder die Grünanlagen «Astrachan» und «Monplaisir» an, die sie auch regelmäßig pflegten. «Monplaisir» ist ein französisches Wort und bedeutet «mein Vergnügen». Nachdem im Schulpark in einer verschwiegenen Ecke einige Turngeräte aufgestellt worden waren, weihte man den Turnplatz feierlich ein. Das war ein Aufsehen, denn so etwas gab es bis dahin noch nicht einmal in der großen Stadt Görlitz. Viele Schaulustige kamen und besahen sich erstaunt das Treiben der Jungen. Damit man auch bei Schnee und Regen nicht auf den Sport verzichten mußte, wurde 1861 eine Turnhalle gebaut. Heute sind die Nieskyer stolz darauf, in ihrer Stadt die wahrscheinlich älteste Schulturnhalle Deutschlands zu haben.

Ostritz

Wo sich das Tal der Neiße wieder weitet, liegt die Kleinstadt Ostritz. Sie ist ein geschichtsträchtiger Ort, denn über der Neiße, heute auf polnischer Seite, befindet sich ein doppelter Burgwall, der um das Jahr 800 vor Chr. angelegt worden ist. Er ist so groß und so alt wie die berühmte Ostroer Schanze bei Panschwitz-Kuckau. Es ist vermutlich der Ort, den der Sachsenkönig Heinrich II. im Jahre 1006 als Burgward mit dem castellum Ostrusna dem Bischof von Meißen geschenkt hatte. Der sorbische Name für Ostritz lautet Wostrowc, das von «ostrozna» und «wjes» kommt und Burgwalddorf bedeutet. Um das Jahr 1000 dürften die ersten Deutschen hier gewesen sein, doch sollte es noch bis 1241 dauern, ehe von einem Ort Ostritz als «oppidum» berichtet wurde. Und 1295 schrieb man «civitas».

Das Städtchen an der Böhmischen Straße gehörte anfangs zur Herrschaft Grafenstein der Burggrafen von Dohna, die es aber schon 1346 dem Kloster St. Marienthal übereigneten. Das äußere Zeichen dafür ist das Stadtwappen, welches die Äbtissin unter dem Rathausbogen zeigt.

Als die Ostritzer begonnen hatten, eine Stadtmauer zu errichten, war das der Stadt Zittau ein Dorn im Auge, und sie brachte den Sechsstädtebund 1368 dazu, alles samt dem Rathaus niederreißen zu lassen. Doch als die Äbtissin des Klosters beim Erzbischof von Prag Beschwerde geführt hatte, mußten die Zittauer wenigstens die Fleischbänke wieder aufbauen. So blieb Ostritz durch die Zeiten ein offenes Landstädtchen.

Das älteste Gebäude der Stadt ist die katholische Pfarrkirche. Ihr Bau war schon vor 1250 im romanischen Stil begonnen und in den späteren Zeiten mehrmals ergänzt worden.

Die Kirche besitzt wertvolle Altertümer, zu denen zum Beispiel eine gotische Monstranz gehört. Die reiche Innenausstattung sowie die Turmhaube sind barocke Arbeiten.

Ostritz am Marktplatz

In der Zittauer Straße gibt es noch Umgebindehäuser, die einen Vorbau zur Straße hin haben. Es sind Laubenhäuser, wo einst die Handwerker im Freien arbeiteten und ihre Waren feilboten. Solche Häuser gibt es nur noch selten in der Oberlausitz.

Ostritz war lange ein Ackerbürgerstädtchen geblieben, das stets im Schatten seiner großen Nachbarstädte Görlitz und Zittau lebte. Bedeutsam war nur die Leineweberei geworden, die ihre Erzeugnisse durch Nürnberger Händler vertreiben ließ, und die Kürschnereien.

In der jüngeren Vergangenheit hatte sich Ostritz zu einem lebhaften Industrieort mit vielen Branchen entwickelt.

Ein Stück flußauf, wo das Engtal der Neiße beginnt, ließ im Jahre 1234 die böhmische Königin Kunigunde das Zisterzienser-Nonnenkloster St. Marienthal gründen, das bald zu weltlicher Macht gelangte und zu den größten Oberlausitzer Grundherrschaften zählte. Noch 1834 gehörten dem Kloster 25 Orte mit über 16 000 Untertanen. Seit 1346 hatte es die Obergerichtsbarkeit ausgeübt. In den Klosterdörfern waren die Abgabelasten nicht so bedrückend wie anderswo, und der Volksmund verkündete: «Unterm Krummstab ist gut leben.»

Da das Kloster dem Erzbistum Prag unterstand, konnte es alle politischen Stürme und die Reformation überdauern. Erst 1950 wurde St. Marienthal mit der Klosterfreiheit nach Ostritz eingemeindet.

Die gesamte Klosteranlage ist ein beeindruckendes Ensemble, mit der Kirche von 1680 im böhmischen Barock und dem großen Konventsgebäude mit der geteilten Kuppel, welche die Marienkrone darstellt. Das heutige Aussehen erhielt das Kloster im wesentlichen von 1683 bis 1744, der Zeit der Äbtissin Theresia Senftleben. Zu dem figürlichen Schmuck gehören der Dreifaltigkeitsbrunnen von 1716, die Sandsteinfigur des Heiligen Nepomuk, die einst auf der Neißebrücke stand und die Kreuzigungsgruppe auf dem Kalvarienberg. Eine Perle der Klosterarchitektur ist die Michaelis- oder Kreuzkapelle, ein quadratischer Bau mit einer Kuppel, der 1756 errichtet wurde. Darin sind zwei Altäre aus Stuckmarmor mit einem Kruzifix vom Anfang des 16. Jahrhunderts, die großartigen Gemälde «Die Errichtung der ehernen Schlange» und «Michael unter der Waage» sowie die Fresken von Giovanni Batista Casanova.

In der Gruft unter der Kapelle sind die Sängerin Henriette Sontag (1806–1854) und ihr Gemahl bestattet. Da die Schwester der Sängerin Nonne des Klosters war, konnte die Grablege in der Gruft damals ermöglicht werden.

In der Gegenwart wird im Kloster emsig gebaut, denn es soll eine Begegnungsstätte entstehen, die allen Menschen dient. Ein Erinnerungsstück an alte Zeiten, so könnte man meinen, ist der Weinberg des Klosters, der zwar sehr klein, doch der östlichste im deutschen Vaterland ist.

In Ostritz und in St. Marienthal wird alljährlich das Osterreiten gepflegt und besonders feierlich begangen.

Pulsnitz

Pulsnitz ist eine kleine Stadt, und gleichnamig mit dem Flüßchen, das durch sie hindurchfließt. Man nennt sie auch die Pfefferkuchenstadt.

Am 1. Januar 1558 hatten die Pulsnitzer Bäcker die Erlaubnis erhalten, Pfefferkuchen zu backen und nannten sich fortan Pfefferküchler. Dieses alte Handwerk hat sich bis in unsere Zeit erhalten.

Pulsnitz hat eine lange Geschichte hinter sich, die mit einer Besiedlung am Polzenberg begann. So steht es in einer Urkunde von 1225. Der Name des Ortes ist von einem alten slawischen Wort abgeleitet, das «langsam und träge fließender Bach» bedeutet. Seit 1156 war die Pulsnitz der Grenzfluß zwischen Böhmen und Meißen.

Karl IV. verlieh 1355 dem Ort das Marktrecht und erhob ihn am 21. Mai 1375 zur Stadt. Das Stadtwappen zeigt uns eine schwarze Bärentatze in goldenem Schild.

Das Rathaus war einst im gotischen Stil errichtet worden und erhielt erst im Jahre 1555 sein heutiges Aussehen im Stile der Renaissance. Die Stadtkirche St. Nikolai ist schon seit 1467 bekannt. Aus dem Jahre 1420 stammt der Perfert, eine bäuerliche Befestigungsanlage.

Nicht weit vom Markt, zum südlichen Stadtrand zu, erstreckt sich der Schloßpark mit dem großen Schloßteich. Hier befand sich vermutlich vor 1300 eine Wasserburg, aus der später ein Rittersitz mit einem Rittergut wurde. Vor dem hohen Teichdamm fließt die Pulsnitz entlang, die hier noch ein bescheidener Bach ist. An ihrem linken Ufer lag das Dorf Vollung, das zur Mark Meißen gehörte. Die Stadt am rechten Ufer dagegen gehörte zur Oberlausitz. Durch die Jahrhunderte sprach man stets von Meißner Seite und Lausitzer Seite. Erst 1948 wurden beide Seiten amtlich vereinigt. Im Volksempfinden lebt die alte überlieferte Geschichte sogar heute noch fort, und es gibt weiterhin die Meißner und die Lausitzer Seite.

Zum Schloßpark gelangt man durch das wappengeschmückte Torhaus, das aus dem 17. Jahrhundert stammt. Daran schließen sich das Alte und das Neue Schloß an. Das Alte Schloß heißt auch Eustachius-Haus nach einem adligen Besitzer im 16. Jahrhundert. Das Neue Schloß entstand 1718. Beide Schlösser wurden nach 1991 instand gesetzt und erhielten ihr glanzvolles Aussehen zurück. Sie beherbergen große Kliniken, die vielen kranken Menschen dienen.

Mit seinen vielen Sehenswürdigkeiten, den alten Handwerken und seiner schönen Landschaft ist Pulsnitz eine freundliche Oberlausitzer Kleinstadt. Auf dem Markt stehen ein hübscher Brunnen und das Ernst-Rietschel-Denkmal.

Reichenbach

Reichenbach liegt am Rande des fruchtbaren Lausitzer Gefildes, wo dieses in das Ostlausitzer Hügelland übergeht. Zu seiner Umgebung gehören auch die schönen Königshainer Berge und das Tal des Schwarzen Schöps. Gegen 1230 legten deutsche Siedler an einem Nebenbach des Schwarzen Schöps das Städtchen an. Vermutlich erhielt es seinen Namen nach den guten Böden, die es hier im Tale gab. Anfänglich sagte man Richenbach, aber schon 1387 hieß es Reichenbach.

Im Mittelalter verwaltete ein königlich-böhmischer Beamter Reichenbach, 1238 ein «advocatus» genannter Richter, woran zu sehen ist, daß der Ort noch keinen bürgerlichen Rat besaß. Der große Marktplatz läßt darauf schließen, daß hier ein reger Handel herrschte. Reichenbach hatte keine Stadtmauer. Aber die St. Johanniskirche, die im 15. Jahrhundert erbaut worden war, hat so mächtiges Mauerwerk, daß sie in der Hussitenzeit als Wehrkirche diente. In schlimmen Zeiten konnten die Leute hier Zuflucht suchen und sich verteidigen.

Die Hohe Straße, die durch Reichenbach führte, brachte dem Städtchen nicht nur Vorteile. Denn in kriegerischen Zeiten zogen die Heere auf ihr durchs Land. Immer wieder wurde Reichenbach ausgeplündert und niedergebrannt. Alle Kriege von der Hussitenzeit bis zum 2. Weltkrieg 1945 haben die Kleinstadt so furchtbar getroffen wie kaum einen anderen Ort. So erklärt es sich, daß von dem alten Stadtbild nicht viel übriggeblieben ist.

In den vergangenen Zeiten war Reichenbach ein Ackerbürgerstädtchen mit vielen Handwerkern gewesen, das immer im Schatten seiner großen Nachbarn Görlitz und Löbau stand und sich deswegen nur bescheiden entwickelte. Die Landwirtschaft war stets der wichtigste Wirtschaftszweig, da um Reichenbach sehr gute Lößlehmböden sind.

Nachdem die Eisenbahn von Dresden nach Görlitz gebaut worden war, entstanden auch in Reichenbach neue Industriebetriebe. Aus der Industrie soll eine Besonderheit erwähnt sein: Die alte Glashütte zu Reichenbach. Sie stellte lange Zeit das wunderbare Rubinglas her. Der Glasschmelze wird eine bestimmte Menge reines Gold beigemischt, und so entsteht das strahlend rote Rubinglas, aus dem vornehme Vasen, Kelche und Weingläser geformt und geschliffen werden. Als es noch die Planwirtschaft gab, verstand man leider nicht, diesen Schatz zu nutzen, und stellte die Rubinglasproduktion ein.

Rathaus und Wehrkirche

Rothenburg

Rothenburg wird von den Sorben Rozbork genannt, das «zur roten Burg» bedeutet. Es mag sein, daß man das ganz wörtlich nehmen kann, weil es dort einstmals eine rote Burg gab. Doch ist es auch möglich, daß der Ort seinen Namen von dem Adelsgeschlecht derer von Rothenburg hat, das um 1400 sehr verbreitet in der Oberlausitz war. Jedenfalls hieß es 1264 bereits Rotenburg.

Ein Burgward mit demselben Namen war dagegen schon im Jahr 1000 erwähnt worden.

Als die Oberlausitz dem Markgrafen von Brandenburg unterstand, wurde Rothenburg als civitas an der Böhmischen Straße bezeichnet. Das war 1268. Im Stadtwappen, welches Karl IV. 1347 genehmigt hatte, ist die Jahreszahl der Ersterwähnung enthalten.

Durch die Zeiten war Rothenburg ein kleines Landstädtchen geblieben, das noch 1825 nur 786 Einwohner hatte.

Nachdem die Oberlausitz 1815 geteilt worden war, gab es für Rothenburg jedoch einen beachtlichen Vorteil. Es stieg nunmehr zur preußischen Kreishauptmannschaft mit dem Sitz des Landrates auf. Einhundertfünfzig Jahre lang war Rothenburg die kleinste Kreisstadt Deutschlands, die aber den größten Landkreis hatte.

Ein herbes Schicksal traf die Rothenburger zum Ende des 2. Weltkrieges, als hier an der Neiße die Front verlief. In den schweren Kämpfen bei der «Prager Operation», die hier ihren Ausgang nahm, wurde mehr als die Hälfte der Stadt völlig zerstört. Hunger, Not und das Flüchtlingselend der Heimatvertriebenen bedrückten jahrelang die kleine Stadt.

Der Marktplatz von Rothenburg

In der späteren Zeit erholte sie sich nur mühsam, denn durch die neue Staatsgrenze an der Neiße war die Hälfte des Umlandes verloren, und Rothenburg befand sich in jeder Hinsicht in einer unglücklichen Randlage. Trotzdem war es später zu einer Kleinstadt mit Industriebetrieben geworden, wenn auch die meisten Arbeitskräfte nach außerhalb zum Broterwerb fuhren.

In Rothenburg befinden sich bedeutende Heilstätten wie das «Martin-Ulbrich-Krankenhaus» und die «Pflegehäuser Martinshof», die einen guten Ruf in der Fachwelt genießen.

Die im Krieg zerstörte klassizistische Stadtkirche aus dem frühen 19. Jahrhundert wurde mit großer Mühe wieder aufgebaut. Auch der schöne Park, den es schon seit 1750 gab und der nach Plänen von Fürst Pückler-Muskau ab 1840 neu gestaltet worden war, konnte großzügig erneuert und gepflegt werden. Im Ortsteil Geheege gibt es das Naturdenkmal Wasserscheide, wo sich die Wasser entweder zur Spree oder zur Neiße wenden.

Ruhland

Bei Ruhland, in der feuchten Niederung der Schwarzen Elster, ist die alte Grenze zwischen Oberlausitz und Niederlausitz. Die Ruhlander Heide setzt sich nach Norden zu im Heide- und Beckenland der Niederlausitz fort. In früheren Zeiten war die Gegend um Ruhland weithin versumpft und nur schwer zugänglich. Erst 1856 erhielt die Schwarze Elster ihr endgültig neues Flußbett, und große Flächen wurden trockengelegt.

Ruhland gehört zu den Oberlausitzer Städten, die sehr alt, aber durch die Zeiten klein geblieben sind. Schon seit über hundert Jahren wird in der Umgebung Braunkohle gefördert, und große Industriebetriebe wuchsen in Senftenberg, Lauta, Schwarzheide und Lauchhammer empor. Die meisten Ruhländer fahren dorthin zur Arbeit. Doch auch in der Stadt selbst gibt es mehrere Betriebe.

Ruhland ist ein wichtiger Verkehrsknotenpunkt der Eisenbahnstrecken Hoyerswerda-Dessau und Dresden-Cottbus. Ferner hat es den Autobahnanschluß Dresden-Berlin.

Als Ruhland 1317 das erstemal genannt wurde, schrieb man Rulant. Dieser Name bedeutet «ruhendes Land», und damit war Brachland gemeint. Damals war Rulant eine Burg an der Handelsstraße, die, von Prag kommend, die Schwarze Elster überquerte und weiter nach Frankfurt an der Oder führte.

Im Jahre 1363 kaufte der böhmische König Karl IV. Burg und Siedlung Ruhland. Seit 1397 ist Ruhland Stadt, mit Mauern und Wällen umgeben und mit drei starken Stadttoren bewehrt. Man sprach deswegen auch von der «Festung Ruhland».

Die böhmische Krone verpfändete und verkaufte schließlich das Städtchen an adlige Grundherrschaften, die es dann jahrhundertelang besaßen. Die Bewohner waren zumeist Ackerbürger und Fischer, denn in den zahlreichen Armen der Schwarzen Elster und in großen Teichen gab es sehr viele Fische und Krebse.

Wegen seiner Lage an der wichtigen Elster-Brücke hatte Ruhland in vielen Kriegen sehr zu leiden. Im Dreißigjährigen Krieg beschoß 1637 das kaiserliche Heer, das von Bautzen herangezogen war, Stadt und Burg, bis nur noch ein rauchender Trümmerhaufen übrig war. Noch 1729 beschrieb man Ruhland als ein «kleines, größtenteils von Holz erbautes, armseliges, dorfähnliches Landstädtchen». Das nächste Unglück war nicht weit, denn 1768 brannte die Stadt ab. Die Kirche, beide Schulen und 186 Wohnhäuser verbrannten, nur das Amtshaus und 18 kleine Häuschen am Stadtrand waren übriggeblieben.

So ist es kein Wunder, wenn es heute in Ruhland nur wenige alte Gebäude gibt. Rund um den Markt stehen schlichte Geschäfts- und Wohnhäuser, die nach dem großen Stadtbrand erbaut worden sind. Die Pfarrkirche, die hoch aus der Stadt herausragt, ist eine Barockkirche mit einer kuppelartigen Turmhaube, die ein bißchen an eine heruntergezogene Pelzmütze erinnert.

Kirche und Marktbrunnen von Ruhland

Schirgiswalde

Schirgiswalde liegt mitten im Lausitzer Bergland in einer breiten Talmulde der Spree in etwa 270 Meter Höhe über dem Meeresspiegel. Östlich davon erheben sich die 485 Meter hohen Kälbersteine und der grani-
tene Bieleboh mit 499 Metern.

Um 1200 war Schirgiswalde von deutschen Siedlern als Waldhufendorf
gegründet worden. Aus dem Jahre 1376 gibt es den schriftlichen Nachweis
eines Rittersitzes. 1451 kam es durch Gebietstausch zu Schluckenau in
Böhmen und wurde 1572 dem böhmischen Kronland einverleibt. Als 1635
die beiden Lausitzen zu Sachsen kamen, blieb Schirgiswalde als Exklave
böhmisch. Eine Exklave ist ein von einem anderen Land eingeschlossenes
kleines Gebiet. 1665 verlieh Kaiser Leopold I. an Schirgiswalde das Stadtrecht und damit das Recht zu drei Jahrmärkten. 1702 ging die Grundherrschaft an das Domstift Bautzen über und wurde dem Bistum Leitmeritz
unterstellt. Die Protestanten mußten daraufhin Schirgiswalde verlassen
oder wieder katholisch werden.

1809 veranlaßte Napoleon, daß alle böhmischen Exklaven der Oberlausitz an Sachsen kamen. Aber wegen der Kriegswirren in dieser Zeit un-
terblieb das, und Schirgiswalde war von 1809 an weder sächsisch noch
böhmisch, also eine eigene Republik. «Schurgewalde macht fer sich

In Schirgiswalde

alleene!», sagten die Leute. 1809 gab es etwa 1500 Einwohner. Sie richteten sich eine eigene Verwaltung ein, und der Bürgermeister war gleichzeitig Staatsoberhaupt. Es galten von da an weder die österreichisch-böhmischen, noch die sächsischen Gesetze. Niemand brauchte Steuern zu zahlen, niemand Zoll, und keiner mußte zu den Soldaten. Deshalb wurden Waren aus aller Herren Länder hierher gebracht und in alle Richtungen wieder verschoben und geschmuggelt. Schmuggler, Steuerhinterzieher und Deserteure kamen in die kleine Republik. Das «böhmische Lotto» war in Sachsen verboten, aber in Schirgiswalde nicht. Durch raffinierte Feuerzeichen von Berg zu Berg, wobei die neuesten Lottozahlen von Prag hierher gemeldet wurden, konnten sogar große Gewinne erzielt werden. Schirgiswalde konnte sich dadurch wirtschaftlich von den Nöten, die die Kriegszüge Napoleons verursacht hatten, erholen. Am 4. Juli 1845 wurde die Übergabe an Sachsen endgültig vollzogen. Kirchlich gehörte Schirgiswalde noch bis 1894 zum Bistum Leitmeritz in Böhmen.

Heute noch hört und spürt man die jahrhundertelangen Beziehungen zu Böhmen, die sich in Mundart und Brauchtum ausdrücken.

Schirgiswalde besitzt eine mit barockem Schmuck reich ausgestattete katholische Pfarrkirche (1739 bis 1741) mit neugotischen Türmen von 1866. Die Altarfiguren wurden von dem sorbischen Bildhauer Jakub Delenka geschaffen.

Schöne Laubenhäuser und ein Laubengang stammen vom Ende des 17. Jahrhunderts, das Rathaus wurde 1818 errichtet, das Amtshaus 1839. Bis 1851 war hier der Sitz des Amtsgerichtes der «Republik Schirgiswalde».

Das Domstiftliche Herrenhaus ist ein Barockbau des 18. Jahrhunderts.

Früher betrieben die Leute Flachsgarnspinnerei, Leineweberei und seit 1500 ausgedehnten Garnhandel. In der Mitte des 19. Jahrhunderts entstanden die ersten Textilfabriken, denen bald die Bekleidungsindustrie folgte.

Seifhennersdorf

Seifhennersdorf ist ein langgestreckter Ort im Tale der Mandau in dem weiten Varnsdorf-Seifhennersdorfer Becken, das sich bis Großschönau fortsetzt. Ein Kranz bewaldeter Höhen umgibt den Ort. Nach Westen zu steigt das Bergland von Rumburg-Schönlinde an.

Seifhennersdorf ist erst 1974 Stadt geworden. In alten Zeiten gab es hier ein Dorf mit dem Namen Niederhennersdorf und einen Ortsteil, der Seiffen hieß. Der erste Name bedeutet «Dorf eines Heinrich», der zweite kommt von dem Wort «sifen», das soviel wie «Sickerwasser» besagt und also eine sumpfige Gegend meint. Beide Orte wuchsen allmählich zusammen.

Früher gehörte Seifhennersdorf zur böhmischen Herrschaft Tollenstein und Rumburg, die bis 1319 ein Teil des Landes Zittau war. Im Jahre 1584 kaufte die Stadt Zittau den Ort.

Wie in vielen anderen Zittauer Ratsdörfern entwickelte sich aus der umfangreichen Hausweberei im 19. Jahrhundert die Textilindustrie. Schon 1842 war die erste Dampfmaschine aufgestellt worden. Doch aufgebrachte arme Weber glaubten damals, die Maschinen nähmen ihnen die Arbeit weg, zerschlugen sie deshalb und zündeten die Gebäude an. Diese Ereignisse werden als die «Seifhennersdorfer Maschinenstürmerei» bezeichnet. Trotzdem wuchsen sehr rasch viele Fabriken empor, und immer mehr Gewerbe entstanden, so daß Seifhennersdorf bald ein großer Industrieort war.

Überall im Stadtbild fallen die zahlreichen Umgebindehäuser auf. Die Kirche gehörte mit ihren 2450 Plätzen zu den größten Dorfkirchen Sachsens. Das Heimatmuseum zeigt eine außergewöhnliche Sammlung von Pflanzenabdrücken aus der Braunkohlenzeit. Blätter, Samen, Früchte und sogar Fische sind in den Polierschieferplatten gut erhalten, obwohl sie 30 Millionen Jahre alt sind. Sie wurden im Seifhennersdorfer Bergbau gefunden.

Seit 1967 ist der Grenzübergang zur Tschechischen Republik geöffnet, der für den Verkehr nach Böhmen und Südeuropa wichtig ist.

Seifhennersdorf

Weißenberg

Weißenberg überragt das fruchtbare Lausitzer Gefilde, wo das Löbauer Wasser einen großen Bogen um eine Anhöhe aus Grauwacke macht. Dort oben wurde die kleine Stadt angelegt, und so ist sie mit ihren Türmen weit zu sehen.

Es war in den Jahren vor 1228, als der böhmische König Ottokar I. hier eine Burg und eine Siedlung errichten ließ. Die Burg hieß Wizenburg.

In Weißenberg

Vordem hatte es schon einen Burgwall gegeben, der heute noch als das «Schlössel» bekannt ist. Die Burg war damals bedeutsam, da die Hohe Straße nicht weit entfernt vorbeiführte. Ein königlicher Vogt verwaltete Burg und Stadt. Der Vogtshof war nach 1253 ein Rittergut geworden. Nunmehr war die Stadt der adligen Grundherrschaft untertan, und erst im Jahre 1625 konnten sich die Weißenberger freikaufen. Sie mußten dafür 8500 Taler an den Grundherrn zahlen.

Durch die Jahrhunderte war Weißenberg ein Ackerbürgerstädtchen geblieben, dessen Bewohner hauptsächlich von der Landwirtschaft lebten. Doch gab es auch viele Handwerker. Der große Marktplatz läßt erkennen, daß auch hier der Handel sehr wichtig gewesen sein muß. Alljährlich gab es vier große Jahrmärkte, zu denen die Leute von weit und breit kamen.

In Weißenberg hat sich nur wenig Industrie entwickelt, und selbst die Eisenbahnlinie, die es seit 1895 gegeben hatte, mußte als unwirtschaftliche Nebenlinie wieder aufgegeben werden. Die meisten Einwohner fahren in die Nachbarstädte zur Arbeit.

Auf dem Markt steht das hübsche, ganz mit wildem Wein umrankte Rathaus, ein harmonischer Bau von 1787 bis 1788. Manche Teile des Rathauses sind allerdings viel älter. Es hat einen runden Turm, an dem außen eine Wendeltreppe hinaufführt, sie ist der einzige Zugang zu dem oberen Stockwerk.

Zu den ältesten Gebäuden gehört die Pfarrkirche. Ihr Mauerwerk läßt darauf schließen, daß sie schon kurz nach 1200 gebaut und später nur verändert worden ist. Die Kanzel und der geschnitzte Altar von 1666 sowie mehrere Grabplatten gelten als besonders wertvolle Kunstwerke.

Am Markt in dem Haus Nr. 34 befindet sich das Museum «Alte Pfefferküchlerei», die bis 1940 noch in Betrieb war. Glücklicherweise ist fast alles erhalten geblieben aus dem alten Handwerk, so daß man heute sehen kann, wie man in früheren Zeiten das köstliche Gebäck herstellte. Das Museum ist in Deutschland einmalig.

Die Rathaustreppe zu Weißenberg

Im Städtchen gibt es noch andere schöne Häuser aus vergangenen Zeiten, die alle Kriege und Stadtbrände überdauert haben.

Da Weißenberg nur klein ist, gelangt man sehr schnell hinaus in die freundliche Natur am Löbauer Wasser mit ihren grünen Tälern und waldigen Höhen.

Den Weißenbergern sagt man nach, sie seien die Schildbürger der Oberlausitz. In Sagen und heiteren Geschichten kann man lesen, was sie so alles fertiggebracht haben.

Weißwasser

Weißwasser ist erst seit 1935 Stadt. Das ist etwas verwunderlich, denn es hatte schon seit 1912 ein Rathaus und über 12000 Einwohner.

Wann die Geschichte von Weißwasser begann, weiß keiner so recht zu sagen. Zum ersten Mal erwähnt eine Urkunde den Ort im Jahre 1552. In alten Zeiten, etwa vor 700 Jahren mag es gewesen sein, hatten wenige Siedler an der Straße, die von Muskau nach Bautzen führte, ihre Häuser gebaut und den kleinen Ort «Běla Woda» genannt. Dieser Name bedeutet «Weißes Wasser». Es kann sein, daß man das klare Wasser des Baches damit meinte oder die weißen Sande auf seinem Grund. In dem kleinen Dorf Weißwasser inmitten der Muskauer Heide lebten Waldbauern und Fischer.

Sie wohnten in einfachen Holzhäusern. Die Bauern züchteten Hühner und Gänse, bauten Hafer, Hirse, Mohn und auch Flachs an und betrieben die Waldbienenzucht. Am Ende des Dreißigjährigen Krieges war das Dorf zur Hälfte zerstört. Viele Einwohner waren geflohen und kehrten nicht mehr zurück.

*Rathaus
Weißwasser*

Für lange Zeiten war die Geschichte des kleinen Ortes stets mit der von Muskau verbunden. Er gehörte zur Standesherrschaft Muskau, deren Standesherr seit 1811 Hermann Graf von Pückler war.

In dieser Zeit gab es vor allem die Waldgewerbe wie Köhlereien und Pechhütten, aber es arbeiteten auch fünf Eisenhammerwerke und Alaunbergwerke. Die Alaungrube bei Weißwasser war das älteste Bergwerk der Oberlausitz.

Es gab ferner Ziegeleien und eine kleine Glashütte. Beim Alaunbergbau hatte man Braunkohle gefunden, mit der man bald überall heizte. Schon 1860 gab es bei Weißwasser einen Braunkohlenschacht. Die Braunkohle sollte später für lange Zeit die wichtigste Grundlage für viele Industriezweige werden. Als die Eisenbahn 1867 gebaut worden war, transportierte sie nunmehr große Mengen Kohle auch in andere Gegenden. Im Jahre 1873 entstand in Weißwasser die erste große Glashütte.

Vier Jahre später, als schlesische Glasmacherfamilien nach Weißwasser kamen, begann der Aufschwung der Glasindustrie.

Der Glasmacher Wilhelm Gelsdorf hatte die stillgelegte Glashütte übernommen und ließ Glas nach schlesischer Art herstellen. Das führte schon bald zum Erfolg. Seit dieser Zeit ist das Glas zur Lebensgrundlage vieler hier lebender Menschen geworden. In den Jahren danach gründeten andere eingewanderte Glasmacher noch mehr Glaswerke. Weißwasser wuchs bis zum Jahre 1897 zu einer Großgemeinde heran. Zehn neue Glashütten waren entstanden, die über 4000 Arbeitskräfte beschäftigten. Viele Glasmacher waren aus Böhmen zugezogen, sowohl Deutsche als auch Tschechen. Wegen seiner Spitzenqualität war Glas aus Weißwasser in der ganzen Welt bekannt geworden. Zwischen 1900 und 1945 war Weißwasser das Zentrum der Glasindustrie in Europa.

So schnell wie die Glasindustrie hat sich auch die Stadt entwickelt. Von dem einstigen kleinen Heidedorf sind heute nur noch wenige Holzhäuser erhalten. Auch fehlt der alte Stadtkern mit historischen Gebäuden, wie wir es in den anderen Oberlausitzer Städten gewohnt sind.

Immer neue Stadtteile wuchsen empor, und die Einwohnerzahl stieg ständig an. In den letzten Wochen des Zweiten Weltkrieges war Weißwasser zur Hälfte zerstört worden.

Die Stadt dehnte sich unablässig aus, besonders nach 1964, als das Großkraftwerk Boxberg für seine Arbeitskräfte neue Wohnviertel in Weißwasser errichten ließ.

Weißwasser besitzt aber auch schöne Parkanlagen wie «Am Jahnbad» und «Tiergarten», «Am Waldsee» und «Braunsteich». Geradezu berühmt geworden sind die Eissportanlagen von Weißwasser. Das Freiluft-Eisstadion ist das größte in Deutschland. Eishockey gilt in Weißwasser bereits seit 1929 als Volkssport. So erklärt es sich, daß die Schulkinder in Weißwasser schon in der zweiten Klasse das Eislaufen erlernen.

Weißwasser hat eine sehr schöne Umgebung mit vielen Naturschutzgebieten inmitten der Heidewälder. Es ist nicht weit zu den großartigen Parks von Bad Muskau mit ihren Schlössern und zu dem Rhododendron-Park von Kromlau, wo die gemütliche Waldeisenbahn dampft.

Wilthen

Wilthen liegt im Lausitzer Bergland in einer wannenförmigen weiten Talmulde, dort, wo das Irgersdorfer Wasser in das Butterwasser mündet, 295 Meter über dem Meeresspiegel. Diese Talmulde wird von zwei Bergketten gesäumt.

Hier kreuzen sich die beiden Eisenbahnlinien Dresden – Zittau und Bautzen – Bad Schandau, und die Fernverkehrsstraße B 98 von Bischofswerda nach Oppach führt durch diese Mulde. Deshalb ist Wilthen ein wichtiger Verkehrsknotenpunkt in der Oberlausitz.

Wilthen wurde um 1200 als Waldhufendorf von deutschen Siedlern angelegt. In alten Urkunden wird es 1222 Welintin und 1241 Weletin genannt. Wilthen gehörte bis ins 16. Jahrhundert zum Amt Stolpen im Herrschaftsgebiet der Meißner Bischöfe. 1668 erhielt das Dorf Marktrecht und Stadtrecht verliehen, aber keiner wollte so richtig glauben, daß es nun eine Stadt sei. Wilthen bekam 1969 das Stadtrecht erneut, und das glaubt jetzt jeder.

In Wilthen wohnen etwa 6000 Einwohner. 1885 war jeder fünfte Einwohner ein Sorbe, heute gibt es aber nur ganz wenige sorbische Menschen in der Stadt.

Hier stehen einige sehr schöne alte Umgebindehäuser und ein barockes Herrenhaus von 1741. Nachdem das Stadtrecht 1969 zum zweiten Mal verliehen worden war, wurde auch ein neues Stadtwappen geschaffen, das 1992 seine heutige Form erhielt. Dieses Wappen sagt das Wichtigste über Wilthen aus: Die Farben blau und gold sind die Farben der Oberlausitz. Eine goldene Weintraube weist auf die größte Branntweinbrennerei Deutschlands hin, die in Wilthen 1872 aus der Rittergutsbrauerei entstand. Das Rittergut gab es schon seit 1276.

Aus Brennweinen und Weindestillaten, die aus vielen Weinländern Europas und sogar Afrikas geholt werden, werden hier feurige Branntweine hergestellt, lange Jahre sorgfältig gelagert und wieder in alle Welt verschickt. Der goldene Webschützen sagt aus, daß hier auch die Weberei verbreitet war. Ein ganz besonderes Erzeugnis war die Packleinwand, die man nach Osteuropa, nach Skandinavien und sogar nach Nordamerika verkaufte. Sie war für die sachgerechte Verpackung vieler wertvoller Handelsgüter sehr wichtig. Eine weiße Justitia steht in der Wappenmitte. Sie war bereits jahrhundertelang im Gemeindewappen von Schirgiswalde enthalten.

Weinbrennerei
Wilthen

Wittichenau

In der ebenen Niederung der Schwarzen Elster umrahmen die Heidewälder und die Feldfluren das Städtchen von allen Seiten.

Wittichenau hat den sorbischen Namen Kulow. Beide Namen geben
die Ortsgeschichte an. Der sorbische Name ist der ältere, er bedeutet
«Runddorf». Als gegen 1245 der Ritter Wittigo I. von Kamenz in der Aue
der Schwarzen Elster das Dorf gründen ließ, sagte man «Wittigos Aue»,
und so kam der deutsche Name zustande. Weil es aber auf der Flur des
Dorfes Kulow lag, wurde auch dieser Name beibehalten. Das Dorf Kulow
ist der heutige Ortsteil Keula, der sorbisch Kulowc heißt.

Am Ortsrand von Keula befand sich seit Vorzeiten eine slawische
Sumpfburg. Nicht weit davon führte im Mittelalter die Handelsstraße von
Leipzig nach Sorau in Schlesien vorüber. Das hatte entscheidend dazu
beigetragen, daß hier eine Stadt entstand und Wittichenau und Kulow
wichtige Orte wurden.

Im Jahre 1286 erhielt Wittichenau die Stadtrechte, und 1290 kaufte das
Kloster St. Marienstern die Stadt. Von da an setzte die Äbtissin des Klo-
sters die Bürgermeister ein und bestimmte über die Geschicke ihrer Stadt.
Wittichenau bekam 1350 von Karl IV. das Marktrecht verliehen. Das bunte
Markttreiben, das heute wieder auf dem stimmungsvollen Marktplatz
herrscht, sollte uns daran erinnern.

Durch die Zeiten war Wittichenau ein kleines Ackerbürgerstädtchen geblieben mit zahlreichen Handwerkern. Es war der wirtschaftliche Mittelpunkt für die vielen kleinen Dörfer rundum, und heute ist es auch noch so.

Schon um 1440 wurde die Pfarrkirche «Mariae Himmelfahrt» gebaut, eine stattliche dreischiffige Hallenkirche. Sie besitzt ein wertvolles Altarbild von 1597 und zwei Schnitzfiguren von 1500, Maria und Johannes. Bemerkenswert sind zwei Grabmale: Das eine von 1704 ist das des kroatischen Oberst Jan von Schadowitz, der als Vorbild für den sorbischen Zaubermeister Krabat galt, und das zweite von 1754 ist das des Freiherrn von Solms.

Inmitten des Städtchens überragt der Dachreiter der Kreuzkirche die Häuser. Es ist ein Bau des Jakubetz-Stiftes von 1780. Hier stand einst ein hölzernes Kirchlein, das die Schweden im Dreißigjährigen Krieg «Festungskirche» genannt hatten. Dieser Name hat sich bis heute erhalten.

Alle Jahre am Ostersonntag findet in Wittichenau das feierliche Osterreiten statt, wobei groß und klein auf den Beinen ist. Unter Glockenklang ziehen die Osterreiter in die Frühlingsflur hinaus und überbringen die Botschaft von der Auferstehung Christi.

Zittau

Am westlichen Stadtrand Zittaus führt die Burgstraße zum Westpark hin, wo die Burgmühle, der Burgteich und der Burgberg liegen. Der Burgberg ist nur ein kleiner Hügel, aber er ist sehr interessant, steht doch auf seinem Gipfel ein Gedenkstein mit der Inschrift «Hier entstand Zittau». Es ist die Stelle, wo vermutlich vor mehr als eintausend Jahren eine Wasserburg stand. Dort in der Nähe durchquerte eine uralte Handelsstraße die Mandau.

Wo sich heute die Stadt ausbreitet, gab es in damaliger Zeit nur drei kleine Bauerndörfer. Eines davon hieß die Sitte. Dieser Name kommt von dem slawischen Wort žito, das Getreide oder Korn bedeutet.

Das Land Zittau war böhmisch und wurde von einem Burggrafen regiert. Aus diesen alten Zeiten ist sehr wenig bekannt, nicht einmal das Gründungsjahr der Stadt wissen wir. Erst eine Urkunde von 1238 bringt etwas Licht ins Dunkel der Zittauer Geschichte. Auf zwei klösterlichen Urkunden von 1238 kann man nachlesen, wie der böhmische König Wenzel und seine Gemahlin Kunigunde das Kloster St. Marienthal unter königlichen Schutz stellten. Auf einer der beiden Urkunden ist ein Chastolaus von Sitavia als Zeuge genannt. Damit tauchte erstmals der Name Sitavia in einem Schriftstück auf.

König Ottokar II. hatte 1254 Zittau das Stadtrecht verliehen und ihm erlaubt, eine Stadtmauer zu bauen. Als er 1255 erneut die Stadt besuchte, umritt er nach damaligem Brauch die Fläche, die einmal Stadt werden sollte. Ein Bauer folgte ihm mit dem Pflug und zog eine Furche als Grenze.

Der Stadtchronist Johann von Guben berichtet dazu: «Die Herren, die mit ihm ritten, sprachen: ‹Herr, die Stadt ist zu weit!› Er aber antwortete: ‹Ich will sie begnaden mit dem einen oder anderen, daß sie sich mit Einwohnern voll besetzen will›. Und es ward gemauert anno domini 1255.»

Das Zittauer Rathaus

Die königliche Weitsicht und Klugheit sollten sich bestätigen, denn schon im 1346 gegründeten Oberlausitzer Sechsstädtebund war Zittau die mächtigste Stadt geworden. Zwischen Prag und Frankfurt an der Oder gab es keine Stadt, die bedeutender gewesen wäre. Und später dann konnte Zittau seine wirtschaftliche Kraft mit der von Leipzig messen. In der fast achthundertjährigen Geschichte der Stadt gab es Blütezeiten mit Wohlstand und Reichtum, aber auch schlimme Zeiten mit Armut und Verderben. Alle haben sie ihre Spuren im Antlitz der Stadt hinterlassen, und bis zum heutigen Tag kann man sie erkennen.

Im Mittelalter lag Zittau wie eine trutzige Burg in der Landschaft. Ein doppelter Mauerring mit Türmen, Basteien, Wehrgängen, Gräben und Wällen umschloß die Stadt. Durch vier mächtige Stadttore mit Zugbrücken, Fallgittern, Türmen und Torschreiberhäuschen sowie zwei weiteren befestigten Pforten konnte die Stadt betreten werden.

Als die alten Wehranlagen ihren Zweck nicht mehr erfüllen konnten, brach man sie nach 1830 wie in den anderen Oberlausitzer Städten ab und ebnete die Wälle und Gräben ein. Nur die Fleischerbastei, der Rundturm der Kleinen Bastei und der Speiviel blieben erhalten. Der Speiviel ist der untere Teil des Turmes am Stadtbad. Der goldene Engel, der jetzt den Turm des Johanneums krönt, befand sich einst auf dem starken Webertor.

So alt wie die einstigen Wehranlagen sind auch Zittaus Kirchen. Die alles überragende Johanniskirche hatte zwei Vorgängerinnen: die erste Stadtkirche von 1290 und eine vierschiffige Hallenkirche, die nach fünfzigjähriger Bauzeit 1485 fertig geworden war. Als die Johanniskirche beim Stadtbrand 1756 in Schutt und Asche gesunken war, dauerte es Jahrzehnte, ehe sie nach den Plänen von Karl Friedrich Schinkel wiedererrichtet werden konnte. Da sich während des Baues der Südturm senkte und neigte, hat Zittau heute seinen «schiefen Turm».

Der Grüne Born mit Klosterkirche und Stadtmuseum

Die kleine Dreifaltigkeitskirche am Ende der Inneren Weberstraße nennt jeder nur die «Weberkirche». Sie war früher mit dem starken Webertor verbunden. Ihren zierlichen Dachreiter bekam sie nach dem Dreißigjährigen Krieg 1659 aufgesetzt. Zwei ihrer Strebepfeiler, in die Dolch, Schwert und Kreuz eingemeißelt sind, heißen die Wettpfeiler. Draußen, einst vor der Stadtmauer gelegen, steht die anmutige Kreuzkirche. Von ihr weiß man, daß sie bereits 1310 vorhanden war. Sie ist uns so wertvoll, weil sie seit 1410 unverändert geblieben ist. Ihr schönes Sterngewölbe mit einem Mittelpfeiler läßt alten böhmischen Einfluß erkennen. Zwei Figuren, Maria und Johannes, die vermutlich um 1450 entstanden sind, gelten als die ältesten Schnitzarbeiten Zittaus. In den Grüften der Kreuzkirche befinden sich 83 Begräbnisstätten vornehmer Zittauer, die hier vor 1779 bestattet worden sind. Dieses Kleinod gotischer Baukunst ging 1990 zum Preis von einer Mark in den Besitz der Stadt Zittau über, was sich sehr bald als goldrichtig erweisen sollte. Denn damit war ein würdiger Platz für die einzigartigen Zittauer Fastentücher gefunden, welche als Zeugnisse mittelalterlicher Frömmigkeit und hoher Kunstfertigkeit in ganz Deutschland gelten.

Auf einem kleinen Hügel inmitten des Frauenfriedhofes erhebt sich die Frauenkirche. Sie war die Kirche Zu Unserer Lieben Frauen des Johanniterordens. Sie ist im Übergangsstil zwischen Romanik und Gotik erbaut. Solche Bauwerke sind in der gesamten Oberlausitz sehr selten. Erstmals erschien ihr Name 1355, doch sie ist weit älter. Mehrmals zerstört, war sie erneuert, erweitert und immer wieder verändert worden. Ihr heutiges Aussehen erhielt sie 1715. Im Altarschrein von 1619 befindet sich eine Marienfigur, die einstmals in der Johanniskirche stand. Sie gehört zu den «Schönen Madonnen» und dürfte um 1530 geschaffen worden sein.

Die Petri-Pauli-Kirche wird auch Klosterkirche genannt, denn sie war die Kirche des Franziskanerklosters. Ihr Hauptaltar war schon 1293 geweiht worden, das gotische Hauptschiff aber stammt aus dem Jahre 1480. So alt ist auch der schlanke 70 m hohe Turm, der 1758 einen eleganten barocken Abschluß erhielt. Seit 1662 war die Klosterkirche zweite Stadtkirche. An ihrer Südseite haben wohlhabende Zittauer Bürger zwischen 1696 und 1748 barocke Betstuben anbauen lassen. Von den Klostergebäuden selbst sind der Kreuzgang des Ostflügels, der Kapitelsaal, das Refektorium (Speisesaal) sowie die lange Reihe der Mönchszellen erhalten. Heute ist das Stadtmuseum dort untergebracht.

Etwas abseits vom Zentrum, wo es einstmals die Böhmische Vorstadt gab, steht die Hospitalkirche St. Jakob. Ihr Anfang war eine Fronleichnamskapelle gewesen, die Karl IV. im Jahre 1303 neben dem Siechenhaus hatte errichten lassen. Diese kleine Kirche hat alle Stürme der Zeit überstanden. Selbst der Wimperg, ein Ziergiebel über dem ehemaligen Haupteingang, ist noch vorhanden.

Die Stadt hat aber auch zahlreiche andere großartige Bauwerke. Da wäre zuerst das Rathaus zu nennen, das am Markt steht und ein bißchen fremdartig wirkt. Das kommt davon, daß es wie ein italienischer «Palazzo grande» aussieht. Die Baupläne für dieses Rathaus stammen von Karl Friedrich Schinkel, und der Zittauer Carl August Schramm verwirklichte sie, nachdem Zittau fast achtzig Jahre lang kein richtiges Rathaus gehabt hatte. Es ist schon das vierte Rathaus, das ungefähr an derselben Stelle wie die anderen steht. Das zweite war 1608 abgebrannt, das dritte 1756, vom ersten ist so gut wie nichts bekannt.

Bei der Johanniskirche stehen das Dornspachhaus und das Alte Gymnasium, beide sind schöne Renaissancegebäude von 1553 und 1571. Aus dieser Zeit sind nicht viel Bauwerke erhalten geblieben. Sie sind den verheerenden Stadtbränden von 1608 und 1756 zum Opfer gefallen.

Auf der Neustadt erhebt sich der gewaltige, düstere Marstall, der 1611 als Salzhaus erbaut worden war. Später dienten seine Böden als Kornmagazin. Zugleich war er auch Rüstkammer der Stadt. Auf den Böden exerzierten später bei schlechtem Wetter die Kommunalgarde und das Militär. Auf dem Dach war eine Feuerglocke angebracht, die bei Feuer den Spritzenmeister und den Marstallkutscher rief. Man nannte die Glocke auch das Henkerglöckchen, weil mit ihrem Geläut die armen Sünder den Weg zur Richtstätte antraten. Einst waren 14 Pferde, später nur noch sechs im Marstall untergebracht. Vor der südlichen Giebelseite des Salzhauses steht die alte Stadtschmiede.

Der Marktplatz war immer der Mittelpunkt der Stadt. Hier wurden auch Spitzbuben und Diebsgesindel und 1495 sogar der Zittauer Bürgermeister enthauptet. Der Marktplatz reichte einstmals bis zur Johanniskirche hinüber, denn die großen Bürgerhäuser an seiner Nordseite sind erst später erbaut worden. Den Markt umgeben barocke Bürgerhäuser mit hübschen Fassaden, Erkern und schönen Portalen. Oft schmücken kunstvolle schmiedeeiserne Brüstungs- und Fenstergitter die Fassaden. Auffällige Barockportale zeigen großartiges Schnitzwerk und Bronzebeschläge an den Türflügeln. So stellten früher reiche Handelsherren in den Handelshöfen ihren Reichtum zur Schau. Hinter den Wohngebäuden lagen die riesigen Speicher. In der Weberstraße und in zahlreichen anderen Straßen der Innenstadt standen die Bierhöfe, die das berühmte Zittauer Bier brauten, das der Stadt neben dem Tuchhandel große Gewinne einbrachte.

Ein Teil des Klosters wird Heffterbau genannt nach dem Bürgermeister H. Heffter, der ihn 1662 hatte umbauen lassen. Dort überragt der «Heffter-

giebel» den Klosterhof. Es ist der schönste Renaissancegiebel weit und breit und ein Wahrzeichen Zittaus. Im Heffterbau richtete man einen besonderen Saal für die kostbare Ratsbibliothek ein. Zur Ratsbibliothek gehörten seltene Drucke, wunderbare alte Handschriften, Stadtchroniken, schön geschriebene Meßbücher auf Pergament und Bücher mit böhmischer Buchmalerei.

Als im Siebenjährigen Krieg 1756 durch österreichischen Beschuß die Stadt in Schutt und Asche versank, war auch die berühmte Ratsbibliothek sehr gefährdet. Der Bibliothekar Meyer behütete an diesem schrecklichen Tage treu die wertvollen Bücher, während sein eigenes Haus bis auf die

Grundmauern abbrannte. Heute werden diese wertvollen Werke in der Christian-Weise-Bibliothek aufbewahrt.

Wo einst die Stadtmauer gewesen war, sind die schönen Anlagen des «Grünen Ringes» entstanden, die nunmehr die Stadt umschließen. Hier gibt es den Schleifermännelbrunnen, die Riesenplatane an der Krokuswiese und die Fleischerbastei mit der Blumenuhr und dem Porzellanglockenspiel.

Großartige Gebäude wie das Stadtbad (1873), das Johanneum (1871), die Baugewerkenschule (1848) und die Bürgerschule (1866) werden als die Ringbebauung bezeichnet. Aus den alten Zeiten sind die schmalen Straßen und Gäßchen Zittaus erhalten geblieben, die fast alle zum Markt führen und früher die Hauptstraßen waren.

Da Zittau über Jahrhunderte seinen Reichtum aus der Bierbrauerei und dem Fernhandel schöpfte, gibt es die zahlreichen großen Bierhöfe und Handelshäuser in der Stadt. Meist sind es feingegliederte Barockhäuser mit reich gestalteten Fassaden, sie säumen den Markt, sind aber auch in der Inneren Weberstraße, der Brunnenstraße, der Bautzner Straße sowie auf der Neustadt zu finden. Wer genau hinsieht, kann leicht erkennen, daß in die ehemaligen großen Hausflure der Handelshäuser heute ganze Ladengeschäfte eingebaut sind.

Von den wertvollen Bau- und Kunstwerken der Stadt sind freilich manche in einem bedauernswerten Zustand, so daß umfangreiche Reparaturen notwendig sind. Von Zittau weiß man aber, daß es alle schlimmen Zeiten ziemlich schnell überwunden hat, und so werden auch die heutigen Wunden geheilt werden.

In Zittau begann das Maschinenzeitalter nach 1830, und die Stadt wurde rasch zur Industriestadt. Am bedeutendsten war immer die Textilindustrie. Schon vor 1800 gab es in der Zittauer Gegend über 4000 Webstühle. Im Laufe der Zeit waren Textilfabriken mit Tausenden von Arbeitskräften entstanden. Vor allem im Süden und Westen, wo einst die Vorstädte waren, wuchsen die Industriebetriebe empor. Mit ihnen entstanden auch neue Wohnviertel, und die Einwohnerzahl stieg rasch. Der Niedergang der Textilindustrie der Oberlausitz in unseren Tagen trifft Zittau schwer, da es nicht leicht ist, für so viele Menschen neue Arbeitsplätze zu schaffen.

Ähnlich erging es auch dem Fahrzeugbau. In Zittau wurden früher im Phänomen-Werk Leichtmotorräder gebaut und ab 1950 Lastkraftwagen. Aus diesem Betrieb war das Robur-Werk entstanden. Nach der Wiedervereinigung unseres Vaterlandes konnte auch dieser Betrieb mit seinen Produkten nicht auf den Weltmärkten bestehen. Er schloß und verschlimmerte die Lage für Zittau erheblich.

Es wird viel Mühe und Arbeit kosten, in Zittau, das im äußersten Winkel unserer Oberlausitz liegt, die Wirtschaft neu aufzubauen und den Menschen wieder Hoffnung zu geben.

Die Weberdörfer
in der südöstlichen Oberlausitz

Viele der Ortschaften in der südöstlichen Oberlausitz waren einst Weberdörfer. Jahrhundertelang war dort die Weberei zu Hause, sie hatte dazu beigetragen, daß ein eigenes Dorfbild entstanden ist.

Vor allem sind es die vielen Umgebindehäuser, die oft ganz eng beieinander stehen. Dafür gibt es einen Grund. Die Weberhäuschen stehen auf der ehemaligen Dorfaue, die früher Gemeindeeigentum war. Dort gab es erschwinglichen Baugrund, so daß ihn die einfachen Leineweber erwerben oder anfänglich wenigstens pachten konnten. So erklärt es sich auch, daß die Häuser und die Grundstücke recht klein sind. Vornehmlich nach dem Dreißigjährigen Krieg wuchsen die Dörfer schnell an, und es

Weberstube in Jonsdorf

gab weitaus mehr Weberhäuser als Bauerngüter. Noch im 18. Jahrhundert setzte sich das fort. Das Weberdorf Größschönau zum Beispiel hatte bald mehr Einwohner als manche Kleinstadt in damaliger Zeit.

Das Weberhaus war die eigene kleine Welt des Webers, und deshalb hielt er es stets schön in Ordnung und pflegte es fleißig. Überall sind hübsche Gärten vorhanden und viele Obstbäume; es blüht vom Frühling bis in den Herbst hinein. Meist ist auch noch die altertümliche «Plumpe» vorhanden, die aus der Zeit stammt, als es noch keine Wasserleitung gab. Die Weberdörfer sehen traulich und freundlich aus und lassen noch etwas von dem Wesen ihrer Bewohner erahnen.

Im Weberdorf fallen einige große und stattliche Umgebindehäuser auf, die reich verziert sind. Besonders die großartigen steinernen Türstöcke mit Jahreszahlen, Wappen oder verschlungenen Buchstaben, prächtige schmiedeeiserne Gitter oder vornehme Torsäulen und breite Treppen verraten, daß sie nicht einem armen Leineweber gehört haben können. Es sind die Häuser der reichen Leinwand- und Garnhändler und der Verleger gewesen.

Zum Dorfbild gehören aber auch die Textilfabriken des Industriezeitalters, die inmitten der Orte stehen. In ihrer Nähe befinden sich stets die Villen der Fabrikbesitzer, die von parkähnlichen Gärten umgeben sind. In manchen Orten gibt es sogar noch die ehemaligen Bleichteiche, in denen die Garne gewässert wurden, und ebenso die Bleichpläne am Wasser, wo die Garne oder die fertige Leinwand zum Bleichen auslagen.

Einige der ehemaligen Weberdörfer waren so groß geworden, daß sie zur Stadt erhoben wurden, wie wir es an Ebersbach, Neugersdorf und Seifhennersdorf sehen können.

Die Oberlausitzer Weberdörfer sind ein Spiegelbild einer langen Geschichte vom Leben der Menschen dort.

Obercunnersdorf

Obercunnersdorf war, wie viele andere Oberlausitzer Dörfer auch, zu Anfang des 13. Jahrhunderts als Waldhufendorf gegründet worden und unterstand dem Domstift zu Bautzen. Nach der Reformation kamen Zuwanderer aus der Niederlausitz und aus Böhmen hierher und begannen mit der Hausweberei. Noch heute stehen am höher gelegenen Dorfrand in weiten Abständen die großen Bauernhöfe, während sich in der tiefer gelegenen Dorfaue 478 kleine Weberhäuser drängen. Mehr als dreihundert davon sind stets gepflegt worden und dadurch fast unverändert erhalten geblieben. Die Häuser sind alle mit blaugrauen Schiefern gedeckt und auch an den Giebeln behängt, in die man vielerlei Ornamente aus hellen Schiefern eingelegt hat. Sie sehen besonders schön aus. Die Dorfstraße windet sich zwischen den eng stehenden Häusern hindurch und eröffnet an jeder Kurve jeweils neue und immer interessante Dorfansichten. Zwischen diesen ein- oder zweigeschossigen Weberhäusern stehen einzelne prächtige Faktorenhäuser, in denen die Verleger für Rohstoffe und Absatz der Hausweberei sorgten. Alle Häuser sind Umgebindehäuser. Und weil sie in Obercunnersdorf in großer Zahl stehen und gut erhalten sind, steht das ganze Dorf unter Denkmalschutz.

Die Umgebindehäuser
und die Schrotholzhäuser

In der südlichen Oberlausitz fallen die Umgebindehäuser allerorts auf. Man findet sie zwar von Schlesien bis ins Vogtland, aber nirgendwo sind sie so zahlreich wie in der Oberlausitz.

Das Umgebinde ist eine klug ausgedachte Holzkonstruktion, die aus Ständern, Spannriegeln, Rähmen (Kopfbändern) und Knaggen besteht. Das Umgebinde trägt die Last des Obergeschosses und des Daches.

Zur ebenen Erde ist die Blockstube eingebaut, die aus liegenden Balken gefügt ist. Oft nimmt die Blockstube nur die eine Hälfte des Hauses ein, während die andere aus Stein gemauert ist. Die Blockstuben sind überraschend groß, was jedoch leicht erklärlich ist; standen doch einstmals nicht nur der Webstuhl hier, sondern auch alle anderen Webereigerätschaften. Später war es leicht möglich, eine Trennwand einzuziehen und damit vom Wohnraum eine Küche abzuteilen. Die Blockstuben sind nicht hoch und haben eine schwere Balkendecke, die man mit ausgestrecktem Arm ohne Mühe erreichen kann. Mitunter gibt es sogar noch einen mächtigen «Unterzug», einen dicken Balken, auf dem die anderen frei aufliegen.

Der Flur ist stets ziemlich groß, denn hier standen früher noch der Waschkessel, das Brothäusel (der Brotschrank), und der Stubenofen mußte dort geheizt werden. Auch gab es eine Falltür, die zum Kellerloch hinunterführte, wo die Vorräte lagerten. Zwei schmale Fensterchen neben der Tür ließen genügend Licht herein. Das Obergeschoß ist als festes Fachwerk gezimmert, dessen Gefache mit Lehm ausgefüllt sind. Zwischen den dunklen Balken sitzen die zahlreichen Fenster. Diese sind nicht sehr groß und immer mit Sprossen gegliedert. Sie haben oft reich verzierte Rahmen und hölzerne Fensterbänke. Innen sind Schiebeläden angebracht, die dicht abschließen und manchmal schön bemalt waren. Häufig sind Obergeschoß und Giebel verbrettert oder verschiefert.

Oftmals haben die Umgebindehäuser an ihrer Rückseite einen Anbau mit einfachem Pultdach, der die «Abseite» heißt. Meistens ist die Abseite aus Steinen oder Ziegeln gemauert, und der Stall für die Haustiere ist darin.

Bei manchen größeren Umgebindehäusern aber, vornehmlich bei den Bauerngütern, ist die Abseite ebenfalls mit Umgebinde gezimmert. Dann

ist sie das «Ausgedinge», die Wohnung für die Altbauern, die hier ihren Lebensabend verbrachten.

Die halbrunden Dachfenster der Umgebindehäuser werden als «Ochsenaugen» bezeichnet. Wenn viele Dachfensterchen in einer langen Reihe angeordnet sind, heißen sie «Hecht». Sie ließen die Zugluft herein, die man zum Trocknen der aufgehängten Leinwand brauchte.

Manche Umgebindehäuser haben schöne Haustüren mit steinernen Türstöcken, die von der Kunst der einheimischen Handwerker zeugen. Vor den Hausflurfenstern finden wir oft hübsche eiserne Ziergitter.

So manches Oberlausitzer Häuschen wird von einer Sonnenuhr geziert, die mitunter sogar über Eck angebracht ist. In Taubenheim zum Beispiel wurden in den letzten Jahren neue Sonnenuhren angefertigt und die Umgebindehäuser damit geschmückt.

Die meisten Umgebindehäuser sind in der Zeit von 1760 bis 1850 errichtet worden, sie gehören seitdem zum vertrauten Bild der Oberlausitzer Dörfer.

Eigentlich sind die Umgebindehäuser eine Mischung aus dem fränkischen Fachwerkhaus und dem slawischen Blockhaus. Von jedem hat man die Vorteile übernommen und wohlüberlegt miteinander verbunden. In seltenen Fällen gibt es auch das Umgebinde im Obergeschoß. Es ist erstaunlich, wie vielfältig die Formen der Umgebindehäuser sind. Die wohl ältesten zeigen die Andreaskreuze im Fachwerk, und mitunter ist noch eines anzutreffen, bei dem die Blockstube aus dunklen Balken gefügt ist, deren Fugen mit weißem Kalk verstrichen sind. Nicht selten sind die Ständer des Umgebindes sogar reich profiliert, und oft sind auch geschmackvolle Zierbretter angebracht. Leider kam es immer wieder einmal vor, daß ein altes Umgebindehaus «modernisiert» worden war. Doch solche schlecht überlegten Eingriffe verträgt so ein Haus nicht, es wurde verschandelt und steht nun entwürdigt in der Welt. Aber glücklicherweise bemühen sich viele heimatverbundene Oberlausitzer zusammen mit den Fachleuten, die schönen Umgebindehäuser zu erhalten. Viele Umgebindehäuser stehen unter Denkmalschutz, weil sie zum heimatlichen Landschaftsbild gehören und wertvolle Zeugen der Volksbauweise und der Oberlausitzer Volkskultur sind.

In den Oberlausitzer Heidelandschaften dagegen findet man mancherorts die nicht weniger interessanten Schrotholzhäuser. «Schroten» ist das Längssägen von Baumstämmen zu Balken mit der Schrotsäge. Bei den Schrotholzhäusern liegen die Balken der Hauswände waagerecht, so daß sie zu den Blockhäusern zählen. Meist sind sie nicht sehr groß, da die liegenden Hölzer nur eine gewisse Last tragen können. Die Schrotholzhäuser waren einst sehr praktische Wohnhäuser, die dem Dorf ein freundliches Aussehen verliehen.

In der Gegend um Niesky und Weißwasser sind sie noch mehrfach anzutreffen. Ein besonders schönes Beispiel stellt der Ehrlicht-Hof bei Rietschen dar, um den noch weitere Schrotholzhäuser stehen, die dorthin versetzt worden sind.

Die Perle dieser Bauart ist wohl die kleine schmucke Holzkirche von Sprey bei Boxberg.

ALTE GEWERBE,
DIE SICH BIS HEUTE
ERHALTEN HABEN

In der Oberlausitz haben sich manche alte Gewerbe bis in unsere Zeit erhalten. Mitunter ist das sogar ein bißchen verwunderlich, denn schon seit 200 Jahren gibt es hier die Industrien, die alles herstellen, was die Menschen in ihrem Leben brauchen. Es wird wohl gute Gründe dafür geben, daß die verschiedenen Handwerke geblieben sind. Nicht umsonst spricht man von Handwerkskunst, von Meisterschaft und von meisterlicher Arbeit. Freilich sind auch manche Gewerbe völlig verschwunden, oder es gibt sie nur noch selten wie die Seiler, die Zinngießer oder die Gürtler. Von einigen sind nur die Namen geblieben: Riemenschneider, Nadler, Schwertfeger, Messerschmied und Kalkbrenner.

In alten Zeiten, als es noch keine Industrien gab, weder Kaufhäuser noch Ladengeschäfte vorhanden waren, hatte das Handwerk seine Blütezeit. In allen Städten gab es viele Handwerker, die mit ihren Gesellen emsig schafften und die fertigen Waren auf die Märkte brachten. Für einen Ort war es sehr wichtig, das Marktrecht zu besitzen, das er vom Landesherrn erhalten hatte. Es war vorgeschrieben, wieviel Märkte im Jahr abgehalten werden durften und wann das zu geschehen hatte.

Oft bestanden die Verkaufstände nur aus groben Tischen und Bänken, so daß die Namen Fleischbänke, Brotbänke oder Schuhbänke aufkamen, die wir heute noch in einigen Oberlausitzer Städten finden.

Die Handwerker in den Städten lebten meist in bestimmten Straßen zusammen, die nach ihnen benannt wurden: Weberstraße, Tuchmacherstraße, Gerberstraße, Brauhausstraße, Badergasse, Töpferberg, Schmiedegasse oder Fleischhauerstraße. Die Handwerker waren in Zünften zusammengeschlossen, die das Meisterrecht ausübten, sie bestimmten auch, wieviel Gesellen und Lehrlinge sein durften und regelten das Warenangebot auf den Märkten. Ihnen oblag es zugleich, die Stadt mit zu verteidigen und sich die erforderlichen Waffen zuzulegen. Bis heute erinnern noch alte Namen an diese Zeit: Fleischerbastei, Webertor, Gerberbastei.

Jahrhunderte hatten die Handwerker gearbeitet, ehe das Maschinenzeitalter anbrach und vieles veränderte. Doch nicht alles konnte durch Maschinen übernommen werden. Die Kunstfertigkeit und die Geschicklichkeit der Meister und ihr feiner Sinn waren nicht zu ersetzen. «Handwerk hat goldenen Boden», hieß es weiterhin, und es erhielt sich fort durch gute Qualität.

Ganz neue Handwerke entstanden im Laufe der Zeit, an die früher keiner denken konnte, und manche haben sich so verändert, daß kaum noch etwas von ihrer ursprünglichen Art geblieben ist. Denken wir nur an die Uhrmacher, die vor Hunderten von Jahren Schmiede gewesen waren.

Gerade die alten Handwerke sind es nun, die uns heute so beeindrucken, sei es eine Handweberei, eine Glasbläserei, eine Töpferei, eine Köhlerei oder die Arbeit in einer Wassermühle. Sie alle haben etwas von der Schöpferkraft und vom Erfinderreichtum unserer Vorfahren bewahrt.

Wollenweber oder Tuchmacher

Im Mittelalter waren die Wollenweber oder Tuchmacher die bedeutendsten Handwerker in den Städten der Oberlausitz. Im 13. und 14. Jahrhundert war die Wollenweberei ein angesehenes Handwerk. Später, nach dem Dreißigjährigen Krieg, waren es Zuwanderer, die die Wollweberei entscheidend verbesserten. Es waren die Exulanten aus Böhmen. In Manufakturen führten sie eine Technik ein, mit der man sogar zwei Meter breite Tuche weben konnte. Die viele Wolle kam aus den weiten Heidegebieten der nördlichen Oberlausitz, wo es seit alters her große Schafherden gab. Aber auch aus Böhmen und Schlesien wurde viel Wolle eingeführt. Im Frühjahr und im Herbst gelangte die Wolle auf die Wollmärkte in Bautzen, Görlitz und Kamenz.

Von der Tuchmacherzunft erwarb jeder Weber nun seinen Teil, den er mit den Gesellen in verschiedenen Arbeitsgängen verarbeitete. Zuerst mußte die Wolle gewaschen, sortiert und gemengt, geschlagen, gekämmt und gekrempelt werden. Danach waren die Wollfasern locker und lagen nun gleichmäßig. Die Wolle wurde von den Spinnern gesponnen. Bis 1298 gab es nur Spinnrocken und Spinnwirtel. Das Handspinnrad war erst später erfunden worden, und seit 1530 gibt es das Tretspinnrad. Nach dem Spinnen kamen die Garnspulen zu den Webern, die auf Handwebstühlen und ab 1530 auch auf Trittwebstühlen die Tuche webten. Ein Weber schaffte damals drei Meter Tuch an einem Arbeitstag. Die fertigen Tuche mußten nun noch gewalkt werden. In den Walkemühlen trieben große Wasserräder ein Schlagwerk an, dessen Holzkeulen die Tuche in warmem Wasser so lange schlugen, bis die Wollhärchen verfilzt waren. Das machte die Tuche weicher, glatter und auch fester. Als nächstes war das Noppen erforderlich, um alle Holzsplitterchen aus dem Tuch zu entfernen. Es waren noch drei weitere Arbeiten notwendig: die Tuche mußten gewaschen, auf dem Tuchrahmen getrocknet und schließlich mit Kardendisteln gekämmt werden. Die Bauern in der Gegend um Görlitz und Zittau pflanzten deswegen auf ihren Feldern die Kardendisteln an.

Endlich konnten die fertigen Tuche gekennzeichnet und im Tuchhaus verkauft werden. Nun zogen Tuchhändler mit den «Gewandwagen» in andere Städte, so zum Beispiel nach Leipzig, Frankfurt, Nürnberg und Prag, um die Ware zu verkaufen. Seit 1765 züchtete man in Sachsen spanische Merinoschafe, die eine feinere Wolle lieferten. Daraus konnte man bessere Tuche weben.

Die Leineweber

Zu den ältesten Erwerbszweigen in der Oberlausitz gehört die Leinwandweberei. Seit Jahrhunderten bauten die Dorfbewohner den Flachs (Lein) für den eigenen Bedarf an. In unserer Heimat fehlte in keinem Haus das Spinnrad. Bei den Spinteabenden ging es oft recht lustig zu. Die Frauen und Mädchen versammelten sich abwechselnd in verschiedenen Bauernhäusern zum Spinnen. So konnten Licht und Heizung gespart werden. Aus dieser Zeit blieb der Spruch erhalten: «Spinnen am Abend, erquickend und labend.»

In den Städten aber gab es schon die gewerbliche Stadtweberei. Hier hatten die Leineweber «eine saubere Zunft», und Weben und Spinnen waren getrennt worden. Die Weber besaßen nur einfache Trittwebstühle, um aus dem Garn die Leinwand zu weben. Auf einer Wiese, dem Bleichplan, lagen sowohl das Garn als auch die fertige Leinwand zum Bleichen aus. Danach konnten Hemden, Kopf- und Halstücher, Unterwäsche, aber auch Bettziechen für den Strohsack und Bettwäsche genäht werden.

Bis zum Jahre 1524 war der Leinwandhandel auf die Städte beschränkt. In jenem Jahr einigten sich in Prag die Städte und der Adel der Oberlausitz über das Handwerk auf dem Dorf. Erst jetzt durften die Leineweber ihren Beruf auch in den Dörfern ausüben. Die Häusler, die eine kleine Landwirtschaft besaßen, betrieben die Leineweberei nebenbei. Und bald gab es viele solche «Leineweberhäusel».

Fast alle Dörfer der südöstlichen Oberlausitz waren Ratsdörfer der Stadt Zittau, nur einige wenige waren Ritterguts- oder Klosterdörfer. In seinen Ratsdörfern hatte Zittau die Manufakturweberei eingeführt und verbreitet. Manufaktur bedeutet «mit der Hand herstellen», aber die Arbeit war anders eingeteilt als früher. Die meisten Weber arbeiteten wie gewohnt zu Hause und lieferten ihre Leinwand in der Manufaktur ab, wo sie weiter bearbeitet wurde. Im Dorfe hatten sich die Verleger niedergelassen, die die Weber für sich arbeiten ließen. In den Weberdörfern der südöstlichen Oberlausitz gab es bald Hunderte von Webstühlen.

Wenn der Weber das fertige Zeug im Leinwandsack zum Verleger getragen hatte, erhielt er ein paar Groschen Lohn und neues Garn. Das Garn mußten die Kinder auf einen Holzstern, die Weife, spannen und danach auf Spulen für die Kette oder auf Spindeln für den Schuß wickeln. Die Schulkinder hatten vor Beginn der Schule soviel Garn zu wickeln, daß es für die Eltern bis zum Schulschluß langte. Nach der Schule war wiederum stundenlang weiterzuspulen.

Auf dem Webstuhl sind die Kette der Längsfaden und der Schuß der Querfaden. Ein Gewebe, welches 400 Kettfäden haben soll, braucht also 400 Spulen, die hinter dem Webstuhl aufgesteckt werden. Von da aus laufen die Kettfäden durch ein Brett mit 400 Löchern zu einer langen hölzernen Rolle, die Kettbaum heißt.

Der Schußfaden aber befindet sich auf einer Spindel, die der Weber ins Schiffchen legt. Das Schiffchen wird auch als Webschützen bezeichnet. Es trägt den Schußfaden emsig durch die Kette.

Die Kettfäden rollen sich beim Weben langsam von den Spulen am Kettbaum ab und laufen unter dem Streichbaum hinweg durch das Geschirr, das aus zwei rechteckigen Holzrahmen besteht. In jedem Rahmen sind senkrechte Drähte gespannt, die jeder in der Mitte das Auge, eine Schlinge, haben. Dort führen die Kettfäden hindurch.

Mit Lederriemen, die über eine Rolle gehen und unten mit zwei Tritten verbunden sind, werden die beiden Geschirrahmen auf und ab bewegt. Die Hälfte der Fäden wird nach oben gezogen, die andere Hälfte nach unten. Somit entsteht ein Zwischenraum, den der Weber das Fach nennt. Durch das Fach saust das Schiffchen mit dem Schußfaden. Die Lade, ein Holzschläger, schiebt einen Schußfaden dicht an den anderen. So entsteht schließlich das fertige Gewebe, welches über den Brustbaum aufgerollt wird.

Nach 1830 entstanden die ersten Fabrikwebereien, in denen mechanische Webstühle arbeiteten. Sie erzeugten viel mehr Stoffe, als das den Handwebern möglich gewesen wäre, und diese waren natürlich billiger. Die Handweber gerieten in große Not, so daß man bald vom Weberelend sprach. Doch auch in den Webereien gab es nur karge Löhne. Um 1880 herum betrugen die Tageslöhne ungefähr 1,50 Mark. Nur sehr wenige Handweber versuchten, ihr Gewerbe am Leben zu erhalten. In Waltersdorf im Zittauer Gebirge verstarb 1930 der letzte Handweber, und in Spitzkunnersdorf stellte 1946 der letzte Handwebstuhl seinen Betrieb ein.

Es war das Ende der jahrhundertealten Hausweberei.

Damastweber in Großschönau

Um den kärglichen Lohn zu verbessern, den sie als Leineweber erhielten, wanderten die Brüder Lange aus Großschönau nach den Niederlanden aus. Hier wollten sie neue Arbeitsweisen in der Weberei studieren, denn die Niederlande waren das führende Land in diesem Handwerk. Die Gebrüder Lange lernten so die Damastweberei kennen. Dieser Name stammt von der Stadt Damaskus im Orient, in der die Bildweberei erfunden worden war.

Die Figuren und Bilder erscheinen auf der einen Seite des Gewebes matt auf glänzendem Grund. Auf der anderen Seite dagegen glänzen die Bilder und Figuren auf mattem Grund. Glücklich brachten die Gebrüder Lange 1666 das Geheimnis der Damastweberei in ihren Heimatort und begründeten die Damastweberei in der Oberlausitz. Der Damast fand natürlich im Adel und im wohlhabenden Bürgertum gute Kunden. Die Damastweber verdienten etwas mehr Lohn als die einfachen Zwillichtweber, die nur einfache Leinwand herstellten. Die Großschönauer hüteten ängst-

*Damastdecke
aus Großschönau –
Allegoriendecke*

lich ihr Geheimnis. Kein Damastweber durfte auswandern. Der Kurfürst von Sachsen zog keinen von ihnen zu den Soldaten, denn Damast war teuer und brachte der Staatskasse so manchen Taler ein. Vor allem feine Tisch- und Tafeltücher waren begehrt.

Später löste die Baumwollweberei die Damastweberei ab. Auf dem Jacquard-Webstuhl konnte nun gemusterter Baumwollstoff hergestellt werden. Glaubensflüchtlinge aus Böhmen, die nach 1650 in die Oberlausitz gekommen waren, hatten viele neue Kenntnisse mitgebracht und dadurch die Weberei verfeinert und verbessert.

Im Deutschen Damast- und Frottiermuseum Großschönau sind nicht nur wertvolle Damaste zu sehen, sondern original erhaltene Webstühle werden vorgeführt.

Bandweber um
Großröhrsdorf und Pulsnitz

Fast in jedem Dorf des Nordwestlausitzer Hügellandes und besonders im Tal der Röder klapperten in den vergangenen Zeiten die Bandwebstühle. Schon aus dem Jahre 1694 ist ein Bandweber in Pulsnitz bekannt, und 1680 begann die Bandweberei in Großröhrsdorf. In kurzer Zeit wurden aus den bisherigen Leinewebern nun die Bandweber.

Der Bandwebstuhl ist im Grunde genau so eingerichtet wie der Webstuhl, der breite Gewebe herstellt. Die Bandwebstühle können gleichzeitig 40 bis 60 Bänder weben. Jedes Band muß dabei einen eigenen «Schuß» haben, damit es nicht mit den anderen Bändern zusammenhängt. Es müssen also so viele «Schützen» vorhanden sein. Man könnte sagen, es wird so gewebt, als wären viele kleine Webstühle zu einem zusammengebaut.

Die fertigen Bänder werden gestärkt und auf Trommeln gewickelt, die mit Dampf geheizt sind, und werden so getrocknet. Diese Arbeit heißt Appretieren.

Bald webte man nicht nur leinene Bänder, sondern auch wollene, und später kamen immer mehr neuartige Garne dazu.

In den Zeiten, als es noch keine Bekleidungsindustrie gab, mußte jedes Kleidungsstück selbst genäht oder von einem Schneider angefertigt werden. Und da die Leute recht schöne Kleider haben wollten, brauchten sie allerlei Putz und Schmuck und verwendeten dabei vielerlei farbige Bänder. Wollte man alle Arten von Bändern aufzählen, brauchte man dafür einen dicken Katalog.

Auch in der Bandweberei gab es schon vor 1800 die ersten Fabriken, die besser und vor allem billiger arbeiten konnten. Von den vielen Erfindungen, die dort gemacht worden waren, seien nur die bunten Hosenträger genannt, die Blumen, Tiere und Früchte zeigten, ja sogar ganze Bilder wie die ersten Eisenbahnzüge.

Unaufhaltsam hatte sich die Bandindustrie entwickelt und dabei den armen Hauswebern das Brot genommen. Nur wenige konnten länger durchhalten, bis sie 1934 schließlich ganz aufgeben mußten.

In der jüngsten Vergangenheit erlebte die Bandweberei einen schlimmen Niedergang, von dem einige Tausend Menschen betroffen sind. Sie konnte sich nach der deutschen Wiedervereinigung nicht auf den Weltmärkten behaupten, und so gibt es nur einzelne kleine Betriebe, die einen Neuanfang gewagt haben.

Blaudrucker in Pulsnitz

Seit rund 300 Jahren gibt es in Pulsnitz den Blaudruck. Der Blaudruck kam zuerst von Indien nach den Niederlanden, ehe er 1689 in Augsburg Fuß faßte. Von hier gelangte das Blaufärben in die Oberlausitz.

Die Grundlage des Blaudruckes ist der Papp, früher ein streng gehütetes Geheimnis. Schon die Lehrlinge mußten bei ihrer Seele Seligkeit ver-

Blaudrucker
bei der Arbeit

sprechen, niemals die Zusammensetzung des Papps zu verraten; denn er war für den Erfolg der Arbeit ausschlaggebend. Der Papp mußte nämlich fest auf dem weißen Leinenstoff haften. In einem alten Wanderbuch eines Gesellen konnte das Geheimnis später nachgelesen werden: Für den besten weißen Druck nehme man vier Pfund Ton, zwei Pfund Blaustein, ein Pfund Grünspan, ein Achtel Pfund Weinsäure und ein halbes Pfund Gummi arabicum.

In einem Kasten wird der Papp angerührt. Er ist eine breiige gelbgrüne Masse, die mit einer Streichbürste gleichmäßig darin verteilt wird. Dann tippt der Blaudrucker den Model, den Druckstock, hinein und drückt ihn anschließend auf die weiße Leinenstoffbahn, die über einem gepolsterten Drucktisch ausgebreitet liegt. Die Stellen, die mit dem Papp bedruckt sind, können keine Farbe annehmen, sie bleiben also weiß.

Anfangs wurde mit Waid, später mit eingeführtem Indigo gefärbt. Waid und Indigo sind Pflanzen, aus denen man blaue Farbe gewinnt. Der bedruckte Leinenstoff wird in zweieinhalb Meter tiefe Bottiche, Küpen, eingetaucht. Nach dem Färben sieht der Stoff zunächst grün aus. Erst an der Luft erhält er allmählich seine blaue Farbe. Anschließend wird der Papp in einem Bad mit verdünnter Schwefelsäure wieder entfernt. Das mit den Modeln aufgedruckte Muster erscheint nun «reserviert», also in der weißen Farbe des Stoffes. Nach dem Waschen werden die Stoffe getrocknet und kalandert und erhalten so gewünschten Glanz und Glätte.

Die mit volkskundlichen Mustern bedruckten Kleiderstoffe, Tischdecken oder Wandbehänge sehen wunderschön aus. Über 1200 alte Druckstöcke gibt es noch heute in der Blaudruckerei in Pulsnitz. Die Modeln sind aus Birnbaumholz geschnitzt und mit Messingstiften besetzt. Blumen, Früchte oder sogar ganze Jagd- und Erntebilder und vieles andere können wir erkennen.

Der Blaudruck zeigt uns, wie ein altes Kunstgewerbe immer schön und modern bleibt.

Die Töpfer

Die Töpferei ist eines der ältesten Handwerke. Die Menschen benötigten Gefäße, um ihre Vorräte aufbewahren zu können. Bereits vor mehr als 9000 Jahren konnte man Töpfe herstellen. Dazu rollte der Töpfer mit den Händen aus Ton gleichmäßig dicke Schlangen, die er in lauter Ringen aufeinanderlegte und fest zusammendrückte. Anschließend strich er das so geformte Gefäß glatt. Schließlich brannte er es dann in einer Brenngrube oder am offenen Herdfeuer.

Vor etwa 5000 Jahren erfand der Mensch die drehbare Töpferscheibe, die noch mit der Hand in Schwung gebracht werden mußte. Seit 1200 Jahren ist die Töpferscheibe auch in der Oberlausitz bekannt. Mit ihrer Hilfe konnte der Töpfer die Tonringe besser verstreichen, und die Gefäße waren

gleichmäßiger und dicht. Später baute ein kluger Töpfer eine Töpferscheibe, die er mit dem Fuß anschob. Da er nun beide Hände frei hatte,
konnte er aus einem Klumpen Ton die Gefäße schön gleichförmig auf-
drehen.

Die Oberlausitzer Töpfer arbeiteten meist mit einem grauen, sich fettig
anfühlenden Ton. Um ihn geschmeidig zu machen, wurde er im «Ton-
sumpf» mit Wasser geschlämmt und mit nackten Füßen gründlich durch-
geknetet. Heute wird der Ton im Tonzurichtewerk geschlämmt und durch
den Tonschneider getrieben, wo ihn Messerwalzen bearbeiten.

Der Töpfer sitzt auf der Bank vor der Töpferscheibe und treibt sie mit
dem Fuß an, oder ein Elektromotor dreht die Scheibe. Mit einem kräftigen
Hieb wirft der Töpfer einen Tonklumpen auf die Scheibe, der sich dort sofort festsaugt. Dann formt er mit nassen Händen das Gefäß. Ist es fertig,
schneidet es der Töpfer mit einem Draht ab und stellt es auf ein Brett. Eine

gewisse Zeit muß es hier stehen und trocknen. Dann kann es glasiert und bemalt werden.

Zum Glasieren werden vielerlei Mineralstoffe verwendet. Am einfachsten ist die Lehmglasur, bei der die Gefäße in aufgeschlämmten Lehm getaucht werden. Bei der Salzglasur wird Kochsalz in das Feuer geworfen, wodurch eine hellgraue oder gelbbraune Glasur entsteht. Am häufigsten aber werden Fritte benutzt, glasige Gemische aus ganz unterschiedlichen Stoffen (Kalk, Dolomit, Kaolin, Borax, Soda), denen noch Metallsalze zugesetzt werden wie von Blei, Zink, Kupfer, Eisen oder Titan und anderen. So entstehen die bunten Gefäße. Anfänglich waren die Tongefäße grau, erst zu Beginn der Neuzeit, nach 1525, kam mehr und mehr das «Braunzeug» – die Brauntöpferei – auf.

Ist das Gefäß gut getrocknet, wird es im Brennofen bei 1200 Grad gebrannt. Früher hatten die Töpfer große Altdeutsche Rundöfen oder Kasseler Langöfen. Diese Öfen wurden mit Holz gefeuert. Eineinhalb Tage dauerte so ein Brand. Acht Tage lang mußte der Ofen noch abkühlen, bevor der Töpfer das braun glasierte Bauerngeschirr wie Krüge, Schüsseln, Fettnäpfe, Gärtöpfe, Kuchenformen, Schmalztöpfe, Feldflaschen, Kaffeekannen und Tassen herausholen konnte.

Wegen der großen Brandgefahr, die von den Brennöfen ausging, mußten die Töpfer am Rande der Stadt wohnen und arbeiten.

Heute wird die Zier- und Gebrauchskeramik in Elektroöfen gebrannt. Die bunt bemalten oder mit der Schwämmeltechnik verzierten Gefäße werden in Pulsnitz, Königsbrück, Elstra, Bischofswerda, Bad Muskau, in Neukirch und in vielen anderen Orten hergestellt. Seit einigen Jahren wird der Neukircher Töpfermarkt veranstaltet, zu dem Töpfer aus ganz Deutschland kommen. Er ist zu einem schönen Volksfest geworden.

Die Müller

Das Müllerhandwerk ist ein altes Handwerk, denn es ist bekannt, daß es schon seit über tausend Jahren Wassermühlen gibt. In noch älteren Zeiten hatte es nur steinerne Reibmühlen, Drehmühlen und Schwenkmühlen gegeben, die mit Menschenhand oder auch von Tieren bewegt wurden. Erst später trieben Wasserräder die Mühlen an.

Meist gehörten die Mühlen der Grundherrschaft, dem Rittergut, dem Kloster oder der Stadt, und daran erinnern noch heute ihre Namen wie Schloßmühle, Klostermühle oder Ratsmühle. Nur wenige Mühlen gehörten in früheren Zeiten dem Müller «erb- und eigentümlich».

Die Grundherrschaften hatten die Mühlen oft verpachtet und den Mahlzwang angeordnet. Das heißt, es war ganz genau festgelegt worden, wo die Bauern des Dorfes mahlen lassen mußten.

Der Müllerberuf war nicht leicht, und er erforderte viel Wissen und Geschick. So zum Beispiel schärfte der Müller die großen Mahlsteine selbst, auch hielt er all die vielen Hilfsmittel und Geräte, mit denen Wasser, Getreide und Mehl irgendwie bewegt werden, selbst instand. Nebenbei hatte jeder Müller noch etwas Landwirtschaft und betrieb die Fischerei im Mühlenstau. Auch hielt er Kühe, Schafe, Schweine, Gänse und Hühner. Zur Wirtschaft gehörten stets einige Esel, die die schweren Mehlsäcke tragen mußten. Oft machte der Müller sogar noch Fuhrdienste mit Pferd und Wagen für die Grundherrschaft.

Die Wassermühlen konnten nur dort errichtet werden, wo es genug Wasserkraft gab, So kam es, daß die Mühlen oft recht einsam in den ab-

*Die Windmühle
bei Luga*

gelegenen Tälern standen. Um sie zu beschützen, gab es den Mühlenfrieden. Das bedeutete, daß jeder, der ein Verbrechen in einer Mühle beging, dafür doppelt schwer büßen mußte.

Nicht selten kam es vor, daß Hochwasser die Mühle arg beschädigte oder daß sie bei langen strengen Frösten so einfror, daß sie wochenlang nicht mahlen konnte. Alles trug dazu bei, daß man sich allerlei Geschichten und Sagen über die Mühlen zu erzählen wußte. Die Müller hatten viele alte Sitten und Bräuche, zu denen Sprüche und Lieder gehörten, die jeder Geselle kennen mußte. Die Müllerburschen gingen auf die Wanderschaft und kamen weit durch die Länder und lernten vieles kennen. Auch eine schöne Tracht mit Kniehose, Kniestrümpfen, bestickter Weste und einer langen weißen Zipfelmütze besaßen sie.

Die großen Mahlsteine wurden seit Jahrhunderten bei Jonsdorf im Zittauer Gebirge gebrochen und weithin verschickt, selbst nach Sankt Petersburg und Moskau in Rußland. Erst als nach 1900 die stählernen Walzenstühle erfunden worden waren und die steinernen Mahlgänge ersetzten, ging die Zeit der Mühlsteinbrüche zu Ende. Außer den zahlreichen Wassermühlen gab es in der Oberlausitz viele Windmühlen. Meist waren es hölzerne Bockwindmühlen, wo das gesamte Mühlengebäude, der Mühlenkasten, in den Wind gedreht werden kann; seltener waren es steinerne Turmwindmühlen, wo nur die Kuppel mit den Windmühlenflügeln gedreht wird. Heute sind viele der alten Mühlen zu Ausflugszielen geworden, aber mancherorts arbeiten sie sogar noch, und es ist sehr interessant, einmal hineinzuschauen. Sie sind technische Wunderwerke aus früherer Zeit. Mit Recht kann man sagen, daß die Mühlen die ältesten Maschinen sind, die der Mensch erfunden hat.

Oberoderwitz ist das einzige Dorf in Deutschland, wo gleich drei Bockwindmühlen erhalten geblieben sind. Die Wassermühlen und die Windmühlen gehören seit eh und je zur schönen Landschaft der Oberlausitz.

Mit dem Namen Mühle waren in alten Zeiten aber nicht nur die Getreidemühlen gemeint, sondern alles, was mit großen Wasserrädern arbeitete, nannte man auch Mühlen. So gab es die Brett- oder Sägemühlen, die Knochenmühlen, die Knochen zerstampften, die Papiermühlen, die Farbmühlen, die Walkemühlen, die Wolltuche walkten, die Drahtmühlen, die aus Eisen oder Kupfer Drähte zogen, die Schleifmühlen, die Steine glattschliffen wie zum Beispiel Marmor, und die Pulvermühlen, die Schießpulver herstellten.

Die Bäcker

Das Bäckerhandwerk war bereits um 1200 ein städtisches Handwerk. In der mittelalterlichen Stadt mußte ein mit der Backgerechtigkeit ausgestattetes Haus eine Brot- oder Semmelbank besitzen. Die Bänke waren einfache Verkaufstände, wo man die Waren auslegte. Viele Bäcker aber klappten einen großen Holzladen wie einen Tisch vor dem Backstubenfenster herunter und verkauften so zur Straße hinaus. Dadurch entstand der Name Laden, den wir noch heute gebrauchen, wenn wir einen Verkaufsraum meinen. In Kamenz zum Beispiel befanden sich die Brot- und Semmelbänke am Rathaus.

Der Bäcker knetete am Abend das Mehl und das Wasser mit dem Sauerteig, der danach acht Stunden stehen blieb. Dann fügte er nochmals Roggenmehl und Wasser hinzu. Die gesamte Teigmasse mußte nun abermals tüchtig geknetet werden. Anschließend formte er die Brote. Sie lagen nun eine halbe bis eine Stunde in Schüsseln, damit der Brotteig richtig aufgehen konnte. Inzwischen heizte der Bäcker den Backofen ein, denn die Brote brauchten ziemliche Hitze. Bevor sie der Bäcker mit einem langen Brotschieber in den Ofen hineinschob, bestrich er jedes Brot mit Wasser, um zu verhindern, daß die Kruste aufsprang. Die Backzeit für ein Achtpfundbrot betrug ungefähr 60 bis 80 Minuten.

Außer Brot haben die Bäcker eine Menge anderer Backwaren hergestellt. Denn an bestimmten Tagen im Jahr wollten die Menschen etwas Besonderes essen. So gab es zu Neujahr für die Patenkinder Gebildebrote. Jungen bekamen Reiter, Stiere und Pferde; Mädchen eine Wiege, eine Puppe oder eine Kuh geschenkt. Während der Fastenzeit gab es bis zum Gründonnerstag die Fastenbrezeln. Zur Vogelhochzeit wurde das Gebäck in Vogelgestalt gebacken. Am Gründonnerstag gab es Mohnzöpfe, zu Ostern die Osterfladen und das Osterhasengebäck, welches aus Pfefferkuchenteig gebacken war.

Am 24. August gab es in Kamenz die Schleißküchel. Zur Kirmes mußten in der Oberlausitz die Bäcker große Kirmeskuchen backen, das sind Zucker-, Quark-, Pflaumen-, Streusel- und Käsekuchen. Zum Reformationsfest gab es die Reformationsbrötchen. Die Martinshörnel aß man am 11. November und die Kalbsegeln am 30. November, dem Andreastag, zum Nikolaustag am 6. Dezember Jungfernkränzel und Pfefferkuchen. Für Weihnachten buk man die Mohnstriezel, später die Stollen. Auch zu Hochzeiten waren immer viele Kuchen nötig. Einige der Gebäckarten sind verschwunden, aber die meisten gibt es heute noch, und es ist schön, daß sie von Bäckern weiterhin gebacken werden, denn sie gehören zu den Oberlausitzer Volksbräuchen. Das bekannteste Gebäck aber sind wohl die goldbraunen Bäben und Buchten, die nicht nur der Bäcker hat, sondern die auch zu Hause für die Feiertage und bei allen anderen Festlichkeiten gebacken werden.

Die Pfefferküchler

Pulsnitz nennt man die «Pfefferkuchenstadt». Es läßt sich leicht denken, wie es wohl zu diesem Namen gekommen ist, denn seit alters her werden hier Pfefferkuchen gebacken. Und trotzdem ist das ein wenig verwunderlich, denn in vielen anderen Städten gab es einst auch die Pfefferküchler, nur sind sie dort verschwunden und in Vergessenheit geraten, in Pulsnitz jedoch nicht.

Pfefferküchler in Pulsnitz

In einer Urkunde von 1558 ist zu lesen, daß die Brot- und Weißbäcker Pfefferkuchen buken. Doch erst viel später, es war 1677, wurden manche Bäcker als Pfefferküchler bezeichnet. Im Jahre 1743 kehrte der Bäckergeselle Gottfried Tobias Thomas von der Wanderschaft heim. Auf seinen Reisen hatte er in Thorn (polnisch Torun) die Pfefferkuchenbäckerei kennengelernt. Als er einige Jahre später Meister geworden war, begann er, die aromatischen Pfefferkuchen in seiner Heimatstadt zu backen. Doch so einfach war das nicht gewesen, denn er brauchte zuerst einmal das Recht zum Gewürzhandel. Wir wissen heute nicht genau, wie er das erlangte, aber es war ihm geglückt. Früher nannte man alle Gewürze, die aus fremden Ländern kamen, Pfeffer, und so hießen dann die verschiedensten Gewürzkuchen eben kurz Pfefferkuchen. Es dauerte nicht lange, bis auch andere Meister Pfefferkuchen buken und somit zu Pfefferküchlern wurden.

Nach 1860 gab es dann Bäckereien, die nur noch Pfefferkuchen herstellten. Es dauerte aber noch bis 1919, ehe die Pfefferküchler eine eigene Innung bilden konnten. Auf den Märkten in ganz Sachsen und den Nachbarländern traten sie nun als Pulsnitzer Pfefferküchler auf. Die Pulsnitzer Pfefferkuchen waren geradezu berühmt geworden wegen ihrer Güte. Besonders in der Weihnachtszeit fanden die Pfefferkuchenfiguren, die Herzen, Sterne und sogar die Pfefferkuchenhäuser ihre Kunden, sie gehörten zu den Festtagen.

Und wieder ist etwas verwunderlich: Während anderwärts die Pfefferküchler verschwanden und dafür große Backwarenbetriebe entstanden wie wir es beim Nürnberger Lebkuchen sehen können, blieben die Pulsnitzer bescheidene Handwerksbetriebe, nur ein einziger war etwas größer geworden. Als unser Vaterland 1990 wieder vereint worden war, erstaunte es weithin, daß es in Pulsnitz noch die Pfefferküchler gab, denn ihr Berufsstand war in Deutschland vergessen worden. Und so gab es dann einen regelrechten Kampf um das Recht, weiterhin Pfefferküchler zu sein, Meisterprüfungen zu machen und Lehrlinge ausbilden zu dürfen.

Wer heute selbst sehen möchte, wie die alten Pfefferküchler früher arbeiteten, muß allerdings nach Weißenberg gehen, denn dort steht das Museum «Alte Pfefferküchlerei».

Die Fleischer

Das Fleischerhandwerk gehört zu den ältesten Handwerken in der Oberlausitz. In Kamenz wird es zum Beispiel schon 1248 erwähnt.

Mit dem Schlachten wurde es in den einzelnen Städten unterschiedlich gehalten. So durfte in Görlitz bis 1691 nur im städtischen «Kuttelhof», dem Schlachthaus am Stadtrand, geschlachtet werden. Anderswo kauften die Fleischer bei den Bauern der umliegenden Dörfer oder auf den Viehmärkten die Tiere. Die Viehmärkte in Wittichenau, Elstra, Kamenz, Hoyerswerda und Bischofswerda waren gut bekannt. In den Fleischbänken hatte jeder Meister mindesten zweierlei Fleisch anzubieten. Die Fleischer durften selbst Schafe halten.

Im Schlachthaus schlachtete der Meister die Tiere, häutete sie und zerhieb sie in einzelne Stücke. Deshalb nannte man die Fleischer auch Fleischhauer. Auf den Fleischbänken gab es dann Fleisch und Wurst. In Kamenz mußten die Mitglieder der Fleischerinnung der Reihe nach schlachten. Dem Meister war nur gestattet, ein einziges Rind außerhalb des Reihenschlages in jedem Jahr zu schlachten. Bevor ein Tier geschlachtet werden durfte, besichtigte es der Innungsmeister. Kranke, lahme und auch sonst untüchtige Tiere wies er zurück.

An die alten Zeiten des Fleischerhandwerks erinnern uns heute solche Namen wie Fleischerstraße, Fleischbänke, Fleischmarkt oder Knochenhauergasse.

Die Fischer

In der Oberlausitz gibt es mehr als 3500 Fischteiche, in denen schon seit dem Mittelalter Karpfen und Hechte gezüchtet werden. Der größte Teich ist der Deutschbaselitzer Großteich. Er ist einen Quadratkilometer groß, und sein Damm ist einen Kilometer lang. Die Fischteiche gehörten der Gutsherrschaft, dem Kloster oder der Stadt. Es gab aber auch Dorf- und Bauernteiche. In früheren Zeiten, als es noch keine Fabriken gab und die Bäche und Flüsse sauber und klar waren, gab es überall viele Fische. Selbst Lachse, Aale und Krebse waren weit verbreitet.

Binnenfischer in Königswartha

Die Mönche in den Klöstern waren es, die um 1200 begannen, ablaßbare Teiche anzulegen. Den Karpfen führten sie aus Westeuropa ein. Dieser wertvolle Speisefisch stammt ursprünglich aus Asien. Die Römer hatten ihn nach Westeuropa gebracht. Im Mittelalter züchtete man den Schuppenkarpfen, und ungefähr seit 1900 kam der Spiegelkarpfen dazu. Heute wird auch der schuppenlose Lederkarpfen gehalten.

Anfangs hatte es nur den Femelbetrieb gegeben, das war die einfache wilde Zucht. Die eigentliche Teichwirtschaft begann im 14. und 15. Jahrhundert. Aller drei Jahre ließen die Fischer die Teiche ab, ackerten den Grund um und säten Hafer, Buchweizen oder Erbsen darauf. So lockerten sie den Teichboden auf und verbesserten ihn. Um das Jahr 1900 begannen die Fischer, planmäßig zu füttern.

Im Monat Mai setzt der Fischer weibliche Karpfen, die Rogener, und männliche Karpfen, die Milchner, in einen mit dichtem Gras bewachsenen Laichteich. Bei einer Temperatur von über siebzehn Grad halten die Karpfen ihre Hochzeit. Nach fünf bis acht Tagen schlüpft die fünf Millimeter lange Brut aus, und nach vier Wochen muß der Fischer die Brut in den Brutstreckteich umsetzen. Hier fressen sich die kleinen Karpfen im ersten Sommer ein Gewicht von 40 bis 50 Gramm an. Im Spätherbst werden die einsömmrigen Karpfen erneut abgefischt, und der Fischer gibt sie in die tieferen Winterteiche. Hier halten sie ihre Winterruhe. Im Frühjahr werden die Winterteiche abgefischt, und der Fischer setzt die Karpfen in die Streckteiche, wo die zweisömmrigen Karpfen ein Gewicht von etwa 250 Gramm erreichen.

Im nächsten Frühjahr kommen die zweisömmrigen Karpfen in die großen Abwachsteiche. Hier werden die Fische mit Lupinen, Hafer, Mais und anderem Futter auf ein Gewicht von 1000 bis 1500 Gramm herangefüttert.

Im Oktober hält der Fischer seine Ernte. Dazu zieht er am Ständer die Bretter heraus, damit das Teichwasser abfließen kann. Die Fische folgen dem abfließenden Wasser und gelangen so in die vor dem Ständer angelegte Fischgrube. Der Fischer muß nun die Karpfen, Schleien, Barsche und Hechte mit einem Netz und einem Kescher herausfischen. Nachdem sie sortiert und gewogen sind, werden sie in große Bottiche geschüttet und in die Städte und Dörfer gebracht, um dort verkauft zu werden.

Neben der einheimischen Fischerei gab es noch einen lebhaften Handel mit Heringen, die in Fässern oder geräuchert geliefert wurden. So erklärt es sich auch, daß eine Hälfte des Görlitzer Untermarktes Heringsmarkt hieß.

Die Steinmetzen

Im Mittelalter arbeiteten die Steinmetzen anfangs in den Klosterbauhütten, ab dem 13. Jahrhundert aber in den Dombauhütten der Bischofsstädte. Das Wort Hütte bedeutete damals Werkstatt. Dort waren verschiedene Berufe vereint wie zum Beispiel Bildhauer, Glasmacher und Kupferschmiede. Der Bauhütte stand ein «Magister operis» vor, während der Baumeister «magister lapidum» hieß. Die Steinmetzen zählten zum «fahrenden Volk», das weiterwanderte, wenn ein Bau fertiggestellt war. Wer Steinmetz werden wollte, mußte als «Knecht» dienen und erst das Mauern und das «Versetzen» der Steine erlernen. So eine Lehrzeit dauerte ungefähr sieben Jahre. War der Steinmetz nach der Lehre freigesprochen, durfte er ein Steinmetzzeichen führen und dieses in die Bauteile einschlagen. Nur langgediente Steinmetzen konnten zum «Parlier» aufrücken und waren dann Bauführer. Im 14. Jahrhundert traten die Bildhauer und Maler als erste aus den Bauhütten aus und gingen zu den Zünften. Nach 1500 lösten sich die Bauhütten ganz auf. Die Steinmetzen galten als Künstler und Techniker. Durch die Jahrhunderte arbeiteten in der Oberlausitz die Steinmetzen an Kirchen, Klöstern, Schlössern, Rathäusern und Bürgerhäusern, aber auch an Brücken, Brunnen und Grabmälern mit. Überall, wo Naturstein kunstvoll zu bearbeiten war, taten das die Steinmetzen.

Auch heutzutage fertigen die Steinmetzen wertvolle Werkstücke an wie Brunnenschalen, verzierte Sockel, großartige Türgewände, Säulen oder Fensterbogen. Überall dort, wo alte Gebäude erneuert werden müssen, haben die Steinmetzen zu tun. Ihre schönen Arbeiten lösen oft Bewunderung und Achtung aus. Ihr Beruf erfordert viel Kunstfertigkeit. In Demitz-Thumitz befindet sich seit 100 Jahren die Sächsische Steinmetzschule, die den ehrbaren Berufszweig weiterführt.

Steinmetze bei Restaurierungsarbeiten

Die Steinbrecher

In alten Urkunden steht manchmal zu lesen, daß die Leute Steinbrecher gewesen seien. Es war also ihr Broterwerb damals.

Anfänglich schlugen die Steinbrecher die Steine zurecht, die an der Erdoberfläche lagen, doch später dann gingen sie den Felsen zu Leibe, und es entstanden die ersten Steinbrüche. In vielen Oberlausitzer Orten sind solche alten Brüche zu finden. Oft betrieben die Bauern das Steinbrechergewerbe nebenbei, besonders zur Winterszeit, um sich Geld dazuzuverdienen. Die Städte besaßen eigene Steinbrüche schon aus der Zeit, als die gewaltigen Wehranlagen aufgerichtet wurden. In Zittau sind heute noch die großen Ratssteinbrüche am Schülerberg zu sehen. In der Stadt Bautzen waren mehrere Steinbrüche dort, wo heute der Taucherfriedhof ist.

Einige Steinbrüche waren bald im ganzen Land bekannt geworden, wie wir es von den Jonsdorfer Mühlsteinbrüchen wissen. Dort hatte man schon um 1560 begonnen, Mühlsteine zu gewinnen, die wegen des gefritteten Sandsteines besonders gut waren. Selbst bis Rußland wurden sie geliefert. Aber auch in Waltersdorf an der Lausche und an anderen Stellen brach man Mühlsteine. Da die Steine nicht zertrümmert werden durften, mußten sie umsichtig aus dem Fels gelöst werden. Das geschah mit trockenen Holzkeilen, die mit Wasser übergossen wurden, und, wenn sie dann quollen, das Gestein sprengten. Diese Arbeit hieß «Abbänken». Wie schwer und gefährlich die Arbeit war, kann man daran ermessen, daß etwa jeder zweite Arbeiter in seinem Berufsleben einen Unfall erlitt.

Sehr große Steinbrüche gab es in den Königshainer Bergen, wo ein besonders harter Granit gewonnen wurde. Heute zeigt dort ein kleines Museum die Geschichte des Steinbruchbetriebes.

Die größten Steinbrüche Sachsens jedoch sind bei Demitz-Thumitz am Klosterberg, wo heute noch der Westlausitzer Granodiorit, eine Granitart, gebrochen wird. Auch hier begann die Steinbrecherei schon früh. Doch ihren Aufschwung nahm sie erst, als die Eisenbahnen gebaut wurden und große Mengen Bausteine nötig waren.

Und so war es an vielen anderen Orten auch wie in der Kamenzer Gegend in den Grauwackenbrüchen oder im Ostlausitzer Hügelland, wo es zahlreiche Basalt- und Klingsteinbrüche gab.

Es war ein langer und beschwerlicher Weg von der einfachen Handarbeit bis zu den modernen Abbautechniken, den Diamantsägen, den Spalt-, Fräs- und Poliermaschinen unserer Zeit.

Die Glasmacher

Bereits vor 6000 Jahren konnten die Ägypter Glas herstellen, doch in unserem Vaterland gibt es erst seit dem 10. Jahrhundert Glashütten. Meist befanden sie sich in den Gebirgsländern, wo es reichlich Brennholz und Quarzgesteine gab oder Quarzsande in den Flüssen, denn Quarz ist der wichtigste Rohstoff für Glas.

Glasschleifer bei der Arbeit

Im Markgraftum Oberlausitz gab es früher nur wenige Glashütten. Im Isergebirge und auf der Südseite des Zittauer Gebirges waren sie zu finden, woran heute noch das Dörfchen Glasert mit seinem Namen erinnert. Aber auch bei dem Ort Rauscha, der ein Stück östlich von Rothenburg liegt, gab es eine bekannte Glashütte. Weil die alten Glashütten oft recht abgelegen in den Gebirgstälern oder den Heidewäldern lagen, nannte man sie Waldglashütten.

Damals konnte man zu Recht von Glasmacherkunst sprechen, gab es doch schon feine Farbgläser in vielerlei Formen, die heute kleine Kostbarkeiten sind. Neben dem handwerklichen Geschick besaßen die Glasmacher ein großes Wissen über die notwendigen Zusatzstoffe, um die wunderschönen Gläser zubereiten zu können.

Noch im 18. Jahrhundert waren Gläser Luxusgegenstände, die sich nicht jeder leisten konnte. Meist hatten nur Schlösser, Rathäuser und bedeutende Kirchen wertvolle Buntglasfenster, wofür das Hussitenfenster im Kloster St. Marienstern ein schönes Beispiel ist.

Um 1870 war der reine Quarzsand von Hohenbocka entdeckt worden, der ab 1874 im großen abgebaut und in viele Glashütten geliefert wurde und selbst ins Ausland. Nun entstanden in rascher Folge vielerorts Glashütten zwischen Schwepnitz und Bernsdorf im Westen und Weißwasser im Osten. Weißwasser war bald zur deutschen Glasmacherstadt geworden.

Die Glasindustrie stellte alle erdenklichen Sorten von Glas her: Flachglas, Behälterglas, Bauglas, Milchglas, Farbglas, Spezialglas für viele Zwecke und Zierglas.

Obwohl modernste Maschinen und Anlagen arbeiteten, blieb doch die Kunst der Glasbläser erhalten, die wie in alten Zeiten mit der «Pfeife» aus der glühenden Schmelze das Glas in Formen bliesen. Es ist schon erstaunlich, welche edlen Gegenstände so entstehen – Schalen, Krüge, Vasen, Kelche und vieles mehr.

Im Glasmachergewerbe waren neue Zweige erwachsen wie die Glasmaler und die Glasschleifer. Sie alle geben den Gläsern den «letzten Schliff».

In einigen Oberlausitzer Orten gibt es auch heute noch Glasbläser, die ihr altes Handwerk als Meister fortsetzen und Schmuck- und Ziergläser blasen.

Die Zimmerleute

Die Zimmerleute waren ursprünglich die einzigen selbständigen Bauleute. Über Jahrhunderte blieben sie die wichtigsten Handwerker.

Ihr Name sagt bereits etwas über den Beruf aus, denn bis in die Zeit um 1400 hieß in der mittelhochdeutschen Sprache das Bauholz «zimber». So waren die Zimmerleute die Leute, die mit Holz arbeiteten.

Vor 1250 gab es in den Städten kaum steinerne Wohngebäude, die Häuser waren aus Holz gebaut. Bei den Kirchen, Rathäusern, Speichern und Wehranlagen waren die Dachstühle oder Wehrgänge aus Holz gefügt.

In alten Zeiten mußten die Zimmerleute die Balken selbst aus den Baumstämmen hauen und die Bretter mit der Schrotsäge herstellen. Dabei wurde der Stamm zwei Meter hoch aufgebockt. Oben auf der Sägebühne stand ein Arbeiter, ein anderer aber unten, und sie bewegten die schwere Schrotsäge auf und ab, bis der gesamte Stamm der Länge nach getrennt war. Man kann sich vorstellen, welche schwere und langwierige Arbeit das war. Erst später trieben große Wasserräder in den Sägemühlen die Sägegatter an, so daß die Arbeit nun leichter war und schneller ging.

Im Laufe der langen Zeit hatten die Zimmerleute ihr Handwerk so verfeinert und vervollkommnet, daß man mit Recht von der Zimmermannskunst sprechen konnte. Die Zimmerleute fertigten auch die Tore, Türen, Fenster und Treppen. Dabei waren die Säulen, Geländer und Balkenköpfe oft reich verziert.

In den Städten gab es überall die Fachwerkhäuser, die meist beachtlich groß waren und mehrere Stockwerke und Dachböden hatten. Die Gefache zwischen den Balken waren mit Holzstöcken ausgefüllt und mit Lehm verschmiert. Diese Arbeit hatten die «Kleber» gemacht, die mit den Zimmerleuten zusammenarbeiteten. Wie gut die Zimmerleute ihr Handwerk verstanden, sieht man daran, daß es in manchen deutschen Städten Wohnhäuser gibt, die schon älter als 1000 Jahre sind. In den Städten der Oberlausitz sind die alten Fachwerkhäuser aber sehr rar geworden, denn die häufigen Stadtbrände haben sie hinweggerafft. Die schönsten Zeugnisse der Oberlausitzer Zimmermannskunst sind die Umgebindehäuser.

Umgebindehaus in Waltersdorf

Einst war es Sache der Zimmerleute, auch die Dächer zu decken. Wo es genügend Schilf gab, wurden die Häuser damit gedeckt, sonst aber nahm man Stroh. Nur ganz vereinzelt ist heute noch so ein Dach anzutreffen. Viele Häuser waren mit Schindeln gedeckt. Das sind dünne Holzplatten, die mit dem breiten Schindelmacherbeil von dicken Holzklötzen abgespalten wurden. Auf der Schindelbank, die wie ein grober Hobel wirkte, zog sie der Schindelmacher oder Schindler ab. Von diesem Beruf sind lediglich die Namen übriggeblieben. Ungefähr seit der Mitte des 18. Jahrhunderts gab es in den Städten Brandschutzverordnungen, die nunmehr Ziegeldächer forderten. Damit konnte die Feuersgefahr wesentlich eingeschränkt werden. In dieser Zeit trennten sich die Dachdecker als eigener

Berufsstand von den Zimmerleuten. Noch einmal 100 Jahre später, als schon die Eisenbahn in der Oberlausitz fuhr, kamen die Schieferdächer auf. Die Eisenbahn brachte große Mengen Dachschiefer aus den Thüringer Schiefergruben heran. Die Schiefer sind leicht und sehr haltbar. Oftmals verschieferte man die Giebel und das gesamte Obergeschoß. Die Schiefergruben lieferten Zeichnungen mit, nach denen schöne Muster geschaffen werden konnten. Dazu benutzte man gern rotbraune und weiße Schiefer. Besonders beliebt war es, eine «Sonne» aus Schiefern zu gestalten. So war der Schieferdecker als neuer Beruf entstanden. Trotz aller modernen Technik, die man heute kennt, ist die Kunst der Zimmerleute nicht zu ersetzen. Und so können sie mit Stolz ihre schmucke Zimmermannstracht tragen.

Die Bauern

Es ist gar nicht allzulange her, daß die meisten Menschen Bauern waren. Als bereits die Eisenbahn durch die Oberlausitz dampfte, arbeitete noch immer mehr als die Hälfte aller Oberlausitzer in der Landwirtschaft. Heute machen wir «Urlaub auf dem Bauernhof», betrachten in den Museen altes bäuerliches Arbeitsgerät und staunen über den Erfindergeist und das Geschick unserer Altvorderen. Hierbei erkennen wir vielleicht auch, daß sich die Landwirtschaft über Jahrhunderte nur langsam verändert hat. Der Bauer mußte im Bauernjahr nach den Jahreszeiten leben und sich immerfort mit der Natur auseinandersetzen. Da hieß es klug und erfahren zu sein, und so kam der Bauer zu seiner sprichwörtlichen «Bauernschläue». Die meisten waren Kleinbauern, die nur mit ihrer Familie den Hof bewirtschafteten und alles, was sie zum Leben brauchten selbst herstellten.

Auf den Feldern wuchs das Getreide, das mit der Hand gesät, mit der großen Kornsense geschnitten, mit dem Dreschflegel gedroschen und zur Mühle zum Mahlen gebracht wurde. So war es ein langer Weg zum täglichen Brot. Einmal in der Woche heizte die Bäuerin den Backofen an, der meist als kleines Häuschen auf dem Hofe stand, dann lag der Duft frischen Brotes über dem Dorf.

Der Bauer hielt Schafe um Wolle zu scheren und baute Flachs auf dem Feld an, aus dem das Leinen gemacht wurde. Der Flachs wurde gebrochen, gehechelt, gekämmt, gesponnen und gewebt. Nun erst konnten die Frauen die Bauernkleidung nähen. Dabei waren sie sehr geschickt, bewiesen guten Geschmack und hatten mit der Zeit die schönen Volkstrachten geschaffen.

Im Bauerngarten wuchsen nicht nur Obst und Gemüse, sondern auch allerlei Gewürzpflanzen und Heilkräuter. Der Bäuerin oblag die gesamte Milchwirtschaft des Hofes vom Melken der Kühe, Schafe und Ziegen bis Butter, Quark und Käse fertig waren.Um alles kühlen zu können, gab es einen Brunnen, der im Keller oder im Hausflur oder auch auf dem Hof war.

Umgebindehaus in Wehrsdorf

Außer dem Brotgetreide wurde das Viehfutter angebaut, Rüben, Klee und Hafer. Aber auch Heu war zu machen und für den Winter einzulagern. Von Sonnenaufgang bis Sonnenuntergang war emsig zu schaffen und günstiges Wetter zu nutzen.

Im Jahre 1724 war zum ersten Mal von Kartoffelbeeten in der Oberlausitz berichtet worden. Doch erst 1742 gab es Kartoffelfelder, und nach 1818 waren die Kartoffeln die wichtigsten Feldfrüchte geworden.

Neben den Milchkühen gab es Zugochsen oder, wenn der Hof etwas größer war, sogar Pferde. Auch wurden Hühner, Enten, Gänse, Puten, Tauben, Schweine, Kaninchen und Esel gehalten. Oft war auch ein Taubenhaus vorhanden, und mancher Bauer besaß Bienenvölker in selbstgeflochtenen Bienenkörben.

Der Bauer hatte vielfältiges Werkzeug, denn er baute und reparierte die meisten seiner Arbeitsgeräte selbst. Nur selten ging er zum Schmied oder zum Stellmacher, der früher Wagner hieß. Dinge wie Zäune, Rechen, Leitern, Heugabeln und vieles andere fertigte er selbst an.

Im Winter, wenn die Feldarbeit ruhte, gab es genügend andere Arbeiten zu erledigen. Der Stalldung mußte auf die Felder gefahren werden, und im Bauernwald war Holz zu fällen. Der Bauer machte Fuhrdienste oder half im Forst um ein paar Münzen hinzuzuverdienen. Es war auch wichtig, die Pferde oder Ochsen zu bewegen, denn es war nicht gut, sie monatelang im Stall stehen zu lassen. Die Bäuerin flickte Säcke, besserte Körbe aus, spann, webte, nähte, und sie schleißte die Federn. Urlaub und Ferien gab es nie.

Das Bauerndorf feierte die hohen Feste des Jahres, besonders das Erntedankfest und die Kirchweih. Dabei entstanden zahlreiche schöne Bräuche, die wir teilweise heute noch pflegen. Wir erfreuen uns an Bauerntänzen, Bauernmalerei oder Bauernmöbeln und verspüren dabei Hochachtung vor unseren bäuerlichen Vorfahren.

Ganz allmählich waren die neuen Techniken ins Bauerndorf gekommen. Erst die Dreschmaschinen im Hof, dann die Mähbalken und bald danach die Mähbinder, welche die schwere Feldarbeit erleichterten. Hinzu kamen Heuaufzug, Kartoffelroder und Sämaschine, alle noch von Muskelkraft betrieben. Und noch später kam der elektrische Strom auf die Dörfer.

Die Großbauern mit stattlichen Drei- oder Vierseithöfen, die Knechte und Mägde beschäftigten, besaßen die ersten Traktoren, die Ackerschlepper. Ihre Wohngebäude waren von Stall und Scheune getrennt, und der Wohlstand war deutlich zu sehen.

In der jüngeren Geschichte erfuhr die Landwirtschaft große Veränderungen. Mit Großflächen, Großställen und entsprechender Technik wurde industriemäßig gearbeitet. Die Arbeit wurde leichter, die Erträge stiegen, aber die Landschaften nahmen Schaden.

Die ursprünglichen Bauern gab es nicht mehr und die uralten dörflichen Gemeinschaften gingen verloren.

Heitere und besinnliche Geschichten aus der Oberlausitz

Unsere Oberlausitz ist schon seit alten Zeiten reich an eigenem Schrifttum. Was man sich früher erzählte und so mündlich an Kinder und Kindeskinder weitergab, ist schließlich einmal aufgeschrieben worden und begegnet uns heute in vielen heiteren und besinnlichen Geschichten, in Sprüchen und Gedichten. Meist entstammen die Erzählungen dem Leben des einfachen Volkes und spiegeln seine Freuden und Leiden wider. Oft sind sie so alt, daß ihre Quelle gar nicht mehr gefunden werden kann, dann sind sie zu Sagen und märchenhaften Bildern geworden, die aber nichts von ihrem feinen Gefühl verloren haben, das ihnen innewohnt. Das alles gilt auch für die Schriftwerke des sorbischen Volkes in der Oberlausitz.

Ein besonders erfrischender und lebensnaher Born sind die vielen alten und neuen Texte in Oberlausitzer Mundart. Unser Buch will einen Einblick vermitteln und die Leser freundlich anregen, mehr über die Oberlausitz zu lesen, um etwas von Herz und Verstand ihrer Bewohner verspüren zu können.

Der Berg Oybin

Der Oybin ist wohl der bekannteste Berg der Oberlausitz. Dabei ist er doch wahrlich nicht sehr hoch mit seinen 512 Meter. Es ist auch gar nicht die Höhe, die ihn berühmt gemacht hat, sondern seine eigenartige Form, die Ruinen auf dem Gipfel und die alten Sagen sind es, die ihn in einem verklärten Glanz erstrahlen lassen. Der Oybin sieht aus wie ein großer Bienenkorb aus Felsen, den eine tiefe Kluft fast halbiert hat. Eine Sage aus alter Zeit erzählt von Jägern, die einem Bären nachstellten und dabei den Oybin entdeckten. Sie meldeten ihrem Herrn, daß sie einen Platz für eine uneinnehmbare Burg gefunden hätten. Betrachtet man den Oybin genau, könnte man die Sache schon glauben.

Bereits vor vielen Jahrhunderten führten wichtige Handelsstraßen über das Gebirge nach Böhmen, und um sie überwachen zu können, befahl der Landesherr, Geleitburgen zu errichten. Zuerst ließ der böhmische Adlige Quale von Leipa eine solche Burg auf dem Oybin erbauen, das war im Jahre 1258. Nur zweiundzwanzig Jahre ging das gut, denn 1280 zogen die Zittauer los und zerstörten die Burg. Die Besitzer waren zu Wegelagerern und Raubrittern geworden, was die Zittauer nicht leiden mochten. Später, als das Land Zittau dem böhmischen Adligen Heinrich von Leipa unterstellt war, ließ dieser eine große achttürmige Burg auf dem Oybin errichten. Das hatte von 1311 bis 1316 gedauert. Heute vermag sich wohl nicht gleich ein jeder vorzustellen, welche schwere und gefährliche Arbeit in den schwindelnden Höhen vollbracht werden mußte.

Als Karl IV. 1346 König von Böhmen geworden war, befand sich der Oybin als landesherrliche Festung in seinem Besitz.

Noch bedeutender sollte der Oybin aber nach dem Jahre 1355 werden, dem Krönungsjahr Karls IV. zum deutschen Kaiser, denn er spielte in den Plänen des Herrschers eine wichtige Rolle. Der Kaiser forderte im Einklang mit dem Oberlausitzer Sechsstädtebund, die Handelswege auszubauen und die alten Wegesicherungsburgen instand zu setzen. Die Zittauer hatte er verpflichtet, ihm auf dem Oybin ein Haus zu bauen und eine bewaffnete Mannschaft zu unterhalten. Das geschah im Jahre 1364.

Von diesem Kaiserhaus sehen wir heute nur wenig mehr als die gewaltige Außenwand, die hoch über dem Hausgrund steht, und verwinkelte Grundmauern.

Zwei Jahre später, 1366, bestimmte Karl IV., ein Kloster auf dem Oybin anzulegen. Er schickte Zölestinermönche aus Avignon in Südfrankreich auf den Berg, die das Kloster «Mons Paracleti» – «Berg des Trösters» einrichteten. Jetzt begannen auch die Bauarbeiten der Klosterkirche, die sich fast zwanzig Jahre hinziehen sollten. Die Mönche wohnten anfänglich im Kaiserhaus, denn die anderen Klostergebäude waren noch nicht fertig geworden. Im Herbst 1369 war Kaiser Karl IV. selbst auf den Oybin gekom-

Dorf und Berg Oybin

men, um alles in Augenschein zu nehmen. Als die Kirche 1384 vollendet war, weihte sie der Erzbischof von Prag feierlich ein. Die Apollinaris-kirche zu Prag hatte den Bauleuten als Vorbild gedient. Wer einmal sehen möchte, wie großartig die Klosterkirche auf dem Oybin einst war, kann das heute an dieser Kirche ermessen.

Aufmerksame Betrachter werden auf dem Oybin bald verschiedene Steinmetzzeichen entdecken, darunter auch das des berühmten Peter Par-ler, der in Prag den Veitsdom und die Karlsbrücke erbaut hat. Der Kaiser hatte also seine besten Bauleute zum Oybin geschickt.

Als die Oberlausitz mit Zittau und den Klosterdörfern protestantisch geworden war, verließ der letzte Mönch 1559 den Oybin, und das Kloster hörte auf zu existieren. Die Stadt Zittau kaufte 1574 alle seine Besitzungen.

Im Jahre 1577 kam ein großes Unglück über den Berg. An einem März-tag schlug der Blitz in die Klosterkirche, und das Feuer wütete eine Woche lang, Kirche und Burg sanken in Schutt und Asche. Nur Grund- und Um-fassungsmauern blieben gespenstisch stehen. Dann kam die Zeit, die den Glanz des Oybins fast vergessen ließ, Bäume und Strauchwerk verhüllten Schutt und Trümmer und deckten alles zu; es war, als ob der Berg in Schlaf gefallen sei. Ein Felssturz im Jahre 1681 riß den Turm und anderes Gemäuer der Burg in die Tiefe. Das Zerstörungswerk ging weiter, als es 1707 brannte und niemand löschen wollte, denn der Oberlausitzer Sechs-städtebund hatte in den Kellern der Burg Schießpulver eingelagert. Großen Schaden gab es auch 1807 bei Sprengarbeiten, die nicht fach-männisch erfolgt waren. Noch einmal gab es Felstürze, die 1813 zum Haus-grund niedergingen.

In der Zeit der Romantik erinnerten sich die Menschen an den sagen-umwitterten Oybin. Und ähnlich wie beim Brocken im Harz setzte ein wahrer Besucheransturm ein. Endlich, es war 1803, konnte die Kirchen-ruine enttrümmert werden, und 1829 ging man daran, den Berg selbst und die Ruinen zugänglich zu machen.

Die Bergkirche in Oybin

Der Heimatforscher Alfred Moschkau erforschte unermüd-lich die Geschichte des großartigen Berges, und namhafte Künstler wie die Maler Ludwig Richter, Caspar David Frie-drich, Adrian Zingg und Carl Gustav Carus kamen, die hier wundervolle Werke schufen.

Der Strom der Besucher riß nicht mehr ab, so daß bald eine Gaststätte auf dem Berg entstand und das Oybinmuseum öffnete.

Zum schönen Oybin gehört aber noch mehr. Geht man durch den stillen Hausgrund, so sieht man, wie sich die ehr-würdigen Ruinen im Hausgrundteich spiegeln. Auch der Weg vom Dorf her ist für manche Überraschung gut. An der steilen Treppe steht die freundliche Bergkirche, eine kleine Barock-kirche von 1709, deren Fußboden und die Seitenwand aus dem Sandstein herausgemeißelt sind. Der Altartisch und der Taufstein sind ebenfalls aus einheimischen Sandstein. Der Kanzelaltar dagegen ist eine wertvolle Rokoko-Schnitzarbeit von 1773 des böhmischen Meisters Anton Max aus Bürgstein.

Der andere Weg führt durch die enge Ritterschlucht, die eine natürliche Kluft im Sandstein ist. Vor der Schlucht weist eine Tafel darauf hin, daß hier in vorgeschichtlicher Zeit eine Bronzegießerei war, die Bronzegegenstände und Gußformen hinterlassen hat. Am oberen Ende überspannt eine Bogenbrücke die Schlucht, an der man die Reste der einstigen Zugbrücke noch erkennen kann.

Ganz ungewöhnlich ist der Friedhof auf dem Berg, der hoch zwischen den Felsen liegt und bis heute genutzt wird. Die Fläche, auf der er angelegt ist, war mit dem Schutt aufgefüllt worden, als man von 1512 bis 1515 den Gang um die Südwand des Kirchenschiffes herausmeißelte.

Von ganz besonderem Reiz ist der Ringweg, der in großer Höhe um den Oybin läuft. Erst führt er durch den Kreuzgang zum Friedhof, dann an der Zisterne vorbei, durch Felsspalten über dem Abgrund zur hellen Ostseite des Berges mit der wunderschönen Aussicht auf die Bergwelt um Oybin. Hier zeigt ein Blick in die Tiefe eine recht merkwürdige Sache: Man sieht die Gipfel einiger Kletterfelsen und die Kassetten, die die Gipfelbücher enthalten, von oben. In einer Felswand am Weg findet man ein uraltes Wappen der Herren von der Duba eingeschlagen. Es sind zwei gekreuzte Eichenknüppel, denn die Eiche heißt im Tschechischen «Dub».

Vor dem Felsengang um die Kirchenwand überbrückt ein kleiner Steg den «Jungfernsprung», von dem eine Sage berichtet.

Noch höher, auf dem Gipfel des Berges, befindet sich ein bescheidenes Häuschen, an dem Camera obscura steht. Hier wird durch raffiniert angeordnete Spiegel die Landschaft um den Oybin auf einen Bildschirm übertragen, ein Fernsehen also, das keinerlei Elektronik bedarf.

Und schließlich lohnt der Blick in das ernste Kirchenschiff hinein, das nun unten liegt und seine feierliche Schönheit offenbart.

Die friedliche Stille der Natur und die Größe der Geschichte sind hier oben gleichermaßen zu verspüren.

Welch ein Berg, der Oybin!

Das Taubenhaus in Niederoderwitz

Inmitten des Ortes, wo das Landwasser eilig dahinströmt, steht ein Umgebindehaus, dessen Giebelseiten mit Schiefern in schönen Mustern beschlagen sind. Doch, was noch mehr ins Auge fällt, sind die Tauben, die oben unter dem Dach auf einem Brett sitzen. Fünf Taubenpärchen sind dort aufgereiht, was recht drollig aussieht.

Und sicher ist wohl, daß eine Geschichte dahintersteckt, die neugierig macht.

Als im Jahre 1894 der Bleich- und Färbermeister Gotthelf Maier das Haus kaufte, saßen die schönen bunten Tauben schon oben. Sechsundzwanzig Jahre später ließ er sie vom Dorftischler reparieren und neu bemalen. Er war stolz auf seine Tauben und hielt sie allezeit in Ehren. Und so taten es später auch seine Kinder und Enkel.

Schon in alten Zeiten, als das Christentum noch jung war, galten die Tauben als das Sinnbild für Liebe und Unschuld. Sie waren das Zeichen des Heiligen Geistes, der bei der Taufe Christi erschienen war. Im Buche Jesua steht, daß sieben Tauben die sieben Gaben des Heiligen Geistes seien: Weisheit, Verstand, Wissenschaft, Rat, Stärke, Frömmigkeit und Gottesfurcht.

Als Noah mit der Arche auf den Wassern trieb, schickte er eine Taube aus, um zu sehen, ob das Wasser wieder fiele. Das Tier hatte aber keine Rettung erblicken können. Erst die zweite Taube, die am siebenten Tag zurückkehrte, brachte einen grüneneden Olivenzweig mit, denn Gott hatte mit seinem Volk Frieden geschlossen. So kam es, daß bis heute die weiße Taube mit dem Ölzweig das Sinnbild des Friedens ist.

Die Tauben in Niederoderwitz haben aber keinen Ölzweig, sie sind gewöhnliche Haustauben, und ihre Geschichte ist auch nicht so bedeutsam für die der Menschheit.

Die Leute hielten sich Tauben aus Liebhaberei, weil sie Gefallen an diesen emsigen Tieren hatten, die in den Sommerhimmel aufstiegen oder possierlich auf dem Dache saßen. Auch waren die Tauben recht anspruchslos, sie suchten sich ihr Futter selbst, pickten Unkrautsamen auf und vertilgten Insekten. Manch einer aber hielt sie, um zu einem goldenen Sonntagsbraten zu kommen.

Die Tauben lieben die freien Lüfte, man kann sie nicht einsperren. Und dann fliegen sie zum Grundstück des Nachbarn, der gerade gelben Mais für sein Federvieh hingestreut hat und tun sich daran gütlich. Wenn das dem bösen Nachbarn nicht gefällt, dann kann der Frömmste nicht in Frieden leben. Die Tauben müssen weg, sonst gibt es gar eine Gerichtsklage!

Es war bitter. Auch in dem Satz, den nicht gleich ein jeder verstand: «Und die Tauben bleiben doch!» ist eine Bitternis enthalten. Heute sehen wir nun, daß die Tauben wirklich geblieben sind.

Und unter den zehn sind wohl einige der sieben Gaben des heiligen Geistes: Weisheit, Rat, Verstand und Stärke. *Siegfried Schlegel*

Große Tiere

In dem Ort Kleinwelka bei Bautzen gibt es sehr große Tiere, es sind vielleicht sogar die größten auf der ganzen Welt. Sie haben gewaltige Krallen und fürchterliche Zähne. Doch Angst braucht niemand vor ihnen zu haben, sie sind nämlich aus Beton!

Wo früher nur der Rittergutspark war mit Karpfenteichen unter alten Bäumen und ein winziges Bächlein hinfloß, gibt es jetzt einen «Urzoo», der auch «Saurierpark» genannt wird. Hier stehen sie, über siebzig an der Zahl – die Urtiere. Manche sind haushoch, andere wieder über zehn Meter lang, und ein Flugsaurier ist bald so groß wie ein heutiges Sportflugzeug. Überall, an jedem Wegesrand, im lichten Gebüsch oder mitten im Wasser findet man sie. Und alle sind anders. Man kommt aus dem Staunen kaum

Dinosaurier
mit Gelege

heraus. Da fallen die Riesenkörper auf, zu denen oft nur ein kleiner Kopf auf langem, dünnem Hals gehört. Bei vielen sieht man das schauerliche Gebiß, dessen Zähne wie Dolche anmuten. Das sind die gefährlichen Raubsaurier, von denen es nicht wenige gab. Einige haben zackenförmige Panzer auf Rücken und Schwanz, lange starke Hörner wie ein Nashorn oder einen meterbreiten Kragenpanzer. Jedenfalls sehen sie alle recht unfreundlich aus, daß man ihnen lieber nicht begegnen möchte.

An verschiedenen Stellen im Park sind Gelege zu sehen mit den Sauriereiern. Wirklich, diese Riesentiere haben Eier gelegt!

Es ist geradezu überraschend, daß es auch kleine Saurier gibt, die bloß einen halben Meter hoch sind. Dafür sind nun wiederum die Riesenlibelle oder der Urvogel erstaunlich groß. Aber das ist noch nicht alles. In einem Nachbargrundstück kommen noch eine Tropfsteinhöhle und Urmenschen. Es ist der Garten von Franz Gruß, dem Schöpfer der Urtiere. Vor Jahren hatte er allein begonnen, die Saurier zu modellieren, nur seine beiden Töchter halfen ihm fleißig. Aus Eisenstäben, Drahtgeflecht und Zementmörtel schuf er einen Saurier nach dem anderen, bis fast kein Platz mehr vorhanden war.

Wer aber hat denn nun Modell gestanden? Die Saurier lebten einst in der Jurazeit und der Kreidezeit auf der Erde, das ist ungefähr 60 bis 170 Millionen Jahre her. Für solche Zeiträume ist ein Menschenleben nichts, und wer vermag es, sich auch nur eine Million an Jahren vorzustellen? Doch in vielen Ländern fand man die Reste der Urtiere, nicht nur einzelne Knochen, Zähne und Eier, sondern ganze Skelette, die man zusammensetzen konnte und in Museen aufstellte. In Südfrankreich sind dadurch einige Orte ganz berühmt geworden.

Ob es die Saurier auch in unserer Oberlausitz gab? Das sollte man wohl annehmen, denn das Kreidemeer, an dessen Küsten die Urtiere lebten, bedeckte lange Zeit das Land der heutigen Oberlausitz. Die Meeresküste verlief einmal von Hirschfelde über Herrnhut auf Dresden zu, und das Meer breitete sich weit nach Böhmen aus. In den zahlreichen Buchten wird es reges Leben gegeben haben, da können wir sicher sein.

Warum aber die Saurier weltweit ganz plötzlich ausstarben, ist noch immer ein Rätsel.

Die wüste Mark Gruna

Zwischen Bischofswerda und Goldbach erhebt sich der Grunaer Berg, der nur ein bescheidener Hügel mit weiten Feldfluren ist. Doch er bietet einen reizvollen Blick auf die Stadt und die Landschaft darum. Am Grunaer Berg hat der Grunabach seine Quelle.

In Alten Zeiten, als Bischofswerda noch mit einer Stadtmauer umwehrt war, gab es die Grunaer Gasse, die zum Grunaer Tor führte. Nachdem die Straße über Geißmannsdorf nach Kamenz gebaut worden war, sagte man nunmehr Kamenzer Gasse und Kamenzer Tor. Das alte Stadttor war recht baufällig geworden, und so mauerten es die Bischofswerdaer kurzerhand zu, und die Kamenzer Gasse endete an der Stadtmauer. Das gefiel den Leuten aber gar nicht, und sie ruhten nicht eher, bis 1572 schließlich ein neues Kamenzer Tor mit Zugbrücke und Wallgraben errichtet wurde. Der Chronist berichtet davon etwas umständlich mit folgendem Satz: «...damit die Bürger zu ihren nächstliegenden Äckern und Wiesen kommen, auch den Durchreisenden und angrenzenden Dorfschaften zu bester Handels- und Wandelsfortsetzung geholfen werde.»

Im Jahre 1563 hatten die Bischofswerdaer draußen vor dem Kamenzer Tor einen großen Fischteich angelegt, den sie Grunaer Teich nannten. So begegnet uns abermals das Wort Gruna, und wir müssen in die Geschichte blicken, was es wohl auf sich hat.

Einstmals gab es zwischen Bischofswerda und Geißmannsdorf zwei kleine Bauerndörfer, die Gruna und Naundorf hießen. Naundorf bedeutete im Althochdeutschen Neudorf, und Gruna kommt von «grunouwe», was die grüne Aue am Wasser ist. Beide Dörfchen waren in den Hussitenkriegen zwischen 1425 und 1434 niedergebrannt und so verwüstet worden, daß sie nicht mehr aufgebaut werden konnten. Nur der Name ist geblieben.

Der berühmte
Orgelbaumeister Gottfried Silbermann
in der Oberlausitz

Gottfried Silbermann ist ein Kind des Erzgebirges, das 1683 in Frauenstein geboren wurde. Wir wissen von ihm, daß er als Schuljunge ein rechter Tunichtgut war und deswegen vom Vater zu seinem älteren Bruder nach Straßburg in die Lehre gebracht wurde. Dort sollte er etwas Ordentliches werden. Andreas Silbermann hatte im Elsaß und in Süddeutschland als Orgelbauer einen guten Namen. Die Lehre beim Bruder muß wohl sehr erfolgreich verlaufen sein, denn Gottfried Silbermann hatte es durch Fleiß und Talent nach Jahren zum Churfürstlich Sächsischen Hof- und Landorgelbauer gebracht.

Aus seiner Werkstatt stammen die großartigen Instrumente des Freiberger Domes und der Dresdner Hofkirche sowie achtundvierzig andere. Alle sind sie wegen der Klarheit und Schönheit ihres Klangs berühmt geworden.

Die Stadt Zittau war im 18. Jahrhundert die reichste Stadt im Oberlausitzer Sechsstädtebund und ließ das an ihren vielen großartigen Bauwerke auch deutlich erkennen. Vornehme Bürgerhäuser, prächtige Stadtbrunnen, wertvolle Grabmale und kirchliche Kunstwerke gab es in großer Zahl.

Und als Zittau eine neue Orgel brauchte, war es geradezu wie selbstverständlich, daß nur ein berühmter Meister den Auftrag erhalten konnte.

Im April 1737 kam Gottfried Silbermann nach Zittau und verhandelte mit der eigensinnigen Stadtobrigkeit ein ganzes Jahr lang, bis er schließlich 1738 den Auftrag bekam, «unter göttlicher Gnadenverleihung zu bauen.» Immer, wenn es um ihr Wohl, besonders aber um das Geld ging, waren die Zittauer hellwach. Gegen seinen Willen mußte Silbermann auf der dunklen Orgelempore der Zittauer Johanniskirche arbeiten, die nach seinen Angaben viel zu eng war.

7000 Thaler sollte die Orgel kosten, wovon allein 2000 für das Zinn benötigt würden. In dem benachbarten Waisenhause, das seit 1710 an der Pfarrgasse stand, wies die Stadt Silbermann und seinen sieben Gesellen Arbeitsräume zu.

Während der Arbeit gab es manche Streitereien mit den Zittauern, die nicht glauben wollten, daß die alte Empore die neue große Orgel gar nicht tragen könnte. Und selbst, als es um die Farben ging, mußte Silbermann erst energisch darauf hinweisen, daß «von Marmor aber niehmals in der Welt ein Orgelgehäuße gebauet worden» ist.

Trotz Verdruß und Unmut war die Orgel am 1. August 1741 fertig und konnte untersucht und beurteilt werden. Am 3. August fand die Weihe statt. Und schließlich stellte man fest, daß es eine «Wunderorgel» sei. Die große Orgel war so vollendet gelungen, daß sie der in der Dresdener Hofkirche in keiner Weise nachstand.

Als im Siebenjährigen Krieg 1756 die Österreicher Zittau beschossen und die Stadt in Schutt und Asche sank, verbrannte auch die Silbermannorgel «in bunten Flammen». Nur einige grobe Batzen aus geschmolzenem Zinn waren übriggeblieben.

Eine viel kleinere Silbermannorgel gibt es seit 1732 in Crostau, die nun die einzige in der Oberlausitz ist. Der Schloßherr zu Crostau, Graf Christian Heinrich von Watzdorf, hatte sie bauen lassen und 1700 Reichsthaler dafür bezahlt. Der Graf fiel später beim Churfürsten in Ungnade, der ihn auf dem Königstein einsperren ließ, wo er dann «Todes verblich».

Nicht weniger Unglück traf auch die Orgel. Die Kirche war schlimm vernachlässigt worden und arg baufällig. Im Jahre 1795 hatten Diebe bei Nacht dreizehn der größten zinnernen Orgelpfeifen gestohlen und wenige Wochen später abermals vierzehn Stück. Erst 1860 konnte der Orgelbauer Carl Eduard Schubert neue Pfeifen einbauen und die Orgel dadurch retten. Doch 1868 mußte die Kirche wegen Baufälligkeit ganz abgebrochen werden.

Als eine neue Kirche fertig war, konnte C. E. Schubert die Silbermannorgel wieder aufstellen. So ist sie uns erhalten geblieben. Sie ist nun über 250 Jahre alt und ertönt in alter Schönheit.

Die Geschichte der Silbermannorgeln führt uns ein drittes Mal in die Oberlausitz. Mehr als 200 Jahre später stellte sich nämlich heraus, daß der Geselle Johann Georg Schön, der dem Meister «dreysig Jahr hintereinander treu und redlich beygestanden» hatte, wie Silbermann selbst schrieb,

aus Hainewalde in der Oberlausitz stammte. Dessen Vater war dort Schullehrer und Organist. Am 7. Juni 1706 hatte Johann Georg das Licht der Welt erblickt, und zehn Jahre später zogen die Eltern nach Niederoderwitz, wo der Vater sein Amt fortsetzte. Mit fünfzehn Jahren ging Johann Georg 1721 nach Freiberg zum berühmten Gottfried Silbermann in die Lehre als Orgelbauer und blieb sein Leben lang dort. Bis heute ist unbekannt, wie er wohl die außergewöhnliche Lehrstelle bekommen hatte.

Nach dem Tod des Meisters im Jahre 1753 erbte er dessen Arbeitsgeräte, den Hausrat, die Betten, Wäsche und Kleider sowie 2000 Taler in bar.

Als «kunstwohlerfahrener Orgel- und Instrumentenmacher» bemühte sich Schön um die Silbermannorgeln im Freiberger Dom und schuf neue in Hainichen, in Clausnitz und in Herzogswalde. Nur die von Herzogswalde ist erhalten geblieben.

Der weite Weg

Vor vielen Jahren wohnte in dem Dorf Drauschkowitz ein kleines Mädchen, das Else hieß. Im schönen Frühling war es gerade vier Jahre alt geworden. Und da es immer freundlich lachte und munter plapperte, hatten es alle Leute sehr gern. Sie nannten es Klein Else. Der Vater, die beiden großen Brüder und auch die Schwester arbeiteten auf dem Rittergut im Nachbarort, das dem Grafen Schall-Riaucour gehörte. Soweit man sich nur erinnern konnte, arbeiteten fast alle Dorfbewohner auf den Rittergütern hier in der Gegend. Nur Klein Elses Mutter war da eine Ausnahme, sie hatte nämlich nähen gelernt und nähte Hemdkragen für ein Geschäft in Bautzen. Wenn sie ihre Arbeit fertig hatte, packte sie die Kragen in einen Tragkorb und brachte sie nach Bautzen, wo sie dann ihren Lohn bekam. Das geschah jeden Monat einmal.

Eines Tages sagte die Mutter: «Klein Else, du kannst mit nach Bautzen kommen, das Wetter ist so schön.» Da freute sich das Mädchen sehr, denn es war noch nie in der Stadt gewesen. Klein Else wurde gekämmt und durfte ihr schönes blaues Kleidchen anziehen, das unten eine lustige weiße Spitzenkante hatte. Dann nahm die Mutter den Korb, und beide machten sich auf den Weg. Zuerst gingen sie zur Eisenbahnlinie hinüber und nun immer an den Schienen entlang auf Bautzen zu. Ganz in der Ferne sah man die Türme der Stadt und viele Dörfer liegen. Die Mutter ging nicht so schnell, denn, wenn sie einen Schritt tat, mußte Klein Else drei machen mit ihren winzigen Füßchen. Bei einem großen Holunderstrauch, der über und über blühte und duftete, ließen sie sich zu einer kleinen Rast im Schatten nieder. Bald zehn Kilometer lang ist der Weg bis Bautzen, und zwei Stunden muß man da laufen. Für ein kleines Mädchen wahrlich eine weite Wanderung. Nun war schon das Dorf Stiebitz erreicht, wo ein kleines Bächlein durch die Wiesenflur rinnt. Hier machten sie wiederum eine Pause, aber nicht, um sich auszuruhen. Die Mutter hatte etwas anderes vor. Aus ihrem Korb holte sie einen Lappen heraus und wusch damit im Wiesenbach Klein Elses Füße, denn das Mädchen war die ganze Strecke barfuß gelaufen. Und nun erst wurden die blauen Schuhe angezogen. Die Schuhe hatten ein Lederbändchen mit einem Knopfloch und an der Seite einen kugelrunden Knopf. Die Mutter hatte auch den Knopfhaken mit, der aus dickem Draht war. Damit ließen sich die Schuhe ganz leicht zuknöpfen, aber ohne ihn wäre es recht schwer gewesen.

Schließlich waren sie in der Stadt angekommen, und Klein Else staunte über die großen Häuser, über die prächtigen Schaufenster und über die vielen Leute. Alles ging ihr auf dem Heimweg noch lange im Kopf herum, und sie fragte die Mutter nach tausend Dingen, die in der Stadt zu sehen gewesen waren. Am Holunderstrauch wurden die Schuhe wieder ausgezogen, denn sie mußten geschont werden. Klein Else hatte nur das eine Paar.

Wenn wieder ein Monat herum war und die Mutter den Korb für Bautzen herrichtete, fragte Klein Else schon erwartungsvoll, ob sie denn wieder mit dürfte. Natürlich durfte sie, wenn nur das Wetter gut genug für den weiten Weg war. Und so ging das den Sommer lang und auch das nächste Jahr, Klein Else ging immer mit nach Bautzen.

Später mußte sie jeden Tag nach Gaußig zur Schule, aber wenn Ferien waren, lief sie noch gar oft mit der Mutter nach Bautzen. Und wißt Ihr, warum Klein Else so gern den weiten beschwerlichen Weg machte? Jedes Mal kaufte ihr die gute Mutter eine große Rosinensemmel. Und das war ein guter Grund.

Siegfried Schlegel

Jano und die rosaroten Ferkelchen

Unsere Geschichte trug sich vor langen Jahren in dem sorbischen Heidedorf Tätzschwitz an der Grenze zur Niederlausitz zu.

Jano war der älteste Sohn des Großbauern Bruck. Von klein auf waren ihm die Mühen des Bauernjahres vertraut. Alle in der großen Familie hatten ihr Aufgaben, die der Vater zuteilte. Die Kinder waren nicht ausgeschlossen. Was der Vater sagte, war Gesetz. Das wußte Jano, und er fügte sich, obwohl er doch manche Arbeiten dem Vater lieber selbst überlassen hätte.

Es war wieder einmal die Zeit herangekommen, wo sich im Stall der Nachwuchs einstellte. Recht lebhaft ging es im Sauenstall zu, denn zwölf Ferkelgeschwister drängten sich an den besten Platz bei ihrer Mutter. Die kleinen rosigen Geschöpfe konnten ihre Kinderstube aber nur kurz genießen. Kaum sechs Wochen später bekam Jano aufgetragen, die Ferkel nach Senftenberg auf den Markt zu bringen.

Vater hoffte auf ein einträgliches Geschäft, denn die Bergleute dort verdienten gut, und sie würden schon die Ferkel kaufen. Also mußten sie erst einmal in die Stadt gebracht werden, und das sollte Jano machen.

Die Stadt war für Jano eine aufregende Sache, war sie doch selten genug zu erleben. Es war eine doppelte Freude, brauchte er an diesem Tag doch nicht zur Schule zu gehen, Vater hatte das mit dem Herrn Lehrer schon besprochen. In das Glas der reinen Freude fiel jedoch auch ein Tropfen bitterer Wermut, dachte Jano an den zehn Kilometer langen Weg, den er mit den vielen Schweinchen zu bewältigen hätte.

Würde er nicht doch lieber zur Schule gehen? Das Seufzen half nichts, in aller Herrgottsfrühe weckte ihn die Mutter, und Jano mußte sich sputen. Auf dem Hof stand schon der Handwagen mit dem hölzernen Ferkelkasten, in dem zwölf rosarote Ferkelchen aufgeregt quiekten.

Als die Uhr vom Turm fünf schlug, machte sich Jano auf den beschwerlichen Weg. Weit und breit war kein Mensch zu sehen. Es war, als ob die Welt noch schliefe. Die Vöglein in den Zweigen, die ihr Morgenlied vollbringen wollten, hielten erschrocken inne, als der Wagen angerattert kam, das Quietschen seiner munteren Fahrgäste störte den Jubelgesang. Doch gleich fiel der Chor wieder ein, und das sinfonische Konzert schwoll an und setzte sich bis Senftenberg fort.

So war eine Stunde schon vergangen, Janos Füße brannten, weil die guten Schuhe wohl für die Stadt, weniger aber für den Weg übers Land geeignet waren. Er zog Schuhe und Strümpfe aus und trabte nun erleichtert weiter, bis endlich nach fast zwei Stunden die Türme von Senftenberg auftauchten. Jetzt hieß es anzuhalten und sich stadtfein zu machen. Er klopfte sich den Staub von den Kleidern, wusch sich in der Schwarzen Elster die Füße, zog Schuhe und Strümpfe wieder an und konnte nun wohlgemut die Stadt betreten.

Auf dem Schweinemarkt herrschte schon ein reges Treiben, denn aus der ganzen Gegend waren die Bauern gekommen, die ihre Tiere verkaufen wollten. Einige kannte Jano von früher, und einer fiel ihm gleich auf, es war sein Vater, der mit dem alten rostigen Fahrrad gekommen war. In Jano stieg ein Ärger auf, den er tapfer hinunterschluckte. Hätte Vater nicht mit ihm gehen können? Warum hatte er sich den langen Weg allein schinden müssen? Doch was half der Unmut? Vater hatte bereits das Geschäft übernommen und den Händlern den Preis von zwölf Mark für jedes Ferkel genannt. Die wollten aber nicht so viel zahlen und feilschten um den Pfennig. Jedoch Vater blieb hart und gab nicht nach. Die Händler auch nicht. Jano wurde es heiß und kalt, er dachte an den weiten Heimweg, wenn die Ferkel nicht verkauft würden, und an die Plage, die das wohl wäre. Ihm grauste vor dem quiekenden Transport. Am liebsten wäre er zu den Händlern gerannt, einen niedrigeren Preis anbietend, doch das stand ihm, dem Sohn, nicht zu.

«Dem Tüchtigen ist diese Welt nicht stumm», hatte der Dichter gesagt. Und Jano war sie auch nicht stumm. Alsbald waren die Bergleute auf dem Markt eingetroffen, die nach rundlichen Ferkeln schauten und den Preis des Vaters passend fanden. In Jano jubelte es, und das schreckliche Bild mit dem vollen Handwagen, den er heimwärts ziehen mußte, verwehte wie ein Windhauch.

Die geizigen Händler waren auch wiedergekommen, die nunmehr ebenfalls zwölf Mark geben wollten. Da blickte Jano stolz zum Vater auf, der sich als ein guter Geschäftsmann erwiesen hatte, und aller Groll war verflogen. Und wie würde sich erst Mutter freuen, wenn ihre tüchtigen Männer vom Markt zurückkehrten!

Martina Petschick

Als die Wünsche schlafen mußten

In alten Zeiten, als es noch Wunder gab, erfüllten gute Feen den Menschen sehnlichste Wünsche. Wer Gutes für andere getan hatte, wurde reichlich belohnt, wer aber habgierig und unredlich war, dem blieben die Wünsche unerfüllt, und das Wunder blieb aus.

Das ist alles schon lange her, und nur in Märchen lebt es fort. Doch die Wünsche selbst sind nicht vergangen, ein jeder Mensch trägt sie im Herzen, und meist sind es gar mehr als drei. Die Wünsche haben eine merkwürdige Eigenschaft: Wird ein kleiner erfüllt, erwächst sofort ein neuer viel größerer. Nie stehen sie still.

«Ich habe mir einen Wunsch erfüllt», welche Freude spricht hieraus! Ohne gute Fee ist es gegangen. Mühsal und Fleiß hatte es gekostet und den Glauben an das Gute. Aber das Glück ist spröde und besucht nicht jeden, da wollen auch Arbeit und Fleiß nicht immer helfen. Die Wünsche bleiben verschlossen, und der Mensch trägt sie über die Jahre, bis sie sacht erlöschen.

Einst lebte ein schlichter Leineweber in Niederoderwitz, dessen Vater als Knecht aus Gebelzig bei Weißenberg gekommen war. Dort hatte er den sorbischen Namen Zuschke gehabt, in Niederoderwitz aber hieß er Zoschke. Karl Zoschke war also Handweber wie die meisten Dorfleute.

«Di tschicke di tschack» machte der Webstuhl den ganzen Tag und oft noch die halbe Nacht, den ganzen Monat und das ganze Jahr. «De Elle zwee Pfenge, de Elle zwee Pfenge», so knarrte das Fach.

Draußen ums Häusel blühte es, und die Bienen summten. Karl Zoschke hatte ein Bienenhaus, das er sorgsam betreute, denn sein Fleiß und der Fleiß der Bienen brachten ihm ein paar bitter notwendige Münzen ein. Im Hause selbst ging es auch recht munter zu, hatte ihn der Herrgott doch mit vier Töchtern gesegnet. Die kleinen Hände mußten schon früh am Treibrad schaffen und die Spulen für den Kettbaum wickeln. Es waren unendlich viele.

«Leinewaber hoan ne vill», nur Sorgen waren wohlfeil, und unheimliche Schatten griffen ins Weberleben. Für die fertige Ware gab es immer weniger, denn die neuen Fabriken ringsumher arbeiteten billiger. Abern und Quoark im Frühjahr, Abern und Quoark im Sommer, Abern und Quoark im Herbst, Abern und Quoark im Winter. Ein Hausweber nach dem anderen gab auf, um nicht am Ende verhungern zu müssen.

Karl Zoschke «schirrte» ab und ging in das neue Fabrikleben. Als sich das Jahrhundert neigte, arbeitete er schon eine lange Zeit in dem Lärm des Websaales. Zwölf Stunden hämmerten und ratterten die Maschinen jeden Tag. Aber es war Arbeit, und es war Brot. Einen halben Taler betrug der Tageslohn für die Weber.

Früh um halb sechs zerschnitt die Dampfpfeife der Fabrik den eisigen Wintermorgen. Die Weber stapften eilig durch den Schnee, um in den warmen Websaal zu kommen. Manche nur in Holzschuhen, die Hände in den Taschen der Joppe vergraben. Karl Zoschke träumte von einem dicken wollenen Wintermantel, der ihn einhüllen und vor der schneidenden Kälte schützen würde. Jeden Tag, auch im nächsten Winter und im übernächsten und im überübernächsten und noch in vielen anderen Wintern. Ein Wunsch war geboren.

Als im heiteren Frühling die Apfelbäume blühten und die Bienenvölker ausflogen, trafen sich die Bienenzüchter in ihrem Verein, um über Blüten, Bienen und Honig zu beraten. Im Verein waren nicht nur arme Leineweber, auch wohlhabende Bauern und sogar noch feinere Leute aus dem Dorf. Glänzende Stoffe, dicke Zigarren und goldene Uhrketten gehörten zum Verein. Wenn Karl Zoschke die Uhrzeit wissen wollte, so mußte er Ausschau zum Kirchturm halten oder warten, bis die Glocke schlug. Die anderen indessen zogen ihre Sprungdeckeluhren aus dem Täschchen und machten eine wichtige Miene dabei. Sie hatten die genaue Uhrzeit stets bei sich. So eine Uhr, welch Wunderwerk! Karl Zoschke würde sie hüten wie einen Schatz, hätte er eine. Aber es war nur ein Wunsch. Sein zweiter.

Drüben am Bahndamm waren Fahnen aufgezogen und Girlanden gespannt worden, und die Leute liefen zum Bahnhof, denn ein Plakat hatte angekündigt, daß heute Seine Majestät Friedrich August mit dem Königlichen Sonderzug durch Niederoderwitz fahren würde. Die Eisenbahner hatten ihre goldenen Knöpfe geputzt und die Uniformen gebürstet und feierliche Gesichter aufgesetzt. Alt und jung war auf den Beinen. Dann näherte sich mächtig dampfend der vornehme Zug, die Kirchenglocken läuteten, der Polizist salutierte ehrerbietig, die Herren beugten sich bis fast auf den Fußboden, andere warfen die Hüte in die Luft, und alles schrie begeistert: «Hurra, Hurra» und «Lang lebe der König!» Gleich war der Zug nach Mittelherwigsdorf zu verschwunden, doch jeder hatte ganz bestimmt den König gesehen.

Karl Zoschke trottete nachdenklich versunken nach Hause. In seiner Brust war der Wunsch aufgeblüht, der dort seit Zeiten schon als winziger Keimling gewachsen war: Die königliche Residenzstadt einmal mit eigenen Augen zu sehen.

Das königliche Schloß, die Hofkirche, der Zwinger, die Brühlsche Terrasse, die Frauenkirche, die weißen Schiffe auf der Elbe und die großen Brücken, welche Pracht mußte das sein!

Nun waren drei Wünsche in seinem Herzen wie in einem goldenen Schränkchen wohl verschlossen und bewahrt. «Di tschicke, die tschak» war verstummt, der brüllende Websaal bestimmte den Takt des Lebens, und die Wünsche schliefen.

Karl Zoschke hatte die Münder seiner Familie zu stopfen, und auch Leinöl will bezahlt sein. Da half keine gute Fee.

Die Jahre hatten ihn schon gebeugt, und seine Augen brauchten eine Brille mit scharfen Gläsern, um die Fäden zu erkennen.

Da kam ein glücklicher Tag, als es wieder einmal auf Weihnachten zuging. Karl Zoschke hatte so viel gespart, daß er nun das vierte Fünfmarkstück zusammen hatte und zu den anderen dreien in den Kleiderschrank legen konnte.

Ein Wunsch ging in Erfüllung, endlich, nach vielen Jahren redlicher Arbeit und Bescheidenheit konnte er den dicken Wintermantel kaufen, der fortan nicht nur seinen alten Körper wärmte, sondern noch mehr sein Gemüt.

Im Leben von Karl Zoschke war es später Herbst und schließlich weißer Winter geworden, die laute Fabrik hatte ihn verabschiedet, als sein siebzigstes Erdenjahr angebrochen war. Er lebte nun in der winzigen Welt, die nur ein paar Schritte am Landwasser maß, wo aber kleine Freuden ganz groß erschienen. Zu den großen Freuden zählte es, wenn die Enkel zu Besuch kamen. «Großvater, erzählst du uns eine Geschichte?» Und Karl Zoschke erzählte von einem armen Leineweber, der drei Wünsche gehabt hatte und wie ihn die gute Fee aber nicht finden konnte.

Die Zeit webte still, doch unablässig, und als die Fäden vom Kettbaum des Lebens abgelaufen waren, nahm der Weber Karl Zoschke das goldene Schränkchen der unerfüllten Wünsche mit ins Grab.

Siegfried Schlegel

Der Löwenzahn blüht

Wenn der Löwenzahn blüht, ist der Frühling endlich da und der Winter fort aus dem Land. Dann zählt es nur nach Tagen, bis auch die Obstbäume über und über blühen, und alles ist ein Blütenmeer aus dem Weiß der Bäume und dem Gold des Löwenzahns auf den Wiesen. Man könnte meinen, das ganze Land blühe, denn kein Winkel und noch so kleines Fleckchen sind ausgelassen. Der Löwenzahn blüht überall, auf den Wiesen, im Wald, an den Bächen und Wegen, im Garten, an den Mauern und wo man es sich noch denken könnte. Der blaue Himmel und der goldgelbe Löwenzahn erinnern mit ihren satten Farben an die blau-goldene Landesfahne der Oberlausitz.

Löwenzahnwiese

Manche Leute mögen den Löwenzahn gar nicht so sehr, für sie ist er ein Unkraut. Mit fürchterlich scharfen Stechwerkzeugen wollen sie ihm den Garaus machen und dulden keine einzige Löwenzahnpflanze in ihrem Garten. Das tun sie schon seit eh und je in jedem Jahr. Aber es dauert nicht lange, und der Löwenzahn ist wieder da und blüht, als sei nichts gewesen. Andere Leute wiederum rupfen ihn ab und tragen ihn fleißig nach Hause, um die Tiere damit zu füttern. Kaninchen und Hasen fressen ihn besonders gern. Seine dicke Pfahlwurzel, die bald wie eine Mohrrübe aussieht, treibt sogleich neue Blätter. Es hat gar keinen Zweck, sich mit dem Löwenzahn herumzustreiten, er ist nicht umzubringen und wächst fröhlich weiter.

Den Kindern macht der Löwenzahn mehr Freude. Die kleinen Mädchen flechten hübsche Kränzchen aus Löwenzahn und setzen sie sich auf den Kopf, was recht drollig aussieht. Mit den dicken Blütenstengeln, die innen ganz hohl sind, kann man wunderschöne Seifenblasen machen, und kurze Stückchen, etwa einen halben Finger lang, und etwas breitgedrückt am Ende sind wie kleine Flöten, wenn man sie in den Mund steckt und tüchtig bläst. Weil die Stengel verschieden dick sind, gibt jeder einen anderen Ton von sich, was dann ein spaßiges Tuten und Blasen ist. Aber das ist noch nicht alles. In manchen Orten spielen die Kinder Engel und Teufel mit dem Löwenzahn oder Himmel und Hölle. Dabei pflücken sie einen Blütenboden auseinander und sehen dann, ob er innen hell oder dunkel ist, und schon ist es heraus.

Der Löwenzahn blüht nur kurze Zeit, doch gleich gibt es eine neue Überraschung. Nun sind plötzlich die Pusteblumen entstanden, die lauter kleine Fallschirmchen haben, die vom Wind weit fortgetragen werden. Wo sie landen, wächst nächstes Jahr neuer Löwenzahn. In manchen Gegenden heißen die Pusteblumen auch Lämpchen, weil sie so schön weiß leuchten auf der Wiese.

Nun wissen wir schon, daß der fleißige Löwenzahn kein garstiges Unkraut ist. Aber noch eins soll erzählt sein. Aus den zarten Blättchen des jungen Löwenzahns läßt sich mit Zucker und Zitronensaft ein feiner Frühlingssalat zubereiten, der sicher allen gut schmeckt, die ihn nur probieren. Und aus heißem geschmolzenem Zucker, gegossen in ein Töpfchen mit Löwenzahnblüten, wird schon nach einer Woche der köstliche Löwenzahnhonig.

Doch am schönsten ist wohl, daß der Löwenzahn alle Jahre wieder mit seinen goldenen Blumen unsere heimatliche Natur schmückt.

Siegfried Schlegel

Eine Grenzlandgeschichte

Der alte Fiebiger aus Neuschönau hatte sein halbes Leben in der Färberei gearbeitet, bis er keine Farbe im Gesicht mehr hatte und der böse Husten in sehr plagte. «Hören Sie

«Daß wir unsere schöne Geschicht mit der Zeit bringen an das Licht»

Andreas Gryphius (1616–1664)

auf zu arbeiten, Sie sterben sonst» hatte der Doktor gesagt. Aufhören wäre nicht schwer gewesen, aber die kümmerliche Rente würde die Gesichtsfarbe auch nicht wieder zum Blühen bringen.

Es war zu der Zeit, als Böhmen noch bei Österreich war. Drüben, über der Wiese an der Lausur, war schon die böhmische Grenze. Das Dach des Zollhauses leuchtete rot durch die Büsche.

Der alte Fiebiger holte sich gerade aus Böhmen ein Fünfpfundsäckchen Mehl und eine Speckseite. Die waren zollfrei und billiger als in Sachsen. Auch die Tabakwurst war zollfrei, die er sich wie einen Gürtel um die Hüfte gebunden hatte. Seine abgewetzte Hose und die alte Jacke schlackerten so um den hageren Leib, daß noch manche Tabakwurst Platz gehabt hätte.

Unterwegs kam ihm die dicke Hennern aus Varnsdorf mit einem knarrenden Wägelchen entgegen, auf dem sie eine eiserne Ofenplatte hatte. «Guten Tag, Gevatterin», begrüßte er sie. «Tag auch» kam es zurück und dann erklärte sie, daß die Platte ein verdammt schweres Luder sei. Einen ganzen Ofen über die Grenze zu schaffen, war verboten, Einzelteile aber durfte jeder mitnehmen. Und so mußte die dicke Hennern eben zwölfmal von Varnsdorf nach Großschönau laufen, um vor dem nächsten Winter den Ofen beisammen zu haben. «Haste ooch Hefe gekooft?» fragte sie, «die ist doch so billig bei uns und bei eich so teier». Der alte Fiebiger hatte keine Hefe gekauft, aber ein Gedanke war ihm plötzlich wie ein Hefeteig aufgegangen.

Am Nachmittag ging er zur Trude hinüber, die wohnte in Herrenwalde direkt an der Grenze. Er ging immer zur Trude, wenn es etwas zu bereden gab. Trude kannte er aus der Färberei, wo sie fünfunddreißig Jahre lang Stoffe ein- und ausgepackt hatte. Und weil diese Arbeit nicht so giftig gewesen war, hatte sie ihre rosarote Gesichtsfarbe behalten.

Nun saßen sie wieder einmal auf der Steinbank vorm Haus. Die Sommersonne schien vom Weberberg herüber, und die Gartenblumen dufteten im Bienengesumm.

«Trude, du mußt mir helfen», begann der alte Fiebiger das Gespräch, «ich will Hefe holen, und du siehst von deinem Kammerfenster aus die ganze Grenze mitsamt dem Zoll». «Ei freilich, aber wie soll ich denn dabei helfen?» «Paß auf! Wenn keiner von den Zöllnern zu sehen ist, ziehst du deine blauen Vorhänge zurück, und wenn einer kommt ziehst du sie zu». Trude hatte begriffen und war somit der Beobachtungsposten. Sie wußte bald, wann die Zöllner ihre Mittagspause hielten, wann sie sich ablösten und wann sie mit dem langen Gewehr auf dem Rücken zu den Feldern in Seifhennersdorf stiegen. Die Verständigung klappte bestens. Der alte Fiebiger winkte zur Trude hinüber, wenn er um die Mittagsstunde am Feldrand entlang nach Varnsdorf lief, und diese bezog umgehend ihren Ausguck. Der alte Fiebiger hatte auf dem Rückweg immer fünfundzwanzig Pfund Bäckerhefe im Rucksack und Trudes Kammerfenster nicht aus den Augen lassend ging er nach Hause. Ein kleiner Umweg über den Finkenhübel, wo dichtes Strauchwerk stand und wo mittags keine Bauern waren, konnte der Sache nur dienlich sein. Am nächsten Tag konnten die Bäcker mit frischer, preisgünstiger Hefe beliefert werden. Mit der Zeit war die halbe Amtshauptmannschaft zu seinen Kunden geworden.

Das Geschäft mit der Hefe und die frische Luft verliehen dem alten Fiebiger neue Farbe, er pfiff sich ein Liedchen und brachte für Trude immer eine Tüte Kaffee mit. «Trude, die Sache klappt besser als ich dachte, nur kein Teufel darf davon erfahren, sonst verdirbt mir noch einer die ganze Sache».

Der Teufel mag gerade in diesem Augenblick hinter Trudes Kohlenschuppen gesteckt und alles mit angehört haben, und so braute sich ein Unheil zusammen.

Als der alte Fiebiger wieder einmal mit seiner Hefe auf dem Heimweg war, zeigten Trudes Vorhänge reine Luft an. Doch der «Teufel» hatte den Zöllnern eingeflüstert, heute nicht nach Seihennersdorf zu gehen, sondern einen mächtigen Haken zum Flüßchen Lausur hinüber zu schlagen. Dort würde ihnen der alte Fiebiger in die Arme laufen.

Der schritt inzwischen am Stoppelfeld entlang, und wenn das Stroh raschelte, schien es ihm als sagte es: «Die Zöllner kommen, die Zöllner kommen». Trudes Fenster war bereits den Blicken entschwunden, und eine plötzliche Unruhe beschlich den alten Fiebiger. Er reckte den Hals und entdeckte einen Zöllner, der zwar noch weit entfernt, doch direkt auf ihn zukam. Nun hieß es laufen, nicht nur um der Hefe willen. Erst am Waldrand oben würde er in Sicherheit sein. Der alte Fiebiger keuchte, und das Herz pochte zum Zerspringen in der Brust und in den Schläfen. Just an der Ecke, wo der große weiße Grenzstein steht, war ein zweiter Zöllner aufgetaucht, der mit lautem «Hoheh» zu seinem Kollegen hinüberrief. Nur ein sehr knapper Vorsprung verblieb jetzt noch, um die Häuschen des Oberen Dörfels zu erreichen. Dort wollte der alte Fiebiger ins Haus seines Schulfreundes Herrmann schlüpfen. Es blieb keine Zeit zum Überlegen, wohin er wohl den Rucksack werfen sollte. Da sah er die «Hütte», das verschmitzte Holzhäuschen im Hof, sie könnte ihn erlösen. In letzter Sekunde, ein Zöllner war bereits am Gartentor angekommen, verschwand der alte Fiebiger hinter der Brettertür und stopfte die Hefe eiligst in das gähnende Loch. Plumpsend verschwand sie in der Tiefe. Derweil war Herrmann herausgekommen, der ja von nichts wußte und dem Zöllner zu verstehen gab, daß bei ihm «keener» gewesen sei. «Ich kann doch nicht bloß aufpassen, wer sich alles hier am Walde herumtreibt, das ist schon eure Sache, will ich meinen».

Die beiden Zöllner hielten noch am Städtlerweg Ausschau, doch der Mann mit dem Rucksack war wie vom Erdboden verschluckt.

Nach einiger Zeit kroch der alte Fiebiger aus der «Hütte» heraus und lief zu Herrmann, der neugierig, schon etwas ahnend, an der Haustür stand.

«Herrmann, du hast mich gerettet, der Teufel muß mir die Zöllner auf den Hals gehetzt haben. Nun ist die ganze schöne Hefe dahin, das Geld weg und alle Knochen tun mir weh» und er erzählte ihm die ganze Geschichte.

«Weißt du was, Fiebiger, einmal hat der Mensch Glück und ein anderes Mal Pech im Leben, du hattest heute gleich beides, lauf heim und ruh dich aus», sprach Herrmann. Der alte Fiebiger trollte sich davon und in seinem Kopf drehten sich Glück und Pech wie ein Mühlenrad.

Die Hefe indessen fand keine Ruhe, sie begann zu quellen, bis die Hefepilze außer Rand und Band gerieten und über sich selbst hinauswuchsen. Die Hefe verband sich mit dem Grubeninhalt und strebte unaufhaltsam dem Lichte entgegen. Ein Dichter schrieb einmal:«Platz ist in der kleinsten Hütte» aber das traf hier nicht zu. Der schwere hölzerne Deckel, der sonst das unaussprechliche Loch bedeckte, war schon fast am Dach der Hütte angekommen, und die Hefe stemmte sich gegen die altersschwache Tür bis sie nachgab. Nun vereinigten sich zwei Gewalten, da auch die Knüppel, die außen die Grube überdeckten, am allgemeinen Aufstieg teilgenommen hatten und mit einem beweglichen Berg zu vergleichen waren. Gerade schickte sich der wabblige Gletscher an, auf dem Steinplattenweg auf Herrmanns Hintertür vorzurücken.

Herrmann war stutzig geworden, weil ein Hauch von fauligen Düften das Haus umwehte. Als er aus der Tür trat und das Naturschauspiel sah, traute er seinen Augen nicht. Fiebigers Hefe ist aufgegangen, schoß es ihm durch den Kopf, ich muß sofort etwas unternehmen. Herrmann holte die alte Kastenroaber und die große Schaufel aus dem Schuppen und fuhr emsig Karre für Karre zu dem Misthaufen hinüber, den er am Gartenzaun fein säuberlich aufgesetzt hatte.

Die Nachbarin rief ihm zu:«Herrmann, willst du etwa schon wieder düngen?» «Ja freilich», antwortete er, «dieses Jahr wächst alles so schnell».

Dazu murmelte er mit heruntergezogenen Mundwinkeln noch ein paar unanständige Worte. Die Kraft der Hefe müßte schließlich einmal nachlassen, und er würde aufatmen können. «Ein Stück Arbeit, sapperlot aber auch! Ein Stück Arbeit», sprach er vor sich hin als er nach Stunden die Oberhand gewann.

Erst am übernächsten Tag machte sich Herrmann auf den Weg nach Neuschönau, um seinem lieben alten Freund Fiebiger zu erzählen, wie im Zittauer Gebirge der letzte Vulkan ausgebrochen war.

Siegfried Schlegel

Aus dem Oberlausitzer Sagenschatz

Martin Pumphut

In dem kleinen Dorfe Spohla bei Hoyerswerda ist Martin Pumphut geboren. Wann, weiß kein Mensch. Gleich nach seiner Geburt ist er aus seiner Wiege auf rätselhafte Weise verschwunden, und an seiner Stelle lag eine riesige Ringelnatter. Als aber seine verzweifelten Eltern nach ihm suchten, war er plötzlich frisch und gesund wieder da. Der Knabe wuchs heran und lernte neben seiner sorbischen Muttersprache auch Deutsch. Er war schlau und neigte stets zu lustigen Streichen. Als Martin sechs Jahre alt war, zogen Zigeuner durchs Dorf. Da weissagte eine alte Zigeunerin, die bettelnd vor der Tür stand: «Das Kind wird weit in der Welt herumkommen, reich und berühmt, aber kein großer Herr werden!»

Als er groß war, erlernte er das Müllerhandwerk. Nach den Lehrjahren ging er auf Wanderschaft, so wie es üblich war. Als wandernder Müllerbursche trug er einen hohen, breitgerandeten Hut, der ihm seinen Spitznamen Pumphut einbrachte. Wo er auftauchte, geschah Seltsames.

Kreuz und quer zog er durch das Land, immer dem Wasser nach, von Mühle zu Mühle. Wo es ihm gefiel, da blieb er eine Weile. Für ein Stück Brot mit Speck und einen Schnaps machte er den Leuten spaßige Sachen vor. Aber wo man ihm nur schlechte Kost gab oder ihn gar hungern ließ, spielte er den Leuten arge Streiche. So kam er in ganz Sachsen herum und trieb in der Oberlausitz, im Meißnischen, im Erzgebirge und im Vogtland seine Possen.

In einer Wassermühle in der Oberlausitz sollte ein neues Mühlrad eingebaut werden. Welle und Rad paßten genau. Doch vor dem Rad-Heben wurde gefeiert. Dazu gesellte sich auch Pumphut. Als Fremder bekam er aber nichts. Das verdroß ihn. Deshalb schlich er sich zum Mühlrad, machte dort einen Hokuspokus und trollte sich von dannen. Als nun alle kamen, das Rad zu heben, siehe, da war die Welle einen halbe Elle zu kurz. Man raufte sich vor Schreck die Haare. Aber endlich besann man sich auf Pumphut, holte ihn eilends zurück und bewirtete ihn reichlich. Pumphut klopfte danach mit seinem Hütchen hinten und vorne auf die Welle, und schon paßte sie wieder.

Zu Wallengrün im Vogtland wurden Pumphut Klöße aufgetragen. Ein Kloß war aber so hart, daß er unter dem Messer fortsprang und wie eine Kanonenkugel durch die Stubentür in den Stall flog und sich auf das Horn eines gescheckten Ochsen spießte. Die Bauersleute guckten mit offenen Mündern und großen Augen dem Zauberspiele zu. Aber Pumphut tat gar nicht dergleichen. In aller Ruhe nahm er Kloß um Kloß aus der Schüssel und aß.

Weil ihn die Fliegen beim Essen störten, zauberte er sie alle in seinen großen spitzen Hut. Dann nahm er sein Hütlein mitsamt den Fliegen unter den Arm und ging zur Tür hinaus.

Damals gab es über die Bäche und Flüsse noch nicht so viele Brücken wie heute. Es paßte Pumphut schon lange nicht, daß er stundenlang auf dem Ufer hinlaufen mußte, ehe er hinüber konnte. So bastelte er sich einen Kahn aus Papier, setzte sich hinein und setzte gemütlich über. Elbe, Saale und Mulde hat er auf diese Weise überquert.

Einmal wanderte er müde auf der Landstraße dahin. Da kam ein Pferdehändler mit einer Koppel Pferde geritten. «Laß mich ein Stück mitreiten, Kamerad!», bat Pumphut. Aber der grobe Kerl hörte gar nicht auf die Bitten des Müden. Dafür fand er am nächsten Morgen statt seiner Pferde nur Strohwische im Stalle.

Als er einmal krank war und von einem Bauern gepflegt worden war, konnte dieser eine reiche Ernte einbringen, obwohl sonst überall nur wenig gewachsen war.

In Leipzig war gerade Messe, als Pumphut dort ankam. Im Gasthof «Zum goldenen Siebe» kehrte er ein. Als die Stube voller Gäste war, ließ er am hellerlichten Tage eine Menge Hasen aus dem Kacheltopf heraus- und wieder hineinspazieren.

Zu Ende des Siebenjährigen Krieges, das war 1763, soll Pumphut spurlos verschwunden sein. Aber wir können ihn heute noch stehen sehen: Mit Wanderstab und hohem spitzen Hut ziert er die Bahnhofstraße in Wilthen – aus Holz geschnitzt.

Die Sonnenuhr zu Weißenberg

Die Weißenberger galten einst als die Schildbürger der Oberlausitz. Man erzählt, sie hätten beim Bau ihres Rathauses die Treppe vergessen. Ins obere Geschoß gelangt man deshalb nur über eine Wendeltreppe, die außen angebracht ist.

Das Städtchen Weißenberg hatte einst eine Sonnenuhr angeschafft. Deren schöne orangegelbe Farbe verblaßte aber bald durch das Sonnenlicht. Da beschloß der wohlweise Magistrat, die Sonnenuhr an der Nordseite des Rathauses anzubringen. Nunmehr jedoch bemerkte er, daß die Sonnenuhr auf der Schattenseite keine Zeit anzeigte. Da faßte der Magistrat einen anderen Beschluß: Die Sonnenuhr soll wieder auf der Südseite aufgehängt, jedoch darüber ein Kasten angebracht werden zum Schutz der Farbe.

Krabat, der Zauberer
der nördlichen Oberlausitz

Einst lebte in Eutrich bei Königswartha ein armer Junge, der mit seinem Vater das Vieh hütete. Seine Eltern wohnten in einer niedrigen Hütte. Hatten sie nicht genug zu essen, mußte Krabat betteln gehen. Auf einem solchen Gange kam er eines Tages nach Schwarzkollm. Dort hauste der Teufelsmüller in seiner Mühle. Krabat trat in seinen Dienst. Der Müller lehrte ihn aber nicht nur das Müllerhandwerk, sondern auch die Zauberei. Von den anderen elf Lehrburschen erfuhr Krabat, daß immer der Klügste von ihnen auf geheimnisvolle Weise verschwände. Da begriff Krabat, in welcher Gefahr er schwebte, und ihm fiel eine List ein. Er erbat sich Urlaub und besuchte seine Eltern. Mit seiner Mutter besprach er genau, wie er zu retten wäre.

Einige Tage darauf kam seine Mutter zum Teufelsmüller und bat ihn, ihren Sohn freizugeben. Der Müller willigte ein, aber zuvor sollte die Mutter ihren Sohn unter den zwölf Burschen herausfinden. Er führte sie in eine Kammer, in der zwölf Raben auf einer Stange saßen. Alle putzten sich mit dem Schnabel unter dem linken Flügel, nur einer unter dem rechten. Auf diesen zeigte die Mutter und sagte: «Das ist mein Sohn!» Da der Müller über die Liebe einer Mutter keine Gewalt hatte, kam Krabat frei. Heimlich nahm er dabei das große Zauberbuch des Müllers mit.

Nun war Krabat wieder in Eutrich. Aber im Elternhause herrschte die alte Not. Mit seiner Zauberkunst wußte Krabat bald Rat. Er verwandelte sich in einen schönen Ochsen und bat den Vater, ihn in Wittichenau auf dem Tiermarkt zu verkaufen. Ein Kamenzer erwarb das stattliche Tier. Auf dem Nachhauseweg kehrte er in einem Gasthof ein und befahl der Magd, dem Ochsen Heu zu geben. Da begann der Ochse zu sprechen: «Heu esse ich nicht. Bringe mir lieber einen saftigen Braten!» Die Magd erschrak und lief eilends davon. Als der Kamenzer nach seinem Ochsen sehen wollte, war der nirgends zu entdecken. Nur eine Schwalbe flog aus dem Stall ins Freie.

Von diesem Zauberstück erfuhr auch der Schwarzkollmer Müller. Er entdeckte Krabat, als er sich auf dem Wittichenauer Tiermarkt in ein Pferd verwandelt hatte. Nun kaufte der Müller das Tier. Es kam zum Kampf zwischen den beiden Zauberern, die sich immer wieder in andere Tiere verwandelten. Als der Müller ein Hahn war, wurde Krabat blitzschnell ein Fuchs und faßte den Hahn.

Krabat trat nun überall als Hexenmeister auf. Er vollbrachte kühne Taten in den schlimmen Türkenkriegen 1695 und 1696 und rettete August dem Starken dabei das Leben. Zum Dank dafür schenkte ihm der sächsische Kurfürst das Kammergut Großsärchen bei Hoyerswerda. Später fand Krabat keine rechte Freude mehr an solchen Zaubertaten. Deshalb arbeitete er auf seinen Feldern. Sümpfe verwandelte er in trockenes Land. Auf dürre Äcker ließ er es regnen. Und die Eisklümpchen des Hagels wurden

unter seiner Gewalt zu leichten Federchen und richteten so keinen Schaden auf den Feldern an. Arme Leute fanden bei ihm stets Hilfe.

Als Krabat im Gasthof zu Großsärchen schließlich auf den Tod wartete,
ließ er das Zauberbuch in einem Teich versenken. «Habt Acht, ob nach meinem letzten Atemzug ein schwarzer Rabe oder ein weißer Schwan auf dem
Dache sitzt!», sagte er zu denen, die um sein Lager standen. Nachdem Krabat gestorben war, sahen sie einen weißen Schwan auf dem First. Sie freuten sich, daß Krabat nicht vom Teufel geholt worden war. Hatte ihnen doch
Krabat am Ende seiner Jahre viel Gutes getan und das Glück in der Arbeit
gesucht. Der Großsärchener Gasthof heißt seitdem «Zum weißen Schwan».

Die große Glocke von See

Im Dreißigjährigen Krieg hatten es die Schweden besonders auf die Kirchenglocken abgesehen, die sie zu Kanonenrohren umgießen wollten. Die
Dorfbewohner von See bei Niesky versenkten deshalb ihre große Glocke
im Morast der Alten See, einem Wasser- und Sumpfgelände östlich ihres
Ortes. Jedoch die Wirrnisse der langen Kriegszeit ließen die Erinnerung
an die Glocke schwinden und schließlich ganz vergessen.

Viele Jahre später, als der Krieg schon längst vorbei war, haben
Schweine, die zur Tränke getrieben worden waren, die Glocke ausge-
wühlt, und die Leute waren erstaunt und freuten sich sehr.

Die Lutken bei Hoyerswerda

In Bergen bei Hoyerswerda wohnte die Familie Buder am Fuße eines kleinen Hügels. Dahin kamen oft die Lutken, um sich den Backtrog zu borgen. Wenn sie sprachen, gaben die Lutken allen Sätzen eine verneinende Form: «Wir wollen nicht euren Nichtbacktrog. Wir wollen nicht eure Nichtbackschaufel. Wir wollen euch nicht bringen unser Nichtbrot.»

Vor Hunden hatten sie große Angst. Bevor sie in den Hof kamen, riefen sie immer: «Kettet euren Nichtbeller an, der beißt uns sonst nicht!»

Brachten sie den Backtrog zurück, so waren immer einige Nichtbrote darin, die sie gebacken hatten. Sie waren nur klein, schmeckten aber den Buders sehr gut.

Der Marienbrunnen bei Rosenthal

Die Rosenthaler Kirche hatte anfangs keinen Brunnen. Das war für die weitgereisten durstigen Wallfahrer nicht schön. Gern hätten sie eine frische Quelle gehabt, an der sie ihren Durst löschen konnten. Das wußte auch Bernhard von Kamenz. Als er einmal zum Marienbilde nach Rosenthal kam, fiel er davor nieder und betete: «Heilige Mutter Gottes, wir bitten dich, laß einen munteren Quell aus der Erde kommen, damit die frommen Pilgersleute sich daran laben können!». Nicht lange, und es kam ein Strahl frischen Wassers aus dem Erdreich hervorgesprudelt. Graf Bernhard, der gerade durstig war, füllte sich die hohle Hand und entdeckte zu seiner Freude, daß das Wasser köstlich schmeckte.

Später wurde die Quelle gefaßt und die Leute, die davon tranken, sollen eine wunderbare Heilkraft verspürt haben.

Sitten und Bräuche in der Oberlausitz

So wie in vielen anderen Gegenden unseres Vaterlandes gibt es in der Oberlausitz mancherlei Sitten und Bräuche, an denen die Menschen festhalten. Einige, wie das Osterreiten oder das Hexenbrennen, sind im ganzen Land bekannt geworden. Sitten und Bräuche gehören zur Heimat wie die Sprache und die Geschichte. Unsere Vorfahren haben sie an Kinder und Enkel weitergegeben, die mit ihnen in allen Zeiten durch das Jahr gekommen sind. Gar oft sind sie so alt, daß niemand mehr weiß, wo und wann sie ihren Anfang genommen haben. Dann sagen die Leute: «Das war schon immer so.» Und sie haben recht.

Manches entsprang dem Aberglauben, anderes dagegen kam aus der Quelle des religiösen Glaubens, nicht weniges wurde auch vermischt, daß sein Ursprung nun nicht mehr aufzufinden ist.

Als die Menschen noch viel naturverbundener waren und ihr Leben oft recht mühevoll meistern mußten, sehnten sie das Ende des unwirtlichen Winters herbei, und sie versuchten, ihn mit Lärm, Umzügen und Strohfeuern auszutreiben. Aus ähnlichem Grund entstanden die Bräuche, mit denen der erlösende Frühling begrüßt werden sollte.

Manch alter Brauch hat seine Wurzeln im ärmlichen Dorfleben gehabt, in dem sich die Leute selbst kleine Freuden bereiteten oder ihren Kindern etwas Gutes tun wollten. Viele Sitten und Bräuche sind erloschen und bald vergessen worden, denn die Zeiten und das Leben haben sich geändert, so wie sich die Welt andauernd wandelt. Andere haben sich frisch und lebenskräftig erhalten und bestehen fort. Wie es auch sei, alle sprechen sie aus der großen Seele des Volkes. Heute macht es viel Freude, an den Sitten und Bräuchen in den Dörfern und Städten unserer Oberlausitz teilzuhaben.

Von der Vogelhochzeit im Januar bis zu den schönen Weihnachtswochen im Dezember hat jede Jahreszeit ihre eigenen Feste und Bräuche. Wir sollten sie mit den Kindern, den Freunden, der ganzen Familie und den Nachbarn fröhlich oder manchmal auch besinnlich feiern und in Ehren halten. Sie machen uns ein bißchen reicher und glücklicher.

Die Vogelhochzeit

Im ersten Monat des Jahres, am 25. Januar, feiern die Kinder in vielen Oberlausitzer Orten die Vogelhochzeit. Sie geht auf eine alte Sage zurück, nach der sich an diesem Tage die Elster mit dem Raben vermählt. Und ein großes Gefolge von Vögeln nimmt an der Festlichkeit teil. So feiern auch die Kinder mit.

Am Vorabend oder am frühen Morgen stellen die Kinder Teller auf die Fensterbretter, auf Türschwellen oder sogar ins Freie, und die Vögel füllen die Teller dann mit Geschenken von ihrer Hochzeit: Nüsse, Äpfel, Süßigkeiten oder Gebildbrote (das sind gebackene Figuren). Die erwartungsvollen Kinder nehmen diese Gaben gerne an, und ihre Augen strahlen. Die Vögel bedanken sich so bei den Kindern für das Futter, das sie im kalten Winter bekommen haben.

Manche Bäcker helfen den Vögeln bei ihrer Arbeit. Sie backen schöne bunte Nester und Vögel. Und die schmecken Großen und Kleinen.

Der Brauch der Vogelhochzeit wird besonders in Kindergärten gepflegt. Die Kinder stellen die ganze Hochzeitsgesellschaft dar, wobei sie sich als Vögel verkleiden und als Braut und Bräutigam mit ihrem Gefolge erscheinen. Damit viele Menschen den Brautzug sehen können, zieht man durch Straßen und Gassen.

Da wird so manche Bastelei gemacht, denn die vielen Pappschnäbel und Flügel wollen hergestellt sein!

Zu Lichten gehen

In der Zeit vor der Fastnacht sind in der südöstlichen Oberlausitz abends vermummte Gestalten unterwegs. Es sind die Lichtengänger, die bei Freunden und Bekannten klingeln.

Lange zuvor haben sie ihren Besuch angekündigt. Aus einer Postkarte, oft in einem anderen Ort in den Briefkasten geworfen, muß der Gastgeber erraten, wann und wieviele Lichtengänger kommen werden. Die Karte ist mit verfälschter Schrift geschrieben oder aus Zeitungsbuchstaben zusammengesetzt. Neuerdings kann man den Besuch auch telefonisch ankündigen, natürlich mit verstellter Stimme.

Die verkleideten und vermummten Besucher sprechen kein Wort. So hat es der Gastgeber schwer, herauszufinden, wer hinter den Masken steckt. Deshalb heizt er ordentlich ein, serviert obendrein heiße Getränke und erzählt lustige Geschichten, damit die Gäste schwitzen, lachen und schließlich schwatzen sollen. Denn erst, wenn er errät, wer ihn besucht, legen die Vermummten ihre Masken ab und geben sich zu erkennen. Nun wird der Abend gemeinsam in fröhlicher Runde verbracht.

Vogelhochzeit

Dieser Brauch stammt noch aus alter Zeit, als sich an den dunklen Winterabenden die Mädchen und jungen Frauen in großen Stuben zum gemeinsamen Spinnen um das Licht versammelten.

Fastnachtsbetteln

Am Fastnachtsdienstag sind die Bettelkinder unterwegs. Kleine Katzen, Cowboys, Räuber, Prinzessinnen oder Köche ziehen von Tür zu Tür. Wird geöffnet, sagen sie einen alten Bettelvers in Oberlausitzer Mundart oder ein neueres Sprüchlein auf:

> *Foasnachtsnoarrn*
> *wulln o was hoann,*
> *wulln a Streefl Kuche hoann!*
> *Fer ann Dreier Wurscht und Speck –*
> *murne is de Foasnacht weg!*

Oft wird auch dieser alte Vers gesungen:

> *Ich bin ein kleiner Zwerg*
> *und komm' nicht über'n Berg.*
> *Gebt mir eine Mark,*
> *dann werd' ich wieder stark.*

Die Bettelkinder nehmen nicht nur Kuchen, Speck oder Geldstücke. In ihren Bettelsack stecken sie alles, was man ihnen reicht, danken – und klingeln an der nächsten Tür ...

Zampern

In der Fastnachtszeit wird in vielen sorbischen Dörfern gezampert. Dabei ziehen die Leute verkleidet von Haus zu Haus und erheischen Gaben. Besonders Naschereien, Eßwaren und hochprozentige Getränke sind begehrt und natürlich auch Geld.

Das ganze Treiben verläuft mit Musik und allerlei Mummenschanz. Am Abend wird gemeinsam gefeiert bis die gesammelten Gaben aufgebraucht sind.

Gehen zum Gründonnerstag

Ostern ist nicht nur das christliche Fest für die Großen und das Fest mit dem Osterhasen für die kleinen Kinder. Es geht auch auf alte Bräuche aus der Zeit der heidnischen Germanen und Slawen zurück, mit denen der Winter überwunden und der kommende Frühling begrüßt wurden.

Es gab viele Bräuche für die Ostertage, aber die meisten sind im Laufe der Zeit vergessen worden und verlorengegangen.

In manchen Orten der Oberlausitz hat sich das Gründonnerstag-Singen erhalten. Mit einem kleinen Bettelsack ziehen die Kinder von Haus zu Haus und sagen ihre Verse in den Hausfluren auf:

Gunn Murgn zun Grinnduhrschtche!
gatt mer woas as Battlsäckl,
lußt miech ne zu lange stihn,
iech will a Häusl wettergiehn!
Kimmt ha ne raus, kimmt sie ne raus,
do kimmt dr kleene Junge raus
un teelt de ganzn Brazln aus!

Und rührt sich keiner im Hause, da wird noch etwas darangehängt:

Wenn mer waorn an Himmel sitzen,
krieg mer weiße Zippelmitzn,
wenn mer waorn Trombetn blosn,
krieg mer blooe Bauernhosn.

Die Kinder erhalten gefärbte Eier, Äpfel, Kuchen, Süßigkeiten, gebackene Figuren oder Geldstücke. Manchmal mischt sich auch ein Spielzeug unter die bunten Gaben. Spaß gibt es auf jeden Fall dabei.

Karfreitags-Rasseln

In Ralbitz und Ostro sowie in anderen sorbischen katholischen Orten der Oberlausitz, aber auch in Schirgiswalde hat sich der Brauch des Karfreitags-Rasselns erhalten.

Im christlichen Kirchenjahr ist die Karwoche die «Woche der Stille». Das althochdeutsche Wort kara bedeutet Wehklagen oder Trauer. Es wird damit der Kreuzigung Christi gedacht. Von Gründonnerstag abend bis Ostersonnabend schweigen die Glocken.

In Ralbitz werden die Glocken sogar vorsorglich festgebunden. Um die Gläubigen zu rufen, wird zu den Läutezeiten mit Holzklappern gerasselt.

Osterbäumchen und Ostersträuße

Der Frühling naht, alles beginnt zu grünen und zu blühen. Die Kinder holen Birkenreiser und Weidenruten von draußen ins Zimmer und hängen Eier daran auf. Das Ei ist schon seit alten Zeiten das Sinnbild des keimenden Lebens und paßt somit richtig in die Jahreszeit.

Aber die Eier an den Zweigen sind von besonderer Art. Schon lange vorher werden sie ausgeblasen und gesammelt. Bunte Farben, Zeichen und Blumen zieren jetzt die Eier. Ja, manche von ihnen sind sogar mit halbierten Samenkörnern oder geschnittenem Stroh beklebt.

Die schönsten Ostereier werden seit jeher von den Sorben gemacht. Es sind kleine Kunstwerke, die sehr viel Geschick erfordern. Und das wird ganz verschieden gemacht. Entweder werden die Eier erst kräftig gefärbt und dann mit einem scharfen Messer die feinen Muster eingeritzt, oder es wird mit einem Nadelköpfchen flüssiges Bienenwachs so aufgetupft, daß die Muster angelegt werden. Danach werden die Eier in die Farbe gelegt. Unter den Wachströpfchen nehmen die Eier keine Farbe an. Wenn sie wieder trocken sind, werden die Wachspunkte abgerieben, und die Muster kommen nun schön zum Vorschein. Die meiste Arbeit aber machen die bunten Eier, bei denen man allerlei zurechtgeschnittene Gänsefedern benutzt. Mit den Federn wird ebenfalls heißes Wachs aufgetragen, ehe die Eier in die Farbe kommen. Das wird mehrmals wiederholt, und dabei werden immer andere Farben verwendet. Schließlich sind die Eier ganz bunt und haben wunderschöne Muster. So ein Ei zu färben dauert manchmal drei bis vier Stunden.

Im Sorbischen Museum in Bautzen sind viele solcher Eier zu sehen. Auch wird jedes Jahr der Wettbewerb um das schönste Osterei veranstaltet.

Viele Oberlausitzer schmücken ihre Gärten bereits in der Woche vor Ostern mit Eierbäumchen. Die bunten Eier an den kahlen Zweigen ersetzen oft die Frühlingsblumen, die meist noch gar nicht blühen. Erfreulich ist, daß es auch viele Schulen gibt, vor denen die geschmückten Osterbäumchen stehen.

Osterwasser holen

Am Ostersonntagmorgen, noch vor Sonnenaufgang, nehmen die Mädchen Krüge und Kannen, um Osterwasser aus Quellen oder klaren Wiesenbächlein zu holen. Das Quellwasser soll eine ganz besondere Zauberkraft besitzen. So kann es Schönheit verleihen und die Gesundheit erhalten. Man kann es trinken, oder man wäscht sich in dem kühlen Naß. Für besondere Krankheitsfälle wird das Wasser sogar im Keller aufbewahrt.

Aber so leicht kommt man an das Zauberwasser gar nicht heran, denn man darf beim Osterwasserholen weder auf dem Hin- noch auf dem Rückweg ein Sterbenswörtchen sagen. Der Mund hat geschlossen zu bleiben. «Plapperwasser» hat keine Wirkung mehr. Oft ist der Weg zur Quelle weit. Und unterwegs haben sich manchmal heimliche Beobachter versteckt und erschrecken und necken die Wasserholerinnen oder grüßen auch nur freundlich. Und antworten sie ihnen, hat das Osterwasser sofort seine Heilkraft verloren und ist nichts mehr wert.

Osterreiten

In unserer Oberlausitz hat sich in der Gegend der beiden Klöster Sankt Marienstern in Panschwitz-Kuckau und Sankt Marienthal bei Ostritz und in anderen Orten der schöne Brauch des Osterreitens bis in die heutige Zeit erhalten. Wittichenau, Ralbitz, Panschwitz-Kuckau, Crostwitz, Ostro, Nebelschütz, Storcha, Radibor, Bautzen und Ostritz sind die Orte des Osterreitens. Sowohl sorbische als auch deutsche katholische Christen üben den Brauch gemeinsam aus.

Am frühen Ostersonntagmorgen treffen sich die mit schwarzen Gehröcken und Zylinderhüten gekleideten Reiter. Sie führen kirchliche Fah-

nen, Kruzifixe und Marienfiguren mit sich. Die Pferde sind prächtig geschmückt und tragen gold- und silberbestickte Satteldecken. Die Mähnen sind mit bunten Bändern und Myrte durchflochten.

Der Pfarrer gibt den Reitern den Segen, und die Prozession beginnt. Sie umreitet dreimal den Aussegnungsort, und die Reiter singen dabei alte sorbische Choräle. Dann geht es fort über das Land, um die Auferstehung Jesu Christi zu verkünden.

Zehn Prozessionen sind das in der Oberlausitz, an denen ungefähr 1500 Reiter teilnehmen. Die Reiterzüge ziehen immer so, daß sie sich unterwegs nicht begegnen. Das ist eine alte Regel, die streng eingehalten wird. Der Ritt zieht sich bis in die Nachmittagsstunden hin. Unter den neugierigen Blicken von vielen Zuschauern kehren die Reiter am Nachmittag nach Hause zum Aussegnen zurück.

Von Walpurgis-Feuern und Hexen

Walpurgisfeuer

Um den Walpurgistag, besonders aber um die Walpurgisnacht gibt es viele alte Volksbräuche. In der Nacht vom 30. April zum 1. Mai fahren die Hexen auf Besenstielen, Mistgabeln oder Schemeln durch die Luft – erzählt der Volksglaube. Sie haben nur Böses im Sinn, denn sie stehen mit dem Teufel im Bunde. So muß dem bösartigen Treiben ein Ende bereitet werden. Und dazu ist das Feuer ein geeignetes Mittel.

Die Leute tragen Tage zuvor an weithin sichtbarer Stelle Holz, Reisig, Stroh, alte Kränze und allerlei brennbares Zeug zu einem gewaltigen Haufen zusammen. Dort obenauf wird eine lebensgroße Strohpuppe als Hexe gesetzt. Nun bewachen die Burschen ganz aufmerksam den Haufen, damit ihn niemand vor der Zeit entzündet! In der Abenddämmerung des 30. April zieht dann ein Fackelzug aus dem Dorf zum Holzhaufen. Die brennenden Fackeln werden hinaufgeworfen, und die Hexe fällt den Flammen zum Opfer. Man singt, tanzt, lacht und freut sich darüber, daß das Feuer das Böse vertilgt und daß auch der harte Winter mit dem Woalperfeuer vertrieben wird.

Das Maibaumsetzen

In vielen Gemeinden wird am Abend des 30. April ein Maibaum als Zeichen lebensspendender Kraft gesetzt. Die Jugend des Ortes hat zu tun, um den schönsten Maibaum im Heimatort zu haben. So wird im Wald ein großer Baum, meist eine Fichte oder eine Kiefer, gefällt. Der Stamm wird geschält, und anstelle des Wipfels wird ihm ein grünes Birkenbäumchen aufgesetzt. Mädchen des Ortes winden einen großen Kranz und schmücken ihn mit bunten Bändern. Unter flinken Händen entsteht schließlich eine lange grüne Girlande, mit der der Stamm umwunden wird. Nun sieht der Maibaum schmuck und festlich aus. Meistens wird er auf einem Festplatz, vor dem Rathaus oder vor dem Gemeindeamt aufgestellt. Das dauert sehr lange und macht sehr durstig. Endlich ragt dann die geschmückte Krone weit über die Häuser hinaus.

Ganz wichtig ist es, daß die Jugendlichen des Ortes die ganze Nacht ihren Maibaum bewachen, damit ihn keiner umwerfen oder gar stehlen kann. So etwas tun nämlich die Burschen aus den Nachbardörfern sehr gerne. Und das wäre für den ganzen Ort eine große Schande.

Pfingstsingen

In vielen Oberlausitzer Orten gibt es alljährlich am Pfingstsonntag oder Pfingstmontag das Pfingstsingen. Meist findet es draußen in der grünen Natur statt, auf einem Berggipfel, am Waldrand oder an einem anderen vertrauten Ort, denn der Brauch ist schon sehr alt. Mitunter treffen sich dort mehrere Chöre aus den Nachbarorten, und manchmal sind auch Instrumentalgruppen dabei. Schöne alte Volksweisen und besinnliche Kunstlieder werden vorgetragen, und viele Leute kommen als Zuhörer.

Im Pfingstsingen sind zwei alte Bräuche vermischt worden. Einmal wird des Pfingstwunders gedacht, des fünfzigsten Tages nach der Auferstehung Christi und der Ausgießung des heiligen Geistes, des Gründungstages der Kirche. Zum anderen lebt darinnen ein alter Volksbrauch fort, den lang ersehnten Frühling freudig zu begrüßen.

Das Gierschdurfer Schissn

Das Gierschdurfer Schissn (Neugersdorfer Schießen) ist heutzutage gar kein Schießen, obwohl man dort in einigen Buden mit Luftgewehren schießen und ein paar bunte Papierblumen gewinnen kann. Viel wichtiger aber sind die vielen Einkaufsbuden! Würstchen-, Brathähnchen-, Fischsemmel-, Pfefferkuchen- und Zuckerwattebuden sowie Bierzelte lassen keinen verhungern oder verdursten. Aus jeder Ecke hört man andere Musik, denn die zahlreichen Karussells locken damit einzusteigen. Auf der Weibermühle muß man unbedingt gefahren sein. Müde und mit viel weniger Geld als hinzu begibt man sich dann mit vollen Einkaufsbeuteln nach Hause.

«Schissn is Schissn – un doas loaß mer uns ne nahm!» sagen die Oberlausitzer aus nah und fern und kommen zu diesem Markttreiben, ganz gleich, ob es in Strömen regnet oder brütend heiß ist. Das war schon immer so, seit der Neugersdorfer Jacobi-Markt stattfindet. Seinen Namen hat der Markt vom Jacobus-Tag, dem 25. Juli. Er wird seit über 260 Jahren durchgeführt und war ursprünglich ein Schützenfest, an dem der Schützenkönig, der beste Schütze, ermittelt wurde. Solche Schützenfeste gab es seit dem 17. Jahrhundert. Damals hatte es aufgehört, daß sich die Bürger selbst verteidigen mußten. Nunmehr schoß man mit Armbrust oder Gewehr nur noch zum Vergnügen, bis schließlich ein Sport daraus geworden war. Und von da stammt auch sein weitbekannter Name Gierschdurfer Schissn. Schon bald war der Neugersdorfer Jacobi-Markt nach der Leipziger Messe der größte Markt in Sachsen. Heute ist das Gierschdurfer Schissn das größte Volksfest in der Oberlausitz. Das darf man in keinem Sommer verpassen!

Das Kamenzer Forstfest

Seit Jahrhunderten feiern die Kamenzer Schüler alljährlich in der Bartholomäuswoche ihr Forstfest. Die ganze Stadt legt ein Festgewand an. In den Straßen werden bunte Wimpel, grüne Girlanden aus Fichtenreisig und viele Fahnen angebracht. Auch die Schulen und das Rathaus sind dann mit grünen Ranken und Fahnen geschmückt.

Umzug beim
Kamenzer Forstfest

Am Forstfestmontag erfolgt der feierliche Auszug der Schulkinder. Punkt um 13 Uhr öffnen sich die Schultüren, und die einzelnen Klassen ziehen fröhlich auf den Schulplatz hinaus. Hier stellen sie sich auf, um die altvertrauten Forstfestlieder zu singen. Besonders auffällig sind die weißen Festkleider der Mädchen und die weißen Anzüge der Jungen. Klassenweise tragen die Schüler dazu bunte Schärpen in den Stadtfarben rot-weiß, auch in blau-gold, den Farben der Oberlausitz, in den sächsischen Landesfarben weiß-grün und in den Farben der Bundesrepublik Deutschland schwarz-rot-gold. Die Jungen schwenken bunte Fähnchen, und die Mädchen tragen Blumenkörbchen, Füllhörner, Bögen und Blumenkränze. Die Schüler der achten Klassen stellen farbenprächtige Sterne dar. In ihrer Mitte werden die einzelnen Ehrenfahnen aus schwarzer Seide getragen.

Mit einer Musikkapelle ziehen nun alle durch das Klostertor zum Markt. Auch hier erklingen wieder die alten Forstfestlieder. Nach einer Festansprache des Schuldirektors bewegt sich der farbenprächtige Festzug durch die ganze Stadt. Nach dem Kaffeetrinken zu Hause geht es hinaus in den Forst zum Spielen. Hier können sich jung und alt auf den Karussells vergnügen. Am Forstfestdonnerstag findet der Auszug noch einmal statt. Mit Lampions und Fackeln ziehen die Kinder am Abend vom Forst aus in die festlich beleuchtete Stadt zurück. Auf dem Markt werden wieder die Forstfestlieder gesungen. Dann beendet der Bürgermeister mit einer Ansprache das Forstfest.

Adlerschießen und Ritterstechen

In einigen Oberlausitzer Orten gibt es zur Kirmes noch das Adlerschießen oder das Ritterstechen.

Mit der Armbrust auf den Königsadler zu schießen wurde früher so gedeutet: Der König hatte einst den Bürgern das Jagdrecht genommen. So durften die Bauern und der kleine Mann nur noch auf hölzerne Adler an der Stange schießen. Natürlich war der Adler mit Krone, Reichsapfel und Zepter geschmückt. Und dem Volk machte es Spaß, auf den König in Vogelgestalt zu schießen. Wer die Krone traf, war Schützenkönig.

In manchen Orten machen die Schützen einen Umzug mit Herolden, einem Hanswurst und sogar dem Schützenliesel. Schaut es euch doch einmal an, vielleicht in Jonsdorf oder in Oberseifersdorf.

Das Ritterstechen ist eine alte Volksbelustigung. Aus Stoff und Stroh wird eine Ritterfigur zusammengebastelt, die auf der Brust eine Zielscheibe oder einfach nur einen Farbfleck hat. Mit verbundenen Augen wird nun versucht, mit der Lanze diese Stelle zu treffen. Wer am besten trifft, ist Ritterkönigin. Mancherorts war der Ritter aber auch auf einer Holztafel aufgemalt.

In Neusalza-Spremberg wird alle Jahre das lustige Ritterstechen abgehalten.

Die Kirmes

Jeder größere Ort in der Oberlausitz feiert seine Kirmes. Die Kirmes ist das Kirchweihfest des Dorfes. Wenn ein Kirchenbau fertig war, wurde er geweiht, und fortan dieser Tag als Festtag begangen. Meist hatten sich die Bauarbeiten bis zum Herbst hingezogen, so daß die Kirmes am häufigsten in den Monaten September und Oktober ist. Nur Krauschwitz bei Weißwasser hat seine Kirmes Ende Januar, und Hirschfelde schon im Juni. Das sind die beiden auffälligsten Ausnahmen.

Mit der Zeit ist aus der Kirchweih ein mehr heiteres Volksfest geworden, und manche Leute meinen gar, es sei ein rechtes Freß- und Sauffest.

Die Vorbereitungen dauern mehrere Tage. Gäste werden eingeladen, das ganze Haus wird geputzt, Kuchen werden gebacken, und aus der Bratröhre strömt leckerer Duft. Im Gasthaus gibt es am Abend den Kirmestanz, und für die Kinder wird ein Festplatz mit Karussell und vielerlei Buden aufgebaut. Früher dauerte die Kirmes meistens drei Tage, von Sonnabend bis Montag.

Und wie lustig es zuging, verrät das kleine Gedicht:

Wenn Kirmst wird senn,
wenn Kirmst wird senn,
do schlacht dr Voater ann Book.
Do tanzt de Mutter,
do huppt dr Voater,
do woackelt dr Mutter dr Rook.

Flenntippel hinstellen

In der Gegend von Eibau stellen die Kinder Flenntippel auf. Das sind große Rüben, die zuerst mit dem Messer ausgehöhlt werden und Augen, Nase und Mund bekommen. Abends, wenn es schon dunkel ist, wird eine brennende Kerze hineingesteckt. Nun sieht dieser «Rübengeist» gar lustig aus.

Er wird heimlich zu Bekannten in den Vorgarten getragen und dann an der Haustür geklingelt. Die Leute kennen den Spaß schon und schauen nach, wer sich da wohl versteckt hat. Aber «flennen» wird sicher keiner mehr bei diesem alten Scherz. Das heitere Völkchen, das Flenntippel gebastelt hat, bekommt meist etwas zu naschen.

Das sorbische Bescherkind

Besonders in der sorbischen Gegend um Schleife lebt ein uralter Weihnachtsbrauch weiter. Dort geht in der Vorweihnachtszeit das Bescherkind von Haus zu Haus und besucht die Kinder. Das Bescherkind trägt eine wunderschöne vielfarbige Volkstracht, zu der ein feiner Spitzenschleier gehört, der das Gesicht verdeckt. Das Bescherkind teilt nicht nur kleine Geschenke aus, es erkundigt sich auch nach dem Wohlergehen der artigen Kinder. Und eine große Freude ist es, wenn die Kinder vom Bescherkind gestreichelt werden, denn das bedeutet Glück und Gesundheit und alles Gute für die Kleinen.

Weihnachtsbräuche

Die Weihnachtsbräuche in der Oberlausitz unterscheiden sich kaum von denen in anderen deutschen Landen. Das mag wohl davon kommen, daß viele Bräuche in den langen Zeitläufen vermischt worden sind.

Die Christenheit feiert die Geburt Jesu Christi. So ist es seit langem Sitte, am späten Nachmittag des Heiligen Abends in die Kirche zur Christnacht zu gehen, wo alles feierlich geschmückt ist.

In der Kirche zu Cunewalde gibt es den «Lichterzug». Dabei tragen die Konfirmanden und andere größere Kinder gedrechselte Holzleuchter mit vielen Kerzen zum Altarplatz. In diesem strahlenden Leuchten erklingt dann das doppelchörige Hosianna. Mehr als fünfzig solcher Lichterpyramiden werden im Dorf sorgfältig aufbewahrt und zu Weihnachten den Kindern ausgeliehen.

Vielerorts hängen die Herrnhuter Sterne und verbreiten ein mildes Licht. Sie erinnern an den Stern von Bethlehem aus der Weihnachtsgeschichte. In dem Ort Göda, der eine stattliche Kirche mit zwei Türmen hat, strahlt schon zur Adventszeit ein großer Herrnhuter Stern hoch oben zwischen den beiden Türmen.

Viel von dem weihnachtlichen Schmuck ist aus anderen Gegenden übernommen worden, besonders die Schwibbogen, die Nußknacker und die Räuchermänner sind es. Sie stammen aus dem Erzgebirge.

In der Kleinstadt Schirgiswalde, die noch lange zu Böhmen gehört hatte, sind viele der böhmischen Weihnachtskrippen erhalten geblieben, die alle Jahre zum Fest aufgestellt werden und eine alte Volkskunst bewahren.

In den Wohnungen, aber auch im Freien, an öffentlichen Plätzen oder in manchen Anlagen leuchten große Weihnachtsbäume. Und hier gibt es für die Oberlausitz etwas recht Denkwürdiges. Die älteste Kunde von Weihnachtsbäumen überhaupt haben wir 1605 aus Straßburg im Elsaß. Doch sie waren ohne Kerzen. Im Jahre 1737 aber wurde von einem mit Kerzen geschmückten Weihnachtsbaum berichtet, der in einem Bauerngut in Zittau stand. Er ist vermutlich der erste Lichterbaum in Deutschland gewesen.

Am 4. Dezember, dem St.-Barbara-Tag, schneiden die Leute «Barbara-Zweige» von den Kirsch- oder Apfelbäumen und stellen sie in einem Krug ins warme Zimmer. In den Weihnachtstagen blühen sie dann und zeigen damit, daß das Leben nicht abgestorben ist.

In vorchristlicher Zeit feierten die Menschen die Wintersonnenwende, denn ab dem 23. Dezember steigt die Sonne wieder höher, und die Tage werden allmählich länger. Damals wurden die «Sonnenwendfeuer» angezündet. In dem weihnachtlichen Lichterglanz unserer Zeit steckt noch ein klein wenig von diesem uralten Brauch unserer Vorfahren.

In allen unseren Weihnachtsbräuchen wohnt die Sehnsucht der Menschen nach Frieden auf Erden.

Das Hosianna-Singen am
Heiligen Abend in Kamenz

Am Heiligen Abend ziehen nach alter Sitte die Schulkinder der oberen Klassen singend mit Fackeln vom Schulplatz durch das Klostertor über die Klosterstraße und die Kirchstraße zum Markt. Sie werden von einer Kapelle begleitet, und die Glocken läuten. Dort kommen die Kirchenchöre dazu. Gemeinsam werden nun schöne alte Weihnachtslieder gesungen. Am Ende erklingt das Hosianna, welches aus dem 16. Jahrhundert stammt. Dieser Choral bildet alle Jahre einen erhebenden Abschluß.

Das Hosianna-Singen geht auf eine alte Schülerprozession zu Ehren des Heiligen Nikolaus zurück, dem Patron der Lateinschulen in Deutschland. Der feierliche Umzug der Lateinschüler fand früher immer am 6. Dezember, dem Nikolaustag, statt. Nach der Reformation wurde das Hosianna-Singen in Kamenz auf den 24. Dezember um 18 Uhr verlegt. Groß und klein erfreuen sich am Weihnachtssingen, es ist die rechte Vorfreude auf das Fest.

Weihnachten in der Oberlausitz

LIEDER
UND GEDICHTE

Sorbische Volksweisheiten

Vergangene Zeiten lehren unsere Zeit.

Die Lehre der Mutter macht das Herz golden.

Goldene Berge liegen hinter der Welt.

Iß dein Brot und hoffe nicht auf fremden Kuchen!

Berge gehen niemandem aus dem Wege.

Eine Rose ist noch kein Kranz.

In fleißiger Hand wächst Brot.

Landschaft mit grauer Wolke

Ganz grau umhüllt ist heut die Flur,
von Regen frisch durchfeuchtet.
Wie kommt es nur, wie kommt es nur,
daß trotzdem alles leuchtet.

Es strahlt das Dach. Es glänzt der Ast.
Die Schatten, die erglühen.
Und selbst der Telegrafenmast
fängt heimlich an zu blühen.

Geht das mit rechten Dingen zu?
Natürlich, du Banause.
Da wohne ich. Und da wohnst du.
Hier sind wir ganz zu Hause.

Das Leuchten kommt von innen her,
wo wir die Hoffnung hüten.
Und ist der Himmel grau und schwer,
dann treibt sie ihre Blüten.   *Manfred Streubel*

Trost

's wird schunn wieder warn
mit dr Mutter Bahrn.
Mit dr Mutter Kuhrn
is ja o gewurn.

Verse
aus dem Leben
der armen
Leineweber

Dr Mond schennt,
dr Waber flennt,
'n Spuler fahlt's Brut,
dr Spinner hoat Nut.

Leier, leier Löffelstiel,
Leinewaber hoan ne viel.

De Elle – zwee Pfenge.
De Elle – zwee Pfenge.

Abern un Fett,
wenn ich's oack hätt!

A Toaler muß wardn,
a Toaler muß wardn!

Hul's Brut rei,
miech hungert,
hul's Brut rei,
miech hungert!

Heemt-Freedn

's gibt uff dr Walt goar moanch schie Fleckl,
wu dar und jerr derheeme is.
De Äberlausitz – unse Eckl –
gefällt uns o, doas is gewieß.

Zengsrim de Barge gruß und kleene,
dr Kupper und dr Bieleboh,
dr Schlaajchtebarg, de Kälbersteene –
doas leit euch oalls su schiene do.

De Leute, die senn goar gemittlch.
Ihr mißt amol a'n Kraatschn gihn,
wenn se uff Äberlausitzsch braajgln,
koann dar und jerr kee Wurt verstihn.

Un woaas fer hibsche, stroamme Maajgl
tutt's do a unsn Bargn gaan.
Su knusperch wie neubackne Sammln –
's koann'ch enner goar ne soaat droaa sahn.

's hoot moancher schunt ann sickn Katl
wull goar de Heiroat oaagetroin.
Und ward'r'sch gleebm: 's woar a Fimfer!
Die hoann is gruße Lus gezoin.
Und o de Karln, die senn ne iebl,
a brinkl groob und groadezu,
De richtche Fursche steckt a'n Knuchn.
Soit, woaas derr wullt – die luß mer su!

Und wenn o moancher Reeseunkl
vu Rom und vu Broasilchn treemt,
mir bleibm a dr Äberlausitz,
a unser liebm, aaln Heemt!   *Herbert Andert*

Aale Krohe

Aale Krohe hoast doa nischt
uff dr Soot zu suchn.
Wenn dch dr Bauer do derwischt,
wird 'r schiene fluchn.

Aale Krohe koannst ne singn,
argert'ch oack ne griene.
Muß de irscht ann Froosch verschlingn,
derno klingt's ganz schiene.

Aale Krohe schams dch denn ne,
hoast beschißne Beene.
Gih a'n Burn und woasch derr sche
warrn se wieder reene.

Aale Krohe kumm gerannt,
kumm oack fix geloofm!
's is dei ganzes Naast verbrannt,
mußt an Groabm schlofm.

Herbert Andert

Zum Gründonnerstag

Gunn Murgn zun Grinnduhrschtche!
Gatt mr woas as Battlsäckl,
loaßt miech ne zu lange stihn,
iech will a Häusl wetter giehn.

Wunder im Frühling

Horch, was die Stare sich erkühnen:
Sie pfeifen auf des Winters Macht!
Und Gräser sprießen, Birken grünen,
und alles kommt fast über Nacht.

Schon ist der Kirschbaum voll behangen
mit Sternen, die die Sonne wärmt,
die Apfelglut hat rote Wangen,
von Bienen früh und spät umschwärmt.

Wenn uns die Lerchen und die Finken
umjubeln sorglos weit und breit,
beginnt das Auge froh zu blinken –
wir sind von altem Gram befreit.

Jakub Bart-Ćišinski

Abern-Lied

De Abern mächtn o nu raus,
de Zeit is wieder roaa.
Is Kroattch sitt schun ganz gaale aus,
kummt, kummt, mir machen'ch droaa.
Zu Mittche wull mer Abern sahn
und woaas Geschoits derzu.
's muß schiene mahlche Abern gaan,
's is a dr Lausitz su!

Refrain: *Ruhe und gedämpfte Abern,*
Abernkuche, Abernploaaz,
Abernkoichl, Abernkließl
mit und ohne Braajglsaalz.
Abernstickl, ganze Abern,
sauer Abern, Abernschnoaps,
Abernplinsen, Abernmauke,
Abern, Abern, Aberboabbs!

Wenn's friher a de Abern ging,
do mißt mer'ch sihre schinn.
Ju, heute is a ander Ding,
uns halfm de Moaschinn.
Se reefm 's Kroattch, se lasn uf
un sackn oalls hibsch ei.
Un hinn raus kimmt –
ihr gleebt's wull ne –
de Abermauke glei.

Refrain: *Ruhe und gedämpfte Abern, . . .*

Senn nu de Abern oalle rei
un goab's a gudes Juhr,
do luhnt'ch de ganze Plogerei,
und 's fräht'ch is ganze Chur.
Und wenn dr derno Abern aßt,
gekoacht, gestoampt, gebrutt,
doaß dr de fleißchn Bauern ne
derbei vergassn tutt.

Refrain: *Ruhe und gedämpfte Abern, . . .*

Herbert Andert

Die Lausche

Wie hebt sich ihr Haupt stolz und kühn
zum Himmelsblau aus dem Waldesgrün.
Eine Riesin unter Gezwerg –
die Krone der Lausitzer Sagen.

Es ist ein wonniges, schönes Gefühl,
hoch über dem niedrigen Erdengewühl,
entfernt vom menschlichen Hasten,
auf der Lausche zu ruh'n und zu rasten.

Und dringt zu dir das Waldesrauschen,
dann, Wand'rer, stehe still und lausche!
Dann laß dich nieder zu süßer Ruh',
dann flüstert der Wald dir die Sage zu.

Es kommt durch bösen Zauber gebannt
ein junger Prinz aus dem Böhmerland.
Als Vogel mit prächtigem Gefieder,
der läßt sich auf der Lausche nieder.

Sobald die Sonne im Westen versinkt,
der Abendglocken Geläut erklingt,
durchzieht die Luft ein klagender Ton,
das war der verbannte Königssohn.

Willst du brechen den Bann, den bösen?
Willst du den Königssohn erlösen?
Mußt du vergießen des Vogels Blut,
dein ist der Schatz, der im Berge ruht.

Herbstlicher Wald

Wie eine Jungfer festtagsfein
in allen Farben bunt dich wiege!
Und summt dir nicht der Sonnenschein
im Ohr gleich einer goldnen Fliege?

Des Vogels warmes Lied ward kalt,
er seufzt betrübt «Auf Wiedersehen!»
Verödet liegen Feld und Wald,
und schlafen will die Erde gehen.

Ja, wiege dich nur festtagsfein...
Bald wird ein rauher Wind dich schrecken;
er bringt ein weißes Bettenlein,
die müde Jungfer zuzudecken.

Jakub Bart-Ćišinski

An die Lausitz

Lausitz, nach dem Himmel greifen
möcht' ich mit der Liebe Hand,
aus dem Sonnenlich dir Schleifen
weben und ein Prachtgewand.

Eine goldne Sternenkrone
setzte gern ich dir aufs Haar,
und das Blau der Himmelszone
schenk' ich deinem Augenpaar.

Tauchen wollt' ich deine Glieder
in des Morgens Purpurrot,
Spannkraft gäb ich immer wieder
deinen Händen zu Gebot!

O, mit allem Schmuck der Welten
möcht' ich kleiden deinen Leib,
daß die Wonnen sich gesellten
hier zu dauerndem Verbleib.

Für die Lausitz so begeistern
möchte jeden Sorben ich,
ihr zuliebe alles meistern,
daß sie blühe ewiglich.

Jakub Bart-Ćišinski

Rjana Łužica – Schöne Lausitz

Rjana Łužica,
sprawna, přećelna,
mojich serbskich wótcow kraj,
mojich zbóžnych sonow raj,
swajte su mi twoje hona!

Časo přichodny,
zakćej radostny! –
Ow, zo bychu z twojeho
klina wušli mužojo,
hódni wěčnoh wopomnjeća!

Schöne Lausitz,
du meiner Heimat Flur,
du, der Sorben Väter Land,
meiner Träume Paradies,
Heilig sind mir deine Fluren!

Mög die Zukunft
uns froh erblühen!
Möge einst sie schenken uns
Männer, die dem Volke sind
Würdig ewigen Gedenkens!

*Korla Awgust Kocor
und Handrij Zejler, 1827*

Lausitzer Lebensbaum

Aus diesem Stamm zu stammen!
Von solchem Holz zu sein!
Zu blühen. Zu entflammen.
So zwischen Stern und Stein.

Gehalten und gehoben
von grünendem Gerüst.
Verwurzelt und verwoben.
Weil man sonst fallen müßt.

An reife Frucht zu denken.
Für Kind und Kindeskind.
Und schönen Schatten schenken.
Denen, die müde sind.

Manfred Streubel

Oberlausitz-Lied

Wo der Neiße silbernes Band sich schlingt
um der Berge grünen Kranz,
wo aus blauer Ferne der Jeschken winkt
in der Abendsonne Glanz,
wo der Bergwald rauscht an der Lausche Hang,
wo der Hochwald grüßend ragt,
wo der Abendwind wie verscholl'ner Sang
um verfallenes Gemäuer klagt.

Refrain: *Oberlausitz, geliebtes Heimatland,*
Glück und Reichtum bist du mir!
Wär's auch noch so schön,
so schön im fremden Land,
stets gehört mein Herz nur dir!

Wo daheim ein trefflicher Menschenschlag,
rauh von Art, doch treu wie Gold,
der die Heimat liebt bis zum letzten Tag,
alter Sitte Ehrfurcht zollt,
wo aus hundert Schloten zum Himmel auf
harter Arbeit Atem haucht,
wo der Landmann froh nach des Tages Lauf
vor der Tür sein Pfeifchen schmaucht.

Refrain: *Oberlausitz, geliebtes Heimatland, . . .*

Zieht's das Herz auch oft in die Fremde hin
einem andern Strande zu,
hat doch erst der wandermüde Sinn
in der Heimat wieder Ruh'.
Ihrer Berge Grün, ihrer Täler Lust,
ihrer Felder Ährengold;
ach, der hat kein Herz wohl in seiner Brust,
der die Heimat nicht lieben wollt.

Refrain: *Oberlausitz, geliebtes Heimatland, . . .*

Kurt Piehler, 1929

INHALTSVERZEICHNIS

INHALT **253**

LIEDER UND GEDICHTE 239

HERAUSGEBER
Natur- und Heimatfreunde
Schmölln OL e.V.

QUELLENANGABEN

MÜLLER, W.: *Gottfried Silbermann.* Ein Lebensbild
des berühmten Orgelbauers nach urkundlichen Quellen gezeichnet.
Berlin: Evangelische Verlagsanstalt, 1974

PILZ, G.: *Kunstführer durch die DDR.*
Leipzig, Jena, Berlin: Urania-Verlag, 1982

SCHLEGEL, S./MAI, D. H.: *Die Oberlausitz.* Exkursionen.
Gotha: VEB Hermann Haack, 1989

SOMMER, J. G.: *Das Königreich Böhmen.*
Statistisch-topographisch dargestellt. Prag, 1833

Karte Seite 67 aus: Lehrbuch Geschichte, 6. Klasse.
Berlin: Volk und Wissen, 1967

Zum Beitrag von Manfred Streubel
konnten keine Urheberrechtsansprüche ermittelt werden.